乡村民间图书馆
田野调查笔记

王子舟　邱璐　戴靖　等著

国家图书馆出版社

图书在版编目（CIP）数据

乡村民间图书馆田野调查笔记 / 王子舟等著 . — 北京 : 国家图书馆出版社，2019.6

（"公书林"学术丛书）

ISBN 978-7-5013-6725-2

Ⅰ . ①乡… Ⅱ . ①王… Ⅲ . ①农村图书馆—图书馆服务—调查研究—中国 Ⅳ . ① G259.252.3

中国版本图书馆 CIP 数据核字（2019）第 052477 号

书　　名	乡村民间图书馆田野调查笔记
著　　者	王子舟　邱　璐　戴　靖　等著
责任编辑	邓咏秋
封面设计	翁涌工作室

出版发行　国家图书馆出版社（北京市西城区文津街 7 号　100034）
　　　　　（原书目文献出版社　北京图书馆出版社）
　　　　　010-66114536　63802249　nlcpress@nlc.cn（邮购）

网　　址	http://www.nlcpress.com
排　　版	九章文化
印　　装	北京金康利印刷有限公司
版次印次	2019 年 6 月第 1 版　2019 年 6 月第 1 次印刷

开　　本	710×1000（毫米）　1/16
印　　张	17
字　　数	278 千字

书　　号	ISBN 978-7-5013-6725-2
定　　价	78.00 元

"公书林"学术丛书出版说明

图书情报档案学图书是我社主要出版方向之一。为了促进图书情报档案学的繁荣发展、展现该领域具有代表性的学术成果，我们策划了"公书林"学术丛书，专门收录我国图书情报档案学学人优秀著作，自2019年起陆续出版，以期逐渐形成规模，成为本社和专业领域的精品系列丛书。

"公书林"典出1910年韦棣华女士（Mary Elizabeth Wood, 1861—1931）在武昌创办的文华公书林。以"公书林"为丛书名，既传递了图书情报档案事业立足于文献资源，无私、开放地为社会提供信息知识服务的理念，也表达了我们继承学术传统、守正开新的学术立场。尽管时代已发生巨大的变化，然而"开放""化私为公""共享"等精神是永恒的。

希望借着这个有历史感的文化符号，表达我们襄助图书情报档案学专业学人深耕学术、多出佳作的心愿，争取能在学术史上留下我们这代人应有的足迹，无愧于时代。

国家图书馆出版社
2019年5月

目　录

田野调查——人类学方法在图书馆学中的应用

王子舟

近十年来，实证科学方法在我国图书馆学界受到人们的重视，在各种课题、著作、论文中，问卷调查的实证研究方法也开始大面积运用。但是问卷调查的方法只是实证研究的方法之一，实证研究还有许多其他方法，如观察的方法、实验的方法、计量的方法等。其中人类学的田野调查方法也属于一种实证的方法。田野调查通过参与观察、真实记录来再现与揭示研究对象的状况与意义，尽管其中也使用了阐释方法，但其阐释是建立在真实记录与经验事实基础之上来抽象出新概念或新观点的。故整体看来，人类学的田野调查还是偏重实证研究，属于带有实证倾向的质性研究方法。图书馆学借鉴人类学田野调查方法有助于深化对研究对象的认识，有助于丰富自身方法论内容，也有助于提升图书馆学跨学科研究的能力。

1　田野调查是人类学的专门方法

有无专门的科学方法是衡量一门学科是否成熟的标志，换言之，每门成熟的学科都会有自己独特的科学方法。人类学开始成为一门学科是在 19 世纪中期[1]，作为一门成熟的学科也有着自己的专门科学方法，这就是田野调查方法（或称"田野工作"）。有人类学者甚至指出：作为人类学搜集资料的主要方法，田野调查与人类学知识的起源是密切相连的，是人类学学科自我界定和合法化的"商标"，也是成为人类学家成熟职业身份的"通过礼仪"（rite of passage）[2]6,20。

田野调查通常是指人类学工作者深入某一地域，通过观察、访谈、参与来获得原始资料的研究过程。观察是指研究者要仔细看（采录实景），访谈是指研究者要认真听（深度访谈），参与是指研究者要努力做（亲身体验），"看、听、做"全都做到了才是非常投入的实践活动，因而也被称为人类学的"田野三角"[3]73。"看、听、做"是田野调查的核心方法，人类学（或民族志）通常用"参与观察"（participant observation）这一术语来对其进行概括，意即要求研究者深入到所研究对象的生活中，通过参与研究对象的日常生活或实际事务过程来进行观察。

田野调查方法的主要特点是"从实践出发"和"从具体入手"。在田野工作中，研究者可以积累大量个性的、深入的个案资料，在获取这些资料的过程中产生灵感并形成对于问题的真实把握。田野调查资料是开展实证研究的第一手资料，它通过规范、严谨的方法采录下来，形成了说明事实与揭示事实意义的重要基础。

但田野调查也有它的局限性，即凭借个案研究很难推导出具有广泛适用的普遍性结论，简言之就是人们对其质疑的所谓"个别"代表不了"整体"。不过，按照费孝通先生的观点，尽管每个事物都不一样，而从个别事物出发是可以接近、认识整体事物的。因为事物都是有各自类型归属的，条件相同就有可能生成相同的类型事物，虽然同类型里的个别事物会有差异，类型也不是个别的众多的重复，但个别中蕴含着类型的相同条件，找出这些是可以反映类型的[4]。美国文化人类学家鲁思·本尼迪克特（Ruth Benedict，1887—1948）也曾经说道："我作为一个文化人类学家，还确信这样的前提，即：最孤立的细小行为，彼此之间也有某些系统性的联系。我十分重视数以百计的单项行为如何构成覆盖总体的多种模式。"[5]史学家吕思勉先生也曾说："学问之道，求公例，非求例外。""汇万殊归一本，而公例斯主。此固凡学问之所同，不独史也。"[6]

田野调查方法至今长盛不衰。从它与其他科学方法的比较中，可以看出其优缺点，如我们通过以下比较，就可以辨识出田野调查方法的特质所在：

（1）田野调查与文献研究的区别。传统的文献研究主要是指通过各种图书报刊、档案资料对研究对象进行说明，而田野调查则更强调依靠现场的事实资料来对研究对象进行说明。虽然当代文献研究的"三维空间"已被大大地拓展了，"文献"的概念囊括到网络、数字文本，研究手段也强调使用多重证据法，即将传世文献、出土文献、口头传统或口述史、礼俗仪轨、文物及图像、异邦资料进行综合互证，但其基本方法主要还是建立在文本解读之上的，这与田野调查依赖现实生活并以其为资料来源的研究旨趣有着较大差异。由于文献研究与田野调查各有其优势及局限，故有些学术研究力图借助双方优势进行方法交叉，于是就出现了语言人类学、历史人类学、文学人类学等交叉学科。

（2）田野调查与问卷调查的区别。田野调查法强调研究者融入研究对象生活中，通过观察、访谈、参与形成深入细致的记录，来获得对研究对象的理解与把握，明显地属于典型的质性研究。它能经过"深描"而较好地揭示被研究对象不宜量化出来的心理、体验等文化内容，能较为完整地呈现事物发展的过程及整体面貌，但缺陷在于其研究结果缺乏代表性和可推广性，不易适用于覆盖较大范围的宏观研究项目[7]。所以，我们可以将这种研究方法与"案例研究法"看成是一个类型。人类学者形象地将田野调查法比喻为"鼹鼠"法，而将那种覆盖较大地理范围的问卷调查法比喻为"蝗虫"法，这一比喻生动说明了二者的不同特点[8]。

（3）田野调查与实验方法的区别。科学实验是通过操控某种自变量来观察因变量变化以检验假设的研究方法。其长处是可以脱离现实的"自然状态"，可以反复验证研究结果。但其远离现实的"自然状态"，有时会导致其外部效度的降低。尤其实验对象是人的时候，人的行为复杂性、变异性都很大，较难纳入控制体系，加之诸多伦理和法律方面的限制也使研究人的实验活动面临一定盲区的限定。相比之下，田野调查亲近"自然状态"的方式则可弥补科学实验这方面的短处。甚至有田野工作者认为，通过可重复验证的实验程序只能部分地回答他们调查的问题，田野调查者所研究的现象具有情景特殊性和历史偶然性，它们不可能在实验室里重复出现[2]62。

（4）田野调查与案例研究的区别。案例研究也称个案研究，它是将能够分解为具体单位的社会事物（参与人、活动、现象、事件）作为案例进行深入研究、解读的一种研究方法。通俗的说法就是"解剖麻雀"。有国外学者认为："案例研究是探索难于从所处情境中分离出来的现象时所采用的研究方法。"[9]田野调查与案例研究的研究旨趣几乎是相同的，其主要区别在于田野研究更强调研究者进入田野参与观察，而案例研究既可以进入田野也可以在田野之外（如利用实验、文献计量、历史阐释、档案分析等进行案例研究）。当然，参与观察是田野工作的核心方法，但不是唯一的方法。田野研究必要时还要结合口述史、谱系图、档案资料、问卷调查等，这些也应属于田野工作的研究方法或手段，只不过没有田野的参与观察，这就不是田野调查了。

2 人类学方法与图书馆学交叉的意义

学科分工越来越精细化已经应付不了社会复杂性、整体性日益增强的发展趋势，因此在科学研究中，跨学科研究已经成为学术发展的趋势。跨学科研究（包括学科方法交叉）的出现，是科学研究"问题导向"（即强调从问题出发）大行其道的结果。而且这种导向还引发出了一种新的知识生产方式，它改变了启蒙时代以来学术团体在严格质量控制下的、注重个人创造力发挥的学科内部知识生产模式，将知识生产模式转变为当代的面向应用环境的、具有跨学科性质、异质性与组织多样性、强调社会责任与反身性以及质量控制的知识生产模式[10]。

跨学科研究包含学科理论的借鉴、概念或术语的移植、学科方法的交叉等内容。在学科方法交叉中，最常见的一种方式就是一门学科主动借鉴其他学科的方法，来应用于自身的研究领域，以期得到新的认识视角及产生合理的论证结果。教育心理学、文献计量学等就属于这一类方式形成的交叉学科。当然，学科方法的移植、借用是有约束条件的，"一是所移植的方法在其每一学科的运用应当是比较成熟、完善、合理的；二是从需要引进其他学科的研究方法的那门学科的角度看，一般也应当对其研究对象的本质或局限性有一定程度的认识。只有同时满足了以上两个条件，才可能发生学科之间的方法的移植"[11]。

人类学就是借鉴其他学科资源不断发展起来的一门跨学科学问。人类学的四大传统枝干即体质人类学、考古人类学、语言人类学与文化人类学，无一不是跨学科形成的。二战以后，学术研究跨学科发展趋势促进了人类学分支的进一步繁荣，心理人类学、经济人类学、政治人类学、法律人类学的形成也都属于这一方式形成的交叉学科，它们在资料积累和理论构建方面都取得了系统的进步。只不过这些分支学科发展劲头在20世纪末被一些专题人类学学会组织的增长所取代了，诸如欧洲人类学会、学生人类学会、女性人类学会以及图书馆人类学会等[2] 130。但无论哪种人类学研究，田野调查一直都是这些分支学科的核心方法。因为，田野调查的训练如同画家所受的素描训练一样，它是各种人类学分支研究的一个基础方法；田野调查之于人类学分支来说，二者互构着彼此的专业权威性[12]。

田野调查方法在与其他学科交叉应用过程中，由于能够积累原始的素材与观点，与其他学科形成对话，共同回应研究问题，因此也就具有了合法性、有效性。甚至有人类学者称人类学就是"千手观音"，她与什么学科都可以牵手[13] 601。从一般的研究过程来说，对某问题的研究有了初始预设（或假说）后，我们就可以从事田野工作，通过田野调查进行检验或修正，甚至提出新的假说，然后再回到更大范围的田野样本进行新的检验。除了这种一般性的方法效用外，将田野调查方法应用于图书馆学研究，笔者认为至少还有以下方面的具体效用：

（1）田野调查适用于研究图书馆事业的下层或边缘化地带。1956 年，美国人类学家罗伯特·雷德菲尔德（Robert Redfield, 1897—1958）在《农民社会与文化》一书中提出文化有大传统（great tradition）和小传统（little tradition）："在一个文明中，存在着一个具有思考性的少数人的大传统和一般而言不属思考型的多数人的小传统。大传统培植于学校或教堂之中，而小传统则是处于其外的、存在于不用书写文字的乡村社区生活中。"[14] 武汉大学人类学教授朱炳祥说，中国学者套用这个概念，将上层精英文化视为大传统，下层民间文化为小传统。过去知识分子的研究多重视大传统，忽视小传统，因为大传统具有导引功能，而小传统只提供一种生活素材[3] 69。按照朱先生的说法，我们图书馆学也有这种倾向，即研究国家文化政策、图书馆事业发展等历来是图书馆学研究的成熟地带，基本居主流地位；而研究弱势群体的知识援助、城乡信息鸿沟的弥合、乡村民间图书馆的发展则是近年刚起步的，基本还处于学术边缘地带。倡导田野调查有助于图书馆事业下层或边缘化地带的研究开发，有助于在大传统与小传统间构建平衡。

（2）田野调查适用于从多方面说明研究对象，揭示其内在因素及机理。人类学注重研究影响个体、小群体的多方面社会因素，并将"部分"放置在"整体"中来理解，借此来探求组成部分的要素是怎样结合的及具有什么意义，实现对研究对象的整体性思考，发现与其关联事物的相似或差异所在等[15]，相对而言不太看重其他人文社会学科狭窄与专门的研究。举例而言，假如要研究农家书屋工程的实际社会效益，社会科学研究者通常可以对"施方"（政府部门）与"受方"（读者）分别进行问卷调查，通过数据分析来说明问题。但是要用人类学的方法的话，研究者就要实地走访一定数量的农家书屋，通过观察、访谈、参与来描述农家书屋工程的实际状况。此外，田野调查也适用于图书馆馆员职业生态问题的研究。这种青睐日常生活、非正统知识以及身体化实践的取向，可使我们获得规范化科学研究（如问卷调查）或脱离情景的文献研究（如文本批评）等无法获得的理解[2]44。

（3）田野调查适用于展示原生事物存在的合理性及其寓意。有人类学者指出，田野工作中的"主位分析"体现了人类学研究方法的主要特点。所谓"主位分析"就是在田野工作中，强调研究者应从被研究者的角度出发，以其具体文化内在的角度分析事件，从而理解其背后的思维观念或文化逻辑[7]，这与从外在的视角对研究对象行为观察和分析的"客位分析"不同，更多地体现了"同情理解"的原则。人类学者王铭铭指出：以往一些社会科学工作者进行调查研究时，采用的是客位分析方法，而且还与政治任务结合一起，使社会调查变成一种社会支配力，而人类学提倡的恰与此不同，它是设法从被调查者的视角看问题。人类学的看家本领就是参与观察、主位分析、整体认识，三者结合就形成了"人类学眼光"，这就是人类学所谓的"他者的眼光"[13]268。假如我们图书馆学研究者深入民间个体公益图书馆中做田野调查，用主位方法来观察与分析问题，那么我们就会看到不同类型民间图书馆存在的合理性及其价值所在。

3　图书馆学运用田野调查法的实例

国外图书馆学界已有利用人类学田野调查方法进行交叉研究的实例。如美国伊利诺伊大学图书馆的民族志研究（The Ethnographic Research in Illinois Academic Libraries，简称 ERIAL）就是一个人类学与图书馆学跨学科研究的案例。该项目的主持人为东北伊利诺伊大学图书馆副馆长戴夫·格林（Dave Green），项目成员中包括两名人类学专家安德鲁·阿谢尔（Andrew Asher）和苏珊·米勒（Susan Miller），他们用人类学方法来研究大学图书馆中学生的科研过程，目的在于了解学生如何做研究，以及学生、教师和图书馆员在学生做研究过程中的关系，从而能够利用研究结果来更好地开展以用户为中心的服务。具体的方式是运用人种志手段，通过半结构化访谈、研究日记、空间设计讨论（针对图书馆空间设计）、认知地图等，来了解学生如何搜集信息、会遇到的障碍，以及如何寻求帮助，在此基础上形成大量对学生研究习惯的描述性资料成果[16-18]。

国内图书馆学界也有应用田野调查方法进行交叉研究的，如用田野调查方法研究农民是怎样利用社会资本应对城乡信息鸿沟以及数字不平等的[19]，只是此类案例还很少。以笔者的学术研究经历而言，2004 年笔者组织 6 位武汉大学图书馆学系研究生，在暑期中对湘、鄂、豫、陕、桂 5 省 10 县的县级图书馆进行了个案调查，第一次尝试"用脚来写文章"。该项调查的纪实文章[20]发表后，还曾引起图书馆学界的关注。但那时的调查并未按照田野调查规范进行，当时也没有这个意识。后来做乡村民间图书馆公益项目时，由于之前阅读了大量人类学著作，笔者开始有意识地利用落实公益项目的机会来开展乡村民间图书馆的田野调查工作，并试图通过田野调查将考察对象视为一个生活整体或系统，考察其与社区的文化、经济、政治、民族、教育、医疗、艺术等多方面存在的相互关联，从这些乡村图书馆实践与其具有间接关系的素材中，找到我们看到而新闻记者们所看不到的东西。有意识地应用人类学田野调查方法研究图书馆学中的问题，是笔者从事民间图书馆田野调查的初始动力。

从 2013 年 7 月至 2013 年 12 月，我们依托民间图书馆协会筹备组的"乡村图书馆、校园图书角、家庭书架网建设"公益项目，先后走访了七个乡村民间图书馆，对其做了田野调查工作。"乡村图书馆、校园图书角、家庭书架网建设"公益项目的目的是在乡村构建一个覆盖社区、学校、家庭的阅读环境。具体运行方式为：由捐资方提供资金支持，民间图书馆协会筹备组购买优质图书向有基础的乡村图书馆提供，再由乡村图书馆馆长负责在临近小学建设班级图书角，经过一定周期的阅读活动之后，选出若干阅读突出的学生，由乡村图书馆馆长向其发放家庭书架（含二三十本图书）。我们走访的七个乡村民间图书馆都是项目申请获批的项目点，分别是河北省赞皇县曲江村的"赵良弼图书馆"、山东省沂南县湖头镇曹家小河村的"小河图书馆"、宁夏回族自治区海原县史店乡苍湾村的"成林文体大院"、宁夏回族自治区中宁县城郊新堡镇盖湾村的"红枸杞图书室"、广西壮族自治区河池市东兰县东兰镇委荣村那尧屯的"健将图书馆"、湖南省冷水江市渣渡镇利民村的"农民图书馆"、山西省晋中地区左权县麻田镇上麻田村的"心连心家庭图书馆"。

我们对这七个乡村图书馆的田野调查是在做公益项目中进行的,公益项目为主,田野调查为副产品。公益项目将调查者与被调查者结合为一个事件中的共同参与者,而且在开展田野调查之前,双方已经形成了互信以及共同的公益理念。这有利于我们的田野调查满足"参与观察"的要求,即我们容易融进被调查者的环境,从参与公益活动中观察他们的生活。在田野调查中,我们还采用了"主位分析法",即暂时忘却我们的调查问题以及调查者的身份,重视了解那些民间图书馆馆长是怎样看待事物及解释世界的。虽然我们在每个乡村民间图书馆走访的时间只有一两天,时间短暂,但我们用严格的学术原则记录现场信息与从事访谈,不仅形成了日志、笔记等文本资料,还拍摄了大量照片、录像等影像资料,其中录音资料就长达 70 多个小时。这些田野考察资料可以还原历史,因为我们和新闻媒体采用的是完全不同的一套技术方法。

通过田野调查,我们发现七个乡村民间图书馆都是改革开放以后自发办起来的。它们不仅能够传播知识与信息,还承担了重建乡村文化的重任。在当代中国,乡村文化活动正在急剧减少,一些贫困山村青壮年大部分外出打工,地方文化生活中,曾经一度活跃的以民间节日、宗教仪式、戏曲表演为中心的传统文化生活逐渐沉寂,与集体生产方式相伴随的现代农村公共生活形式(夜校、识字班、电影放映、体育比赛、青年文艺演出)正在消失,更有以家庭、家族、邻里亲密接触、和睦相处为特点的农村日常生活形态也正在发生变化[21]。乡村公共空间是保持乡村文化的容器,乡村民间图书馆创办者多为乡村文化精英,他们试图通过创办公益性图书馆来搭建乡村公共空间,重新修复乡村文化。如广西壮族自治区河池市东兰县东兰镇委荣村韩建相"健将图书馆"开办的壮文夜校[22],河北省赞皇县曲江村赵东其"赵良弼图书馆"开展的读书好家庭评选[23],宁夏回族自治区海原县史店乡苍湾村"成林文体大院"主人李成林举办的乡村农民运动会[24],这些活动都有助于修复或重建乡村文化。因此,乡村民间图书馆较之城市社区图书馆来说,其功能呈现出了多元性与综合性的特征。

4 图书馆学田野调查要把握的尺度

通过七家乡村图书馆的田野调查，笔者还对田野调查方法有了切身体验，感到田野调查既是一种科学方法，也是一门艺术形式，做好田野调查并非易事。在做图书馆学田野调查时，大致要注意处理好以下几方面事项：

（1）田野调查的地点。早期人类学家使用的资料主要来自航海家、旅行家、传教士的日记或见闻记录，随着人类学家深入到异族原始部落长期从事田野调查，这种"摇椅上的人类学"逐渐衰落，人类学终于登上了科学专业的殿堂。可是，出于现代社会对原始部落或野蛮人空间的强力挤压，当人类学家拿着相机和笔记本寻找野蛮人时，野蛮人已经消失了[25]43。人类学家工作的田野不再是原始村落，田野调查并非都是要到田间地头。修道院、贫民窟、妓院、难民区、学校等地点都变成了人类学的"田野"。有时"大都会中高耸入云的大厦同样可以成为田野点，而一天当中大部分时间挤在办公室里的居民也都是理想的田野调查对象"[2]19。所以，图书馆学的田野既可以是乡村图书馆，也可以是城市图书馆；调查对象可以是图书馆员，也可以是使用图书馆的特定群体，甚至可以是与图书馆从未发生关联的人们——因为寻找到他们对图书馆的认知程度也是非常有价值的。

（2）田野调查的时间。田野调查与文本分析最大的不同在于研究者必须投身在一定的自然和社会的场景中，田野调查要求研究者亲临一线实地，而且尽可能地进行长期的近距离体验，这样才能获得深层的多维度乃至隐秘性的田野知识，而在一个社区蜻蜓点水地待上几天是不可能获得这样的知识的。如考察过阿尔卑斯山脉的爱丁堡大学自然哲学教授福布斯（James David Forbes）早在1841年就提到，"到过冰山并在当天夜间返回文明世界的人们认为他们已经了解冰山了，"其实"只有长期居住在与外隔绝的冰山中的人才能真正领悟冰山的精神，也才能令人信服地解释那些源自普通经历的广为谣传的事情"[2]59。但是，作为非人类学职业的图书馆学研究者，有时由于客观条件的局限而不具备较长的田野工作时间，那么在短时间进行田野调查也不是不可行的。只要是亲临现场、认真观察，只要是有备而来，那么"即使在最为糟糕的情况下你依然能够有所洞见、有所收获"[25]引言。所以，田野调查的时间应该实事求是地来合理安排，并在有可能的情况下尽量长一些。

（3）田野调查者的角色。田野工作者进入田野之后，既要保留"局外人"的角色，也要积极扮演"局内人"的角色。尽快地变成了"局内人"，有助于田野工作者观察、访谈、参与的顺利展开，并有可能深入到事件或当事人比较隐秘的深处，发现一些通常表面无法获取的信息或知识。只有成为局内人，研究者才能与被调查对象同呼吸、共命运，思想感情融为一体，切身理解研究对象的行为与意义。而保留"局外人"角色，有利于用"他者的眼光"来客观地观察、理性地分析研究对象的行为与意义①。因此田野调查需要"内省"与"外察"并行，恰当地把握远近亲疏的分寸。但这也是有难度的，人类学者将其比喻为"选择了一种矛盾而又混乱的社会匿名身份"[25]引言。笔者在做乡村民间图书馆田野调查时，因与民间图书馆馆长合作公益项目，这使我们具备了成为"局内人"的良好条件；但在做深度访谈时，我们又扮演了"局外人"的角色。尽管这两种角色的切换不好把握，但还是能够从中得到不同的益处。

（4）田野工作者的视野。田野调查适用于把图书馆放置在社会环境中进行整体认识与分析。费孝通先生提出的"差序格局"（中国人的人际格局是以自己为中心、根据亲疏远近一圈一圈展开的社会网络）概念[26]，之所以很有影响力，是因为体现了其良好的人类学整体思维与认识能力。图书馆学研究者也应学会通过大量的、相关的田野调查，从整体、系统的角度来认识图书馆学研究的问题，如图书馆学、情报学、档案学"团簇"（cluster）发展的现象，图书馆与其他公共文化机构（档案馆、博物馆）的比较研究，新的资源开发观的树立（将"信息资源开发"与"读者资源开发"相融合），图书馆的阅读推广与其他社会组织的阅读推广的互动与共构，等等。我们只有将一些具体的命题融入更大的背景与框架中进行观察与分析，才能揭示决定其现状的内在因素及来源。有时对"整体"有了把握，才可能对"部分"认识得更清楚。

---

① 田野调查者应在坚持客观性原则还是坚持诚实性原则中做出选择，真正的客观是很难做到或是不存在的，但诚实却是可以做到甚至是可操作的。

5 如何做田野调查记录与撰写报告

田野调查中所作的记录是形成最终研究成果的重要素材来源。人类学家田野调查记录的形式有"手札"（scratch notes）、"日志和日记"（journals and diaries）、"深度访谈"（in-depth interviews）、"田野笔记"（fieldnotes）、"报告"（reports）、"论文"（papers）等。如何专业地做好田野调查记录与撰写好报告（或论文），美国学者埃默森（Robert M. Emerson）等编写的《如何做田野笔记》（Writing Ethnographic Fieldnotes）① 可谓是十分实用的参考指南。

研究者做田野调查通常要随身带着一个记录本，不时地将所闻所见快速地记录下来。在被调查者不介意的情况下，你可以当着他（她）的面做记录。当然在被调查者不察觉的情况下记录下相关信息是最为可取的，因为它记载的是被调查者自然状态下的语言和行为。做田野记录时，速记、拍照、录音（或录像）是十分必要的。速记之所以是必需的，是因为研究者参与观察到的事件经常是碎片化的，稍纵即逝。而且速记下来的当事人原话，也是可以在正式的田野调查报告中放在引号里直接引用的（当时没记下来的部分只能放在引号外）[27] 73。拍照、录音（或录像）形成的资料会成为实证性的证据，在很大程度上佐证调查记录的真实性及生动性，有些照片也会放在报告中使用，故拍照时要注意获取清晰度高的现场影像。此外，如能收集到现场资料（如内部使用资料）则更好，这些都会形成每一个田野调查项目中的重要档案材料。

深度访谈需要每个单位时间长些，所以最好提前告诉被访谈者，让其留出较为充裕的时间。深度访谈对环境也有要求，即访谈环境要安静无干扰，不能分散被访谈者的注意力。访谈过程最好有提纲，这样可以避免遗漏重要的访问项目。有时深度访谈不是一次完成的，如笔者在山西省晋中地区左权县麻田镇上麻田村对"心连心家庭图书馆"馆长张小宝的访谈就是多次完成的。笔者住在张小宝家里，可以随意支配时间，甚至能充分利用晚饭后的闲暇时间与其家人一起聊天。

---

① ［美］埃默森，弗雷兹，肖，等编. 如何做田野笔记［M］. 符裕，何珉，译. 上海：上海译文出版社，2012：4.

而且在访谈中，被访者谈到的家庭历史、乡村经济、社会治安、邻里关系、逸闻趣事等，都属于重要的一手资料，访谈者不要轻易打断被访谈者的叙述，不要试图引导至自己所需要的话题上。美国人类学家詹姆斯·皮科克（James Peacock，1937—）说过："存在（特别是在小群体中）是一个网络，编织成它的线是不可能被解开的。""我们必须牢记，拆分是分析的产物，要想理解每一个部分，必须先理解整体。"[28] 例如，张小宝有个外孙名叫剑桥，聪明伶俐，小嘴很会说话。一天他对张小宝说："姥爷，你说我是你的好宝贝，你也是我的好宝贝啊。"张小宝告诉我们："我要是再有个孙子，就给他起名叫牛津。"这个细节我们也记录了下来，因为它有助于我们理解张小宝的文化态度。

访谈结束后应尽早整理访谈记录，以防时间久远失去现场感，遗漏有价值的东西；要加上访谈标题、时间、地点、被访人、记录人等基本信息框所必要的文字。整理访谈文字时一定要防止失真，如用撮取大意方法叙述被访者所述内容时，尤要警惕不能曲解被访者原意。

撰写田野调查报告是田野调查最后一项重要工作。应学会用叙事的方法来体现调查报告的内容。人类学的表现是以叙事书写为基本特征的。美国伦理学家阿拉斯戴尔·麦金泰尔（Alasdair MacIntyre，1929—）尝言：社会生活本身就是叙事，这种叙事是由大量行为和事件构成的[29]。只有人类（而不是动物）才有能力描述与解释自身的行为，而且也只有把自己的生活转化为叙事形式时，人类才能理解自己的生活。

不只是人类学，其他人文社会科学也在普遍使用叙事方法来表现自己的内容。当然，不同学科叙事方法也略有差异，美国芝加哥大学社会学教授赵鼎新曾形象地说："在社会科学中，同样的故事可采用多种不同叙事方法来表达。简单讲，用结构叙事就是社会学，用时间序列叙事就是历史学，而注重于解读叙事的则是人类学。每个学科内部的叙事方法又有很大变异，这就形成了一个学科内部和不同学科之间的分化。"[30]

以讲述见长的田野调查报告（或称笔记），可用"讲故事"的方式进行叙事，并适当地夹杂少量必要的文学语言；而通过数据描述、事实阐释来论证假说的田野调查报告（论文），则应该用学术语言来进行叙述。由于叙事成功与否，不依赖事实是真实还是虚构，而依赖其表现力，这就给叙事者带来了一个学术伦理上的考验。因此，在搜集田野资料时，要区别事实本身与对事实的看法。另外，进行事实描述时应采用第三人称，这样有助于研究者以客观的口吻讲述真实故事。当然，田野调查报告的撰写是一个"边描写边分析"的过程，正如美国人类学学者埃默森等人所称：田野研究者写的东西是向那些不了解当地生活、人们和事情的读者传递其理解和洞见，这种写作就是阐释的过程[27]22。

调查报告的初稿要经过被调查人的审阅，尤其是发表前要征求被调查人的意见，因为被调查人或许会对某些文字敏感，或可能给你补充更有价值的数据或资料。

总之，叙事是调查报告基本的写作方式，学会叙事是完成一篇优质报告的前提。美国后现代派历史小说家埃德加·劳伦斯·多克托罗（Edgar Lawrence Doctorow，1931—）将人类叙事语言大而化之为两种方式：一种是体现"统治力量"的方式，这种方式具有指定功能，满足了人们认识和反映世界的需求，如学术论文、市场调研、契约文本、实验报告、民意调查、培训手册等；另一种是体现"自由力量"的方式，这种方式具有联想功能，它存在于个人或理想的世界里，是为小说家和诗人服务的，具有表现想象的力量，语言的这种力量是不能为人所证实的，因而也是自由的[31]。笔者欣赏人类学那种介于"统治力量"和"自由力量"之间的叙事方式，如美国文化人类学家鲁思·本尼迪克特的《菊与刀》；也希望图书馆学的田野调查报告能使用这种叙事方式生动地展示研究对象的内涵，深刻地表达作者的独到见解。

参考文献

［1］［美］许烺光．文化人类学新论［M］．张瑞德，译．台北：南天书局有限公司，2000：3.

［2］［美］古塔，弗格森．人类学定位：田野科学的界限与基础［M］．骆建建，袁同凯，郭立新，译．2版．北京：华夏出版社，2005.

［3］徐杰舜，许立坤．人类学与中国传统［M］．北京：民族出版社，2009.

［4］费孝通．社会调查自白：怎样做社会研究［M］．上海：上海人民出版社，2009：

302-303.

　　[5][美]鲁思·本尼迪克特.菊与刀:日本文化诸模式[M].吕万和,熊达云,王智新,译.增订版.北京:商务印书馆,2012:11.

　　[6]吕思勉.吕思勉自述[M].文明国,编.合肥:安徽文艺出版社,2013:250.

　　[7]宋雷鸣.跨学科合作的学理分析:以人类学与流行病学为例[M]//庄孔韶,主编.人类学研究(第2卷).杭州:浙江大学出版社,2012:239-274.

　　[8]庄孔韶."蝗虫"法与"鼹鼠"法:人类学及其相关学科的研究取向评论[J].开放时代,2007(3):131-150.

　　[9][美]殷.案例研究方法的应用[M].周海涛,等译.重庆:重庆大学出版社,2009:11.

　　[10]Gibbons et al.*The New Production of Knowledge*[M].London:SAGE Publications,1994:3-8.

　　[11]王炼,武夷山.方法移植对科学计量学研究的方法论启示[J].科学学研究,2006(4):503-507.

　　[12]赵旭东,刘谦,张有春,等."田野回声"五人谈:中国意识与人类学意趣[J].广西民族大学学报(哲学社会科学版),2013(3):9-19.

　　[13]荣仕星,徐杰舜.人类学世纪真言[M].北京:中央民族大学出版社,2009.

　　[14]Redfield.*Peasant Society and Culture: An Anthropological Approach to Civilization*[M].Chicago:University of Chicago Press,1956:70.

　　[15][英]阿兰·巴纳德.人类学历史与理论[M].王建民,刘源,许丹,译.北京:华夏出版社,2006:7.

　　[16]ERIAL Project.Background[EB/OL].ERIAL Project Website,[2014-05-27].http://www.erialproject.org/project-details/background/.

　　[17]ERIAL Project.Methodology[EB/OL].ERIAL Project Website,[2014-05-27].http://www.erialproject.org/project-details/methodology/.

　　[18]ERIAL Project.Participants[EB/OL].ERIAL Project Website,[2014-05-27].http://www.erialproject.org/participants/.

　　[19]王明,闫慧.农村居民跨越偶现式数字鸿沟过程中社会资本的价值:天津静海田

野调查报告［J］.中国图书馆学报，2013（3）：39-49.

　　［20］郜向荣，郭卫宁，徐军华，等 . 基层图书馆生存状态忧思录：5 省 10 县图书馆调查纪实谈［J］.图书馆，2005（1）：18-24.

　　［21］吴晓东 .20 世纪中国文学中的乡土叙事［J］. 观察与交流［内部资料］,2013(128)：1-44.

　　［22］王子舟，邱璐，戴靖 . 壮族乡村文化的守护人：健将图书馆田野调查手记［J］.图书馆建设，2014（4）：94-96，封 3.

　　［23］王子舟，邱璐，戴靖 . 乡村精英在文化建设中的角色：赵良弼图书馆田野调查手记［J］.图书馆建设，2013（11）：22-26.

　　［24］王子舟，邱璐，戴靖 . 一个乡村文化的旗手：成林文体大院田野调查手记［J］.图书馆建设，2014（2）：93-96.

　　［25］［澳］林恩·休谟，简·穆拉克 . 人类学家在田野［M］. 龙菲，徐大慰，译 . 上海：上海译文出版社，2010.

　　［26］费孝通 . 乡土中国［M］. 刘豪兴，编 . 修订本 . 上海：上海人民出版社，2013：23-29.

　　［27］［美］罗伯特·埃默森，蕾切尔·弗雷兹，琳达·肖 . 如何做田野笔记［M］.符裕，何珉，译 . 上海：上海译文出版社，2012.

　　［28］［美］詹姆斯·皮科克 . 人类学透镜［M］. 汪丽华，译 .2 版 . 北京：北京大学出版社，2009：23.

　　［29］［瑞典］芭芭拉·查尔尼娅维斯卡 . 社会科学研究中的叙事［M］. 鞠玉翠，等译 . 北京：北京师范大学出版社，2010：4-7.

　　［30］赵鼎新 . 社会科学需要破除理科思维［N］. 文汇报，2011-07-04（13）.

　　［31］胡选恩 . 当我创作时，我存在于作品之中：美国著名作家 E. L. 多克托罗专访［EB/OL］. 译林的 BLOG，（2012-11-12）［2014-06-01］. http://blog.sina.com.cn/s/blog_48a0f71c0102ec0i. html.

　　本文原载于《中国图书馆学报》2014 年 6 期，又转载于人大复印报刊资料《图书馆学情报学》2015 年 2 期

第 1 篇

乡村文化建设中的新角色

——河北赞皇县赞皇镇曲江村赵良弼图书馆

1 媒体眼里的赵良弼图书馆

河北省赞皇县曲江村有个赵东其（见图1），赵东其办了一个民间图书馆叫"赵良弼图书馆"。

前些年知道赵良弼图书馆还是从网络媒体的报道里。他的图书馆成立于2005年4月，是一个农村家庭图书馆。当时是由曲江村农民赵东其与赵彦民共同筹办的，他们是赵良弼研究会会员，靠自己的积蓄购买和四处募捐，收集到了各类书籍近6000册、报刊10余种，并腾出一间40平方米的住房作为馆舍。为弘扬出生于该村的元代

图1　骑车20里到阳泽中学送书的赵东其①

---

①　图片来源：2012年5月31日赵良弼图书馆提供。

名臣赵良弼兴学育才的精神，图书馆取名为"赵良弼图书馆"。截至 2006 年 4 月，开馆一年多，该图书馆已接待十里八乡的乡亲近万人次[1]。

后因经费没有着落，赵良弼图书馆撑了两年多只好闭馆。图书馆的主要当家人赵东其为了实现图书馆梦想，于是进京打工。只要发了工资，他就会买书，可资金有限，他买书的能力也有限。2010 年 12 月 23 日，赵东其给《北京晚报》打电话诉说他想建个农村图书馆的愿望，希望北京市民把不看的书低价卖给他。消息见报后，心理专家宗春山、作家出版社编辑张月寒及众多市民纷纷帮忙筹书，春节前，凑到了 3000 多本。2011 年 2 月底，老赵的同乡、中国人民解放军白求恩军医学院政委赵彦军又赞助了两辆车，帮老赵送书回村。3 月 6 日，赵良弼图书馆终于又重新开馆[2]。3 月 18 日，北京市农林科学院还举办了向赵良弼图书馆赠书仪式，该院将 3400 册赠书书单和 2009 年、2010 两个年度的《蔬菜》杂志交到赵东其的手中，并决定该院信息所与赵良弼图书馆建立起长期的帮扶关系，帮助赵良弼图书馆建立数字阅览室，共享电子图书、电子期刊、专题数据库等网络电子资源；以后每个月为赵良弼图书馆寄送《蔬菜》杂志两本[3]。到 2012 年 7 月，赵良弼图书馆已经有图书 2.7 万册，电脑一台，每天向村民开放。2010 年赵良弼图书馆又被列为河北省农家书屋、石家庄市农家书屋①。

2　走访赵良弼图书馆的机缘

我们与赵东其在 2011 年 6 月北戴河的"民间图书馆论坛"上见过面，在 2012 年 11 月杭州的"图书馆作为社会教育中心：公共图书馆、学校图书馆、民间图书馆服务与社会教育国际学术研讨会"上再次见面。赵东其到北京来也曾去北京大学信息管理系访问过王子舟，并去过王子舟家里做客，这样说来也算是老朋友了。但是，他跟我们眉飞色舞谈到的他那个赵良弼图书馆，我们却没有见过，从赵东其的介绍以及新闻媒体的报道中，我们知道了一些赵良弼图书馆的大概，但是这个耳熟的名字在我们的记忆里总是一个想象中的符号。

2013 年 6 月，在中国企业家发展商会筹备组杨宗华老师等人发起与赞助下，

---

① 根据 2012 年 8 月 25 日赵东其在给王子舟的电话中所述。

民间图书馆协会筹备组的"乡村图书馆、校园图书角、家庭书架网建设"项目的二期启动，一个月内就有20多个各地乡村民间图书馆报名，赵东其的赵良弼图书馆也是其中之一。经过筹备组讨论决定，赵东其的赵良弼图书馆列入了项目二期的计划。7月29日到30日，筹备组的王子舟、邱璐、戴靖亲往河北省赞皇县龙门乡白鹿小学进行项目落实工作，即考察环境、签订协议、讲解要求。

赞皇县位于河北省西南部，太行山中段东麓，距离石家庄市有44公里，乘坐公共交通工具绕来绕去大约得走三个小时。29日中午，我们乘火车从北京到了石家庄，然后再乘赵东其联系的小面包车抄近路开一个多小时到了赞皇县。赞皇县是个国家级贫困县，即年人均收入低于2300元[4]；赞皇县又是一个历史名县，境内有山名巀（山峰聚集之意），相传周穆王讨逆战胜于此，封为赞皇山。隋开皇十六年（596）置县时，以山谓县名。从赞皇县到龙门乡白鹿小学，赵东其的二女婿开车送我们，赵东其的朋友——赞皇县第一中学的老师李彦良一路陪同，他是赵良弼研究会的秘书长，路上如数家珍地介绍赞皇县作为千年古县的历史。听了李老师的讲述，不禁令人生出一个念头：经济贫困县与历史悠久县——这两个元素经常结合在一起，其实是个很好的研究课题。

龙门乡白鹿小学是"乡村图书馆、校园图书角、家庭书架网建设"项目的合作小学，这里离赵东其所在的曲江村有6里路。小学校长张平菊在学校里热情接待了我们，陪我们楼上楼下看了全部校舍。赵东其与张校长在我们来此之前，已经多次磋商达成一致意见，争取得到"乡村图书馆、校园图书角、家庭书架网建设"项目落在白鹿小学。该小学现有一至四年级4个班，100多位学生（五六年级都集中到学区中学上了），教师有7位。在小学办公室里，我们与这7位老师进行了座谈，由王子舟讲解项目宗旨、内容，邱璐围绕阅读理念、阅读形式、阅读方法与老师们进行了深度交流，戴靖对项目运行流程作了详细说明。之后，赵东其代表赵良弼图书馆，张校长代表白鹿小学，王子舟代表筹备组，三方签署了项目合作协议。大家还在项目小旗上纷纷签了自己的名字，并合影留念（见图2）。

离开白鹿小学，我们直接前往曲江村，走访期待已久的赵良弼图书馆。

图 2　签字仪式后，赵东其、白鹿小学教师、项目组成员在白鹿小学门前合影

3　赵良弼图书馆现状与赵东其往事

7 月 29 日下午 4 点左右，我们到了曲江村。曲江村离赞皇县城有 3 里路，村里主要有赵、刘、郝、王、白、关等姓，现有七八百户、不到三千人，1500 亩耕地。赵良弼图书馆所在的赵东其家，位于村中赵家巷一个小院落里，院子里有两棵苹果树，赵东其的老伴邱菊英、大女儿、二女儿在家。赵良弼图书馆占据了小院的两幢房屋，大的三间带包间是图书室，小的一间是电脑室。我们走进挂着图书馆牌子的房屋，看到书架上摆满了各种书籍，近年出的新书占了一半以上（见图 3）。正堂墙上还挂着一幅赵良弼的画像。

在院子里，王子舟对赵东其做了半结构式①的访谈调查。据赵东其的介绍以

---

①　访谈可分结构式访谈（structured interview）、半结构式访谈（semi-structured interview）、非结构式访谈（unstructured interview，又称开放式访谈）三种。前者是指按照设计好的、有一定结构的问卷进行的可控访谈，后者是指仅有主题没有提纲的自由访谈。封闭性、满足时间限制性是前者的特征，开放性、无时间限制性是后者的特征，而半结构式访谈则是介乎二者之间的一种访谈方式。半结构式访谈在访谈研究中相对使用得较为普遍。结构式访谈的优点是能收集到可计量的数据且时间可控，而非结构式访谈则容易获得丰富的、详细的质性资料。

图3 赵东其家院里的赵良弼图书馆内一角

及我们的所见，在馆藏资源方面，赵良弼图书馆书架有11个，加上未摆放出来的书籍，总共有藏书3.5万册左右；各类光盘、磁带约200多个。图书分类用的是土办法，大致按主题分类。书籍与杂志基本不混排在一起。在读者服务方面，平时家里总有人，故有读者来就开放，暑假则全天对学生开放；平均每天有读者十来个人，借书无册次限制，但都要登记借阅。在经费来源方面，所有运行费用都由自己家庭支出，如赵东其外出打工来维持图书馆的运行，有时家里也给补贴。家里人现在也理解了赵东其，愿意帮助他坚持办图书馆，当然偶尔也会得到一些书刊方面的社会赞助。

晚上，我们住到了县城的一个小旅馆。在小旅馆对面餐馆里吃饭的时候，赵东其说起了自己的往事，陪同我们的赞皇县第一中学的老师李彦良也不时插话告诉我们一些赵东其的事迹。

赵东其，出生于1952年11月18日，今年61岁，身体健康，行走疾速。他高中文化程度，年轻时因在大队里表现出色，曾被招工到河北省二建公司当工人，在二建做了六年的饭。改革开放后，二建公司效益滑坡，当时连一位打草苫老人的 6000 元草苫款都还不起，公司会计屡次推脱，后来，赵东其什么手续也没办理就离开了二建，从此与该公司没有任何往来。他回到赞皇县后，曾做过电器推销，当时县城热销的燕舞录音机、熊猫电视，都是从赵东其手里批发出来的。他将新电器产品批发给五金商场，再将市里积压的货品盘出来卖到县城，很快就有了上百万的收入。在"先让一部分人富起来"的社会氛围里，赵东其一度成了赞皇县知名人士。但是好景不长，据赵东其讲，他因涉嫌投机倒把让公安抓了起来，没收了财产，关了一年多后，又被无罪释放了。此后，赵东其则靠打工为生，老伴及女儿则在家里种地。

赵东其到底是个什么身份？用他的话说："说我是工人吧，我一分工资也没有；说我是农民吧，我也没有一垅地。"但是，他的家在曲江村，他的生活重心在曲江村，他的人际关系网在曲江村，家里还有少量的承包地，所以他还是属于曲江村的农民。

赵东其创办赵良弼图书馆，这与他是赵良弼的后人有关系。赵良弼（1216—1286），女真族，赵州（即今河北赞皇）人，进士出身，官至元朝江淮安抚使、经略使、少中大夫秘书监等职，曾获忽必烈的赏识，派其出访日本，回国被任命为同金枢密院事，死后赠推忠翊运功臣、太保、仪同三司，谥文正，追封韩国公。《元史》卷一五九列传四六中有传。赵良弼一生非常重视教育，办学宫、捐学田，倾家产置学田五十顷以为学资来源。赵东其作为赵良弼的后人，也想在教育文化上做点事，不光是继承先人的传统，更重要的是他本人有这样的认识："地区发展靠经济，经济发展靠文化；文化是发展的基础。"赵东其办起了赵良弼图书馆，他不仅仅是给曲江村与附近村庄居民提供了一个看书借书的场所，还以图书馆为依托，经常开展一些文化活动，如书法交流等。赵东其在曲江村还开展了"读书好家庭""勤劳道德家庭"的评选活动，即将那些能够坚持三年以上到图书馆借阅书籍的读者家庭选为"读书好家庭"，将勤恳、本分、有道德修养的家庭评选为村里的"勤劳道德家庭"，并为之授牌。

4 赵良弼图书馆的延伸项目

此次走访赵良弼图书馆，考察其"读书好家庭""勤劳道德家庭"的评选活动以及所设家庭阅读点是我们的一个重点，这个要求赵东其也是事先清楚的。所以，拜访政府受阻后，赵东其就开始带着我们走访本村、邻村的"读书好家庭""勤劳道德家庭"，以及家庭阅读点。因为此前几次接触中，赵东其介绍经验时曾说过这些项目，并说所有被评上的家庭都有证书或牌匾。

第一家是县城边的张海晨家。张海晨是阳泽联小的教师，他说经常到赵良弼图书馆借书，尤其是他儿子上中学时，常去赵良弼图书馆借书看书。问他什么时间被评为"读书好家庭"的，有什么证书、牌匾等，张海晨说只是赵东其口头说过，没有证书、牌匾。看来，这家的情况与赵东其所述给了证书等情节有些差异。

第二家是曲江村的刘二明家。刘二明祖孙五代在当地都是勤劳朴实的农民，从不占他人便宜，为人正派，所以赵东其命名他家为"五代勤劳道德门第"，有奖状，落款为"赵良弼图书馆/2013年2月2日"。在刘二明家，王子舟与赵东其理论起来：赵良弼图书馆发这样的证书有公信力、权威性吗？并问刘二明是否认可这样的荣誉，刘二明答"挺好的"（见图4）。

第三家是曲江村的赵月英家。赵月英今年61岁，非常能干，她也被赵良弼图书馆授予了"读书好家庭"的奖状，与刘二明不同的是，刘二明的奖状有镜框，而赵月英的仅仅是一张纸，没有镜框。看来，赵良弼图书馆发的这些奖状证书名称不一样，连证书形态也有区别。

第四家是曲江村的关梦琪家。关梦琪是一个文静羞涩的姑娘，现在赞皇一中读初二，她是赵良弼图书馆的忠实读者，从小学四年级就开始到赵良弼图书馆借书看。她被赵东其评为"读书好学生"，现在家里还有一些从赵良弼图书馆借来的书。赵东其曾经许诺给她

图4　赵东其与我们在刘二明家院子谈话

一个笔记本子做纪念，但是还没有兑现。

午饭后，气温上升到 36 度，赞皇县第一中学李彦良老师又加入了我们的行列，一起进行访问。一路上大家都汗流浃背。

第五家是南沟村的李凤林家。李凤林被授予的是"勤劳道德家庭"称号。李凤林信仰佛教，老两口在家看孙子。虽然房子旧了些，但是老式房子倒也冬暖夏凉。他们力主女子也要读书，曾在庭院喂了五头猪供女儿上大学。如今女儿在赞皇县高中教英语。儿媳高中时成绩不错，但娘家不愿意供读，嫁过来后，老两口又积极支持儿媳读书。

第六家是孟家庄的袁占国家。袁占国的家是赵良弼图书馆的一个阅读点。袁占国信仰天主教，他热情地切开西瓜招待我们一行五人。他说他主要经营的是果树（如核桃等），平时爱看农药、果树种植方面的书籍，有需要就给赵东其打电话，赵东其就送过来了。现在家里还有十几本赵良弼图书馆的书，供左邻右舍借阅。不过，在袁占国家里，我们并没有看到赵东其说的有一个书架。问赵东其，赵东其说还没来得及订好送来。

第七家是布古庄的于凤月母女家庭。这也是赵良弼图书馆的一个阅读点。母亲于凤月种蔬菜，女儿招了个上门女婿，他们在家加工服装。赵东其定期将《蔬菜》杂志以及相关书籍送过来，供左邻右舍看。

第八家是布古庄的宋双庆家。宋双庆家也是赵良弼图书馆的一个阅读点。前两年赵东其将"石家庄农家书屋"的牌匾挂在宋双庆家，并专门辟出一间屋子放了几个书架，作为一个小图书室。宋双庆比赵东其小一岁，曾在布古庄的小学任教。图书室初办时，因离小学近，有很多孩子来看书。后来四五年级的孩子到别处上学了，图书室的书又没有更新，宋双庆退休后因去省城儿子家也不在家常住，渐渐地就没有人来看书了。

第九家是本村的老农闫发山家，也是一个"勤劳道德家庭"。我们到田间采访了正在务农的老闫（见图 5）。他凭种田技艺和威望吸收了十五六家的责任田，主要种植核桃、樱桃、国槐等苗木，没有因租金的高低、偿还的早晚与户主发生过争议，是促进土地良性流转的典范，因此也引起赵东其的注意与支持。赵东其说，图书馆就是要与先进人物结队共同带动农村经济文化发展。

图5　在田间采访闫发山（从左至右依次为戴靖、闫发山、王子舟、赵东其、邱璐）

第十家是被称为"农民书法家"的刘全德家。刘全德是地地道道的农民，没上过什么专业学校，全凭小学时崇拜老师的字体，务农后苦研苦练自学成才，写得一手流畅豪放的行书和草书，而且会装裱字画。他饭前工余最大的快乐就是写毛笔字，不仅能提高书法水平而且疲惫全消。他经常从赵良弼图书馆借阅字帖，自己也买一些。论起字帖的收藏，现在已超过赵东其，用县一中李老师的话说："东其是杂家，全德是专家。"难能可贵的是，刘全德的儿子表面五大三粗，却随父亲耳濡目染也练得一手好字。赵东其说，刘全德是阅读成才的典型，对图书馆建设也给予过很大支持。

5　赵东其的信念与境界

一天的走访结束，我们就要离开赞皇县曲江村了。赵东其带着我们来到最后想让我们看的一个地点：曲江村田间赵家祖坟里的几块元代、清代的古碑。这些碑石有的已经断裂，散落横卧在田间草丛里。其中一块忽必烈的"皇帝圣旨碑"〔有关赵良弼的，元至元十四年（1277）刻，石宽0.78米，长1.18米〕去年被人偷走，不知下落。曲江村的赵家巷就是赵良弼的故里，我们凭吊赵氏先贤时也看到赵东其的神情较为凝重。

吃晚饭与从县城到石家庄的路上，赵东其都一直陪同。谈话中，他对今后赵良弼图书馆如何发展流露出一丝迷茫。因为图书馆是个活的有机体，它要不断补充新书，不断开展服务才能良好地运行下去。但是这一切都需要较大的经费投入。如今赵东其已步入老年，收入无几，已经八岁了的赵良弼图书馆，还能风雨无阻地前行多久呢？而且任何一个图书馆都有一个活法，赵良弼图书馆应该采取哪种活法呢？

但是一提起以后，赵东其坚定地说，他会一直坚持把图书馆做到底的，因为他是赵良弼的后人。赞皇县第一中学李彦良老师是赵东其的好朋友，他讲他以前听到人们对老赵的某些负面议论，说老赵不务正业的有，说老赵神经不正常的有。可是几年下来，身为一中学校书记之职的他却与老赵越走越近。作为一个研究赞皇县历史文化尤其是历史人物的学者，李彦良说赵东其是个不同凡响的人，老赵不仅有思想，而且精神境界也高，他不是一个普通的农民。

确实，我们也感觉到老赵不是一个普通的农民，他是一个乡村精英，一个会被写入赞皇县地方志的人物。他办的赵良弼图书馆是曲江村唯一的一个公共文化空间。赵良弼图书馆不仅传播知识，还担当起民间文化传统修复、社会风气建设、精神文明普及的责任，这一点不得不令人敬佩。而能做到这一点，则取决于赵东其不同凡响的精神境界。比如：问起赵良弼图书馆为什么要给"读书好家庭""勤劳道德家庭"挂奖状，赵东其回答："那是一种历史的定格"；问起赵良弼图书馆为什么给获奖家庭的名称都不一样，赵东其说："每个家庭都有差异性，不能搞一个模式。"

（本文内容得到赞皇县第一中学李彦良老师的部分补充，特此致谢）

参考文献

［1］农民自建图书馆开馆一年多接纳近万人次［EB/OL］.新浪网，（2006-05-01）［2011-08-05］.http://news.sina.com.cn/s/2006-05-01/10358834498s.shtml.

［2］李刚.五旬农民工筹书两年返乡开"农村图书馆"［EB/OL］.中国新闻网，

（2011-03-08）［2011-08-05］. http://www.chinanews.com/sh/2011/03-08/2892009.shtml.

［3］信息所热心农村公益事业，为"赵良弼图书馆"无偿捐赠书刊［EB/OL］. 北京市农林科学院网，（2011-03-28）［2011-08-05］. http://www.baafs.net.cn/Article_detail.aspx?key=2207.

［4］国家级贫困县［EB/OL］. 中国国情网，（2012-02-01）［2013-08-01］. http://guoqing.china.com.cn/2012-02-01/content_24521441_2.htm.

作者：王子舟、邱璐、戴靖，原载《图书馆建设》2013 年 11 期

第 **2** 篇

一个自学成才的农民的理想

——山东沂南县湖头镇曹家小河村小河图书馆

1 小河图书馆的往事

最初知道小河图书馆是在 2005 年，那时图书馆学界有人以小河图书馆为例，在网上讨论乡村农民自办图书馆应该如何发展。

山东省沂南县湖头镇曹家小河村的"小河图书馆"是由中国农业大学博士肄业生曹继华（1971— ）回乡创办的，2004 年 1 月 23 日大年初二面向社会正式免费开放。当时的小河图书馆只有一张木床、一个用砖头与木板搭建起来的书架，上面摆放着一些书刊资料。曹继华在家里六个兄弟姐妹中排行老三，是家里唯一的大学生。他 1991 年考入中国农业大学，1995 年本科毕业后又考上了硕士研究生，接着又读了博士研究生。2003 年曹继华还在读博士期间，他与同学商量要办一个乡村图书馆。

曹继华有个弟弟叫曹向荣（1973— ），初中毕业没考上高中，但在曹继华的影响下，通过看书自学，当上了兽医。他支持哥哥创办图书馆。2004 年 7 月 20 日，小河图书馆在沂南县民政局登记注册成为民办非企业单位（个体），业务主管单位是沂南县新闻出版办公室，业务范围为图书借阅服务，法人代表是曹继华。截至当年底，小河图书馆的藏书已经达到 4304 册，其中图书 2847 册，期刊 1457 册，此外还有磁带 48 盘，光盘 11 张，拼图玩具 3 盒，地图 3 张，科技挂图 2 张，另有少量报纸，同时订有《农家女》杂志（捐订）、《山东科技信息报》[1]。藏书中有 2858 册（包括期刊）为社会各界捐书[1]。接待有借阅记录的读者共有 1035 人[1]。

2005 年正月十六，办了一年多图书馆的曹继华，因生活所迫离家出走找工作后再无音讯。从此曹向荣开始打理小河图书馆[2]。小河图书馆位于曹家小河村中心的主路旁，此路向西 3 公里便是沂南通往沂水的 227 省道，邻近的刘家岭村、杜家洼村及其他一些村庄的农民，赶集总要经过图书馆门前，小学生每天放学回家也要路过这里。因此，来图书馆的读者络绎不绝。有媒体报道，截至 2011 年，小河图书馆藏书已超过 7 万册[3]。2013 年暑假，因平日曹向荣外出行医，图书馆便尝试着让读者自助借阅。这样一来，图书馆的藏书不但没有减少，而且不断收到很多读者和爱心人士的捐赠。图书馆自创办以来累计收到捐赠的图书 5 万多册[4]。

2　走访小河图书馆的曲折过程

2013 年 6 月，在中国企业家发展商会筹备组杨宗华老师等人的发起与赞助下，民间图书馆协会筹备组的"乡村图书馆、校园图书角、家庭书架网建设"的二期项目启动，在各地报名的乡村民间图书馆中，就有曹向荣的小河图书馆。曹向荣在当地找到曹小河联小的校长刘健修，双方一拍即合，刘健修同意在曹小河联小开展班级图书角项目。曹小河联小的生源覆盖附近 6 个自然村，共有学生 500 人，有幼儿园小班、大班两个班，小学一年级两个班、二年至六年级各一个班。曹向荣的申请经民间图书馆协会筹备组讨论决定，被列入了二期项目计划。筹备组的王子舟、邱璐、戴靖决定于 2013 年 8 月 10 日到 12 日前往山东省沂南县湖头镇曹家小河村进行项目落实工作，即考察环境、签订协议、讲解要求。

没想到出发前，曹向荣来电话说，项目搞不成了，原因是当地政府有关部门不支持。他在 7 月 26 日给湖头镇文化站站长打电话说北京来人做项目时，文化站站长颇不满曹向荣这种事先不请示的做法，告之现在打着各种冠冕堂皇旗号而谋私利的事见得多了，如向小学推销书来套取国家资金等。所以，要做这个项目，三天之内项目执行方必须给镇文化站出具公函，以确定身份。民间图书馆协会筹备组是由几个志愿者兼职在做，主要担负民间图书馆之间的信息沟通任务，尚不是一个正式的民间组织，没有公章也开具不出公函。三天之后，曹向荣秉实以告无公函，文化站站长则说那就不能做这个项目。曹向荣情急之下说："我的小河图书馆归沂南县新闻出版办公室主管，你文化站管不到我。"文化站站长则称："我管不到你，但我可以管我辖区的学校，我给中心小学校长打电话，你看他敢和你做项目吗？"后来曹向荣给曹小河联小校长打电话，果然对方说不能合作了。

8月3日，王子舟收到曹向荣项目搁浅的电话后，通过电话试图与曹小河联小校长刘健修沟通一下。对方的回答很明确，不能做这个图书角项目。问什么原因，答曰教室小放不下书架。至此，民间图书馆协会筹备组项目执行人只能退票取消行程。不过，第二天筹备组人员经过沟通认为，如果取消小河图书馆二期"乡村图书馆、校园图书角、家庭书架网建设"项目，这对热情高涨的曹向荣是一个不小的打击，尤其是会使他感到对不起民间图书馆协会筹备组。于是，经过各方沟通，民间图书馆协会筹备组决定在小河图书馆改变项目类型，将原先的"乡村图书馆、校园图书角、家庭书架网建设"项目改为"民间图书馆乡村家庭阅读点"项目，即由小河图书馆在当地村庄选出5个读书好家庭，并给其配备家庭图书架（一个书架以及七八十本图书），作为小河图书馆的小卫星站——乡村家庭阅读点，以方便这些家庭及左邻右舍来看书。通过民间图书馆带动家庭与邻里看书，促进当地乡村阅读环境的改善。各家庭阅读点要做好图书借阅登记与管理；半年左右，小河图书馆负责将每个阅读点图书再轮换一次。

曹向荣认为此方案简单明了可行，尤其他是兽医，走百家院、吃百家饭，对周围村庄的村民家庭成员情况非常熟悉，村民们对他也非常熟悉，事情单纯容易做成。至此，小河图书馆的走访行程又起死回生。8月10日清晨，筹备组的王子舟、邱璐、戴靖按原计划从北京乘高铁到济南，然后又转乘长途大巴在下午3:30左右到了山东沂水县城。在县城汽车站，筹备组成员与曹向荣见了面，找了附近一家小旅馆住下。

3 小河图书馆的现状

8月11日早饭后，筹备组成员与曹向荣从沂水县城打车走了15公里，来到沂南县湖头镇曹家小河村。曹家小河村虽然行政区划上隶属沂南县，但它离沂水县城较近。

沂南县身处沂蒙山区腹地，既是革命老区也是国家级贫困县。诸葛亮的故乡、孟良崮战场就在沂南县境内。湖头镇位于沂南县东北与沂水县和莒县交界，是沂南比较落后的乡镇。曹家小河村位于湖头镇的西北角，全村人口约 700 多户 2300 人。

图 1　曹向荣站在小河图书馆的门前

进入曹家小河村时，适逢当天有集市。村口路边有不少小摊小贩，人来人往很是热闹。曹向荣的小河图书馆就在村口路边，十分醒目（见图 1）。小河图书馆有宽敞明亮的新建馆舍，一共三间房，最大的书库兼阅览室有 55 平方米，还有两间小书库加起来有 40 平方米，总面积近 100 平方米（见图 2）。阅览室里有 18 个书架（沂南县湖头镇镇委镇政府赠送 8 组书架，其余蓝色的大书架为沂南县图书馆赠送），摆满了图书杂志，总数近万册，与媒体报道的 7 万册相差甚远，问曹向荣，他说库房以及旧家尚有部分图书，不过总数也就 2 万册左右，不是媒体所说的 7 万册。阅览室门口的办公桌上摆着一台电脑，是刚花两千多元买的台式机。图书馆里除了书刊，还有约 20 盘的磁带、20 盘的光碟。图书有新有旧，混排，没有架标与分类。图书馆面向村民免费开放，每周都开馆，但是时间不固定，即曹向荣平时在家就开放，一旦外出给牲畜看病就得锁门。到了寒暑假，读初中的儿子回家在家时，就全天开放。每天总有十来个人到图书馆里看

图 2　宽敞明亮的小河图书馆内景

书借书。读者借书有借阅登记。

小河图书馆每年的图书补充主要是靠社会捐赠，如文化扶贫委员会、沂南县图书馆、中国农业出版社等，还有个人也时常捐书给小河图书馆，如2007年济南市立五医院一位离休老干部肖大妈，不仅捐给小河图书馆400多本家藏书籍，还专门拿出500元钱给了上门取书的曹向荣与其大哥，说是图书的运输费、维护费。曹向荣回家后想写一篇报道投给新闻媒体，但肖大妈执意不肯。

由于图书来源主要是捐赠，故图书馆里的藏书新旧掺杂，既有一些珍贵的书籍，如一套精装的中国饲用植物志编辑委员会编辑的《中国饲用植物志》（中国农业出版社1987年至1997年版）、胡伯虎主编的《现代针灸师手册》（北京出版社1990年版）等，也有一些不太适用的书籍，如书架上黄海燕等人编写的《大学生就业指导教学与实践》（北京出版集团、北京出版社2010年版）、彭彧华的《当代大学生性行为现状及其相关因素研究》（北京出版集团、北京出版社2009年版）、王礼训编的《国际共产主义运动史》（上下册，山东人民出版社1983年版）、北京市公路交通史编纂委员会编辑的《北京公路交通史》（北京出版社1997年版）等。

4 "读好书家庭阅读点"选址

考察完小河图书馆，曹向荣租了村里的一辆小面的，拉着我们一起考察他所选定的家庭阅读点。曹家小河村周围3公里以内有10个村庄，包括本村，共有1万多口人。这里养殖业比较普遍，几乎家家户户都养猪、牛、鸡、羊、兔等，以家庭户养为主，没有规模较大的养殖场。曹向荣事先选定的家庭阅读点就散落在附近的村子里。按照原先的计划，我们要考察5个这样的阅读点，根据每个家庭及其邻居的实际情况给他们配书，以孵育出几个读书好家庭阅读点并泽及邻里。

第一家我们来到了湖头镇英山村的马永士与张连红夫妇家。丈夫马永士在外打工做厨师，妻子张连红今年42岁，在家种地、喂猪、带孩子。夫妇俩有两个女儿，大女儿叫马晓清，开学上初三，小的叫马晓晨，开学上五年级（见图3）。姐妹俩学习都很好，家里贴了很多奖状。姐姐说她爱看《读者文摘》《青年文摘》，还有小说；妹妹说她爱看童话书。张连红说养殖、种植方面的图书以及名著、小说都很需要。

第二家我们来到了苏村镇陈家官庄的杜玉宝家。杜玉宝今年38岁，有一男一女两个孩子，女儿杜婷婷开学后上初二，儿子杜文扬开学上五年级，父亲杜智远是退休小学教师。家里靠养殖、种地、回收废品维生。他们一家都爱看书，动物小说、绘本故事，科技、历史文学等方面的书都受他们欢迎。

图 3　暑假在家里的姐姐马晓清与妹妹马晓晨

第三家我们来到了苏村镇司马村的徐锡山、赵凤梅夫妇家。徐锡山今年69岁、赵凤梅今年65岁，他们带着三个孙子，老大徐冠军13周岁，老二徐滕军11周岁，老三徐增军7周岁，他们喜欢少儿读物以及科技、养殖、普法、卫生方面的书籍。

第四家我们来到了苏村镇小河村牛家三、刘耀桂夫妇家。牛家三今年65岁，当过村支书，刘耀桂65岁，不识字。现在家里带着一个孙子叫牛诚信，10周岁，开学将上五年级。邻居王家堂41岁，也是以种地、养猪为生，家里有两个男孩，大的8岁，小的未满月。这两家都希望能多配些给孩子们看的书，兼及普通书籍。

第五家我们来到了湖头镇杜家洼村杜忠标、牛焕桂夫妇家。丈夫杜忠标46岁，农闲时到外地打工，妻子牛焕桂45岁，在家务农照顾孩子。他们有三个孩子：大女儿已经在烟台上大学；二女儿杜正欣13岁，开学要读六年级；小儿子杜正睿10岁，开学要上三年级。我们在他们家谈话时，邻居李姓妇女也在场。大家都希望多些给孩子们看的书，甚至包括心理健康方面的书籍，还有农村需要的其他实用书籍（见图4）。

图 4　牛焕桂与邻居、孩子们在门口与我们告别

5　小河图书馆馆长曹向荣

曹向荣身兼三职：农民、兽医、馆长，他每天忙碌在田间、农户、图书室。据他自己讲，1990 年初中毕业时没考上高中，他在家务农，情绪消沉，闲时打打扑克、玩玩麻将。哥哥曹继华经常写信劝其多读些书，并寄些兽医、养殖类的图书，渐渐地曹向荣积累了兽医的知识并掌握了一定的操作技能。后来他又拜师学艺，参加过临沂市举办的兽医培训班，逐渐成为远近闻名的乡村兽医。现在每天都有乡亲找他出诊，一个月也能有两千多元的收入。读书改变了命运，这是曹向荣支持哥哥创办小河图书馆的最初动力。曹继华离家出走后，曹向荣义无反顾地坚持办馆不辍，他也因各种困难有过迷茫。2005 年与图书馆学专家袁咏秋老师的几次通信与见面交流，2006 年参加中国人民大学乡村建设中心晏阳初乡村建设学院举办的第一期"新农村建设农民培训班"，使曹向荣重新鼓起了干劲。因为这之后，曹向荣明白了：小河图书馆是农民自我教育的基地，是新农村建设的文化平台，办好图书馆功莫大焉[5]！

在两天的交流中，我们发现曹向荣不仅有志向有境界，他还是个颇有个性与文采的人。

先说个性。2005 年 5 月中旬，曹向荣从电视新闻里看到一则信息，按照《山东省人民代表大会常务委员会会议公民旁听办法》规定，公民有权申请旁听省人民代表大会常务委员会（以下简称人大常委会）会议。他想自己有身份证，历史清白，有资格去听听人大的会议。于是他就到了临沂市人大，写了申请书、填了报名表格。经过临沂市人大常委会批准上报，果真他被邀请参加了 5 月 24 日至27 日在济南举行的山东省第十届人大常委会的第十四次会议，差旅费全免。曹向荣与其他 15 名旁听代表认真地参与了会议全程，他是唯一的一名农民旁听者。这次会上有一项议题是审议山东省政府提请的《山东省专业技术人员继续教育条例（草案）》，曹向荣觉得他应该留点建议，不能光听会什么也没做就走了。于是他与旁听代表商量后，找到省人大第三办公室，填写了建议书，提出了农民也需要继续教育、希望重视通过图书馆推进农民继续教育的建议。这件事还被《山东人大工作》给予了报道[6]。

2012 年 11 月，曹向荣参加完杭州的"图书馆作为社会教育中心：公共图书馆、学校图书馆、民间图书馆服务与社会教育国际学术研讨会"，返家途经临沂市时，他打算到临沂市图书馆去看看。当他到了临沂市图书馆迈进一个阅览室时，却被图书馆工作人员挡住。工作人员要他出示读者证件，他没有；他拿出自己的身份证，也不行。这使得一脚在门槛里、一脚在门槛外的曹向荣十分尴尬。于是他又拿出刚参完会的杭州国际会议代表证，详细介绍自己也是搞图书馆工作的。工作人员说，那也得请示一下领导才行。一会儿工作人员打完电话请示后，突然就改变了态度，热情

图 5　2011 年北戴河"民间图书馆论坛"上的曹向荣

地接待曹向荣进馆参观。次日回家后，湖头镇文化站站长还专门打电话问及此事。曹向荣于是给临沂市图书馆岳馆长回电话。岳馆长问接待他的工作人员叫什么名字，她要给予其批评处理，曹向荣连说没事、没事，人家挺热情。

再说文采。曹向荣没考上高中，主要是数学成绩差，语文、英语还都不错。他办图书馆以来，先后写了六七篇文章发表在报刊上，有的还获得了征文奖项。例如，他写的《书改变了我的生活》登载于《农民日报》2006 年 2 月 7 日第四版上，同年被评选为中宣部等九部门举办的"亚农杯'读好书促和谐'全国农民读书征文活动一等奖"[7]。此后，曹向荣还先后发表了《小河图书馆汇入流》《我的小河图书馆》《小河图书馆寒假纪事》《电脑走进农家小院》等文章，获得过"'知荣辱树新风'全国农民读书征文活动一等奖"（2007 年）、"'我与新农村建设'全国农民读书征文活动二等奖"（2008 年）等。在小河图书馆里，曹向荣小心翼翼地打开装着各种证书的纸袋，给我们看他所获得的诸多获奖证书。他颇为自豪地说，他写的文章来自真实生活，有乡土气息，他们湖头镇搞教育、文化的专职干部也没有获得过这么高级别的奖项。

此次走访小河图书馆，我们还见到了曹向荣的父亲曹淑令。老人今年 76 岁，身体健朗，思想开通。他说以往他在小河图书馆看门时间多些，现在小河图书馆

的读者较以往少了些，这与人们渐渐喜欢上网、看手机有些关系。曹向荣有两个儿子，大的曹燕京 16 岁，考入沂南一中高中；小的曹聚然 7 岁，开学要上一年级。曹燕京学习好，曹聚然聪明伶俐，都是非常有出息的孩子。

6 小河图书馆的未来之路

8 月 11 日下午，我们告别了小河图书馆，乘车到了沂南县。曹向荣带着小儿子曹聚然送我们也一起同行。按行程，我们将于次日早晨离开沂南县返济南再回北京。因天气热，气温在 37 度以上，我们每个人汗流不止，赶紧在沂南县汽车站旁找了个小旅馆住下，大家缩在旅馆房间里开着空调一起聊天。

王子舟认为，民间公益图书馆的可持续发展有三个至关重要的元素：馆长、馆舍、馆藏。其一，办馆人是否怀抱信念与志向，是否具有一定的经济能力，此为这一元素的基本条件，否则，"有钱无心"的人不会办图书馆，"有心无钱"的人办不长图书馆；其二，是否具有属于自己的图书馆馆舍，这也很重要，因为自己的房子做馆舍可以不花钱，否则租房或借房都会使图书馆的今后发展充满了风险与不确定性；其三，图书馆是一个有机体，如果不能经常购买新书，一个几千册藏书的图书馆，两年半就会没有读者来看书了。可以看到，馆长、馆舍、馆藏这三个元素中，其实都包含了经济因素，这也说明经费问题的重要性。甚至说公益慈善就是个花钱的事业，这在某种程度上也不为过。

从民间图书馆的三要素来看，小河图书馆目前具备了其中的两个，即有一个良好的办馆人条件，一个非常棒的馆舍条件。但是文献增加缓慢，这也是小河图书馆面临的最大发展困难。此外，曹向荣身为兽医，每天都会有活外出，每次出门，如果没有老父亲或大儿子在家，图书馆就会关门，这也影响了图书馆的正常服务。读者来馆碰锁，几次之后就会大大削弱读者再来图书馆看书的积极性。还有，小河图书馆的业务管理还欠科学、有效，如藏书没有分类，读者借阅登记不太规范等。我们与曹向荣讨论小河图书馆的发展时，这三个现实的问题是大家认为要当紧解决的问题。

曹向荣说，以后他会与国内 NGO（Non-Government Organization，非政府组织）加强联系，争取获得多方社会捐助来补充新书，另外，还想与县图书馆进行沟通，看能否将小河图书馆办成县馆的分馆，由县馆每年调配几百本书，定期轮换。在读者服务方面，自己做兽医要经常外出，随叫随到，这确实与开馆有些冲突，他以后要解决好图书馆值班的问题，实在无人时，也可以在门口挂牌说明去向与外出时间。兽医这个职业其实与办图书馆也有辅助作用，那就是读者资源比较丰富。他了解农村各家庭状况，这有利于开展好农村家庭的阅读推广工作。曹向荣跟我们说，他热爱兽医工作，有时给农户牲畜看病，遇到疑难杂症时，他会用相机将治病过程录下来，当作案例资料供以后参考，如一次给猪做脐带疝气手术，就有全程录像。当然，他也热爱小河图书馆事业，前不久用自己攒下的两千多元买了电脑，就是想把自己的藏书目录都录入电脑里，让小河图书馆的管理在技术上有所提高。兽医给他带来收入，让村民的养殖业有了技术保障；图书馆为大家提供了知识信息，有助于村民尤其是乡村少儿素质的提高，也给自己提供一个精神家园。二者都是他要为之奋斗的事业，未来只能越做越好。

曹家小河村旁有一条小河，汩汩流淌的河水默默前行，经年不息。在小河边静立，我们真实地感悟到了曹继华以"小河"命名其图书馆的内在含义。

参考文献

［1］曹继华.我的自白书：我为什么要开小河图书馆［EB/OL］.中国改革论坛，（2005-02-07）［2013-07-02］. http：//www.chinareform.org.cn/cirdbbs/dispbbs. asp?boardid=11&id=46616.

［2］王逸群，王健.博士为办乡村图书馆肄业，不被理解出走六年［EB/OL］.齐鲁网，（2011-03-14）［2013-07-01］. http：//news.iqilu.com/shandong/kejiaoshehui/20110314/431139. shtml.

［3］湖头曹家小河图书馆：一位农民的坚守［EB/OL］.沂南论坛，（2011-11-20）［2013-07-03］. http：//www.sdynr.com/forum.php?mod=viewthread&tid=120281.

［4］沂南山村有个"无人图书馆"［EB/OL］.大众网，（2013-07-15）［2013-07-18］. http：//paper.dzwww.com/ncdz/content/20130715/Articel01008MT. htm.

［5］曹向荣，曹彦康.《小河图书馆》汇入流：小河村图书馆办馆思想的三次觉醒与提升［EB/OL］.小河图书馆的BLOG，（2006-06-13）［2013-08-13］. http：//blog.sina.

com.cn/s/blog_4d6f0dd00100098i. html.

［6］孙振民，蔡春梅. 公民旁听圆了小河图书馆的梦［J］. 山东人大工作，2008（9）：29－30.

［7］亚农杯"读好书促和谐"全国农民读书征文活动获奖结果［EB/OL］. 中国精神文明网，（2006-05-11）［2013-08-13］. http：//wenming.iflove.com/misc/2006-05/11/content_6956159. htm.

作者：王子舟、邱璐、戴靖，原载《图书馆建设》2014 年 1 期

第 3 篇

一个乡村文化旗手的传奇

——宁夏海原县史店乡苍湾村成林文体大院

1 成林文体大院的往事

在宁夏回族自治区西海固[①]地区有个叫李成林的农民办了个文体大院，这个文体大院是由一个家庭图书馆发展壮大而成的。

2000 年 11 月 20 日，43 岁的农民李成林（1958—）在自己的家乡宁夏回族自治区海原县史店乡苍湾村创建了一个家庭图书馆并正式挂牌开放。李成林上学的时候，成绩很好，但因家庭生活困难，初中毕业后辍学在家务农。为了能继续读书并让乡亲们也看书，他变卖了家里的耕牛和摩托车，买来一些农业实用技术书籍，再加上自己多年的藏书，在大山深处开办起了这个乡村家庭图书馆。

李成林家有三间房、五口人，他腾出两间最大的用作图书馆。里面的铁制书架摆放着 2 万多册书籍、8 种报刊。每逢冬季农闲时，图书馆里男女老少围着火炉，读书看报、交流信息。孩子们来这里借书，李成林还要求他们写读书心得。这些读书心得经他阅读并批改错别字后，还被装订成册供大家参阅。李成林说："知识是人生道路上的盘缠（钱），盘缠多了才能走得更远。"[1]

---

① 西海固是宁夏南部黄土丘陵区西吉、海原、固原、彭阳、同心等七个国家级贫困县的统称，这里沟壑纵横，干旱缺水，1972 年被联合国粮食开发署确定为最不适宜人类生存的地区之一。

图1　成林文体大院的远景

2005 年，在当地政府的关心下，李成林新建了 130 多平方米的家庭图书馆馆舍，还自己出资在院里修建了一个简易水泥篮球场，从此他的家庭图书馆发展为一个文体大院。如今的"成林文体大院"占地已达 9 亩，有图书馆、妇女之家、普法室、篮球场、休闲运动场地等（见图1）。

2　走访成林文体大院的机缘

我们与李成林是老熟人。李成林参加过北戴河的"民间图书馆论坛"（2011年）、杭州的"图书馆作为社会教育中心：公共图书馆、学校图书馆、民间图书馆服务与社会教育国际学术研讨会"（2012 年）。他是一位穆斯林，炯炯有神的目光、头顶洁白的小帽，曾给代表们留下过深刻的印象。

2013 年 6 月，在中国企业家发展商会筹备组杨宗华老师等人发起与赞助下，民间图书馆协会筹备组的"乡村图书馆、校园图书角、家庭书架网建设"项目的二期启动，该项目的宗旨是助力民间图书馆、构建乡村阅读环境、培养孩子们的阅读习惯。各地报名的乡村民间图书馆中，就有李成林的"成林文体大院"。经过筹备组讨论决定，"成林文体大院"被列入了项目二期的计划。2013 年 8 月 20日至 22 日，筹备组的王子舟、邱璐、戴靖前往宁夏回族自治区海原县史店乡苍湾村进行项目落实工作，即考察环境、签订协议、落实细节。

8 月 21 日 8：30 左右，我们乘坐火车到了银川市，然后转 1 路公交车赶到南门汽车站，在那里见到了早早等待着的李成林女儿李萍、《银川日报》的记者唐尧荣，交谈了十几分钟后，我们与之告别，坐上了 10：20 开往海原县的长途大巴。海原县距银川市 280 公里，位于宁夏的中部、六盘山西北麓，全县人口约 46 万，其中回族约占 70%。大巴在高速路上行驶快速、平稳，进入山区后，蜿蜒曲折的公路让车速慢了下来。梁沟塬峁上散落着大大小小的村庄，穿过这些村庄时，几乎都能看到清真寺，大的村子清真寺雄伟高大，小的村子清真寺虽简陋也都建有邦克楼（望月楼）。车行三个多小时，我们于下午 2：00 左右到了海原县城，见到了迎接我们的李成林与苍湾小学校长田俊。一起吃过便饭，大家搭乘田俊校长的小车前往史店乡苍湾村。史店乡苍湾村离海原县城有 10 公里路，汽车行驶十几分钟就到了。

苍湾小学是"乡村图书馆、校园图书角、家庭书架网建设"项目的合作小学，学校里的教室都是平房（见图 2）。田俊校长陪我们参观了全部校舍。田俊校长介绍，该小学又叫作"正心希望小学"（为纪念香港福建希望工程基金会陈秉志捐资 25 万兴建新校舍而命名）。学校加上学前班，现有 6 个年级。每个年级有 20 人左右，全校共有 128 名学生，8 个教师。学生不住校，但有营养午餐。教师两女六男，平均年龄三十八九岁。在小学办公室里，我们与李成林及田俊校长进行了座谈，由王子舟讲解项目宗旨、内容，邱璐就学生阅读活动的开展与大家进行了深度交流。之后，李成林代表成林文体大院，田俊校长代表苍湾小学，王子舟代表筹备组，三方签署了项目合作协议。大家还纷纷在项目小旗上签了自己的名字，并合影留念（见图 3）。

离开苍湾小学，我们经过一条短短的土路，开始走访期待已久的成林文体大院的家庭图书馆。

图 2　苍湾小学教室内一角

图 3　李成林、田俊与项目组成员在校园里合影

3 成林家庭图书馆的现状

李成林的家庭图书馆是其文体大院的主要组成部分，大门位于正房的中央，门口左上角有一个"图书阅览室"的牌子，下面竖挂着一块"海原县史店乡青年活动中心"的木牌，白底红字，字迹因风吹日晒已开始模糊。大门及其两侧的其他地方则散挂着一些崭新的政府有关部门授予的牌匾，有"希望工程图书室""农家书屋""留守儿童之家""全区示范农民文化户"等。

走进图书馆铁门可以看到里面是两间屋子，一大一小，加起来约有70多平方米。大屋与里面的小屋，四周摆满了书架，一共有19个。大屋中央还有一排阅览桌（见图4）。屋里窗明几净，光线充足，35000册左右的书籍摆放整齐，入门处报架上还有16种报纸（见图5）。图书的排架，使用的是自编的分类法，主要有"宗教""政治经济""文化教育""学生工具""现代文学""世界名著""民间文学""少儿文学"等大类。图书则有新有旧，大多来自李成林自己的收藏与社会捐赠。在那些旧书中，还不乏珍贵的图书，如《四库全书总目》（上下册，中华书局1965年影印本）等。新旧图书、报刊可谓琳琅满目，算得上一个质量不错的小图书馆，在我们近年走访的民间图书馆中也居上乘了。据李成林讲，他还收藏了100多种光碟。还有一台电脑在旁边的屋子里。

图4 家庭图书馆大屋的书架及阅览桌

图5 入门处左侧的报架与办公桌

李成林家庭图书馆的开放时间没有具体规定，来人即开放。读者借阅完全免费，有登记制度。平均每天来看书的人，农闲时有一二十人，农忙时少些，有五六个。平时开馆除了李成林外，还有他的妻子马兰秀帮忙。妻子识字不多，但也能接待读者，办理借阅手续等。

除了开展图书借阅，李成林平时还为村民提供法律咨询服务，调解当地的民事纠纷。近几年暑假中，他还接待了参加暑期实践活动的杭州师范大学、天津大学、华侨大学等诸多国内大学的大学生。还有就是现在每年冬季都要举办一场农民运动会。每逢运动会开始的时候，家庭图书馆房顶上的两个高音喇叭就响了起来，几里地外的人都能听见喇叭的广播。除了运动场上活跃的运动健儿，还有观赛的上千号老少村民。闻风而来的小商贩们，架子车上摆满了多种零食、饮料、日用品。当然，这个时候也是李成林家庭图书馆里人最多的时候。

说起办这个图书馆的缘由，李成林打开了话匣子。说自己上完初中，因家庭贫困、老人有病，他不得不放弃了上高中的机会。其实，在初中阶段，他很爱读书，学习成绩很好，尤其是语文，当时的语文老师曾给他的作文打过100分，这是十分罕见的。李成林作文的草稿纸还有学生抢走做参考。他直到现在还记得自己的语文老师叫张克庭（1937—），张老师不仅有文采，音乐、体育、美术都通，甚至还会做木匠活，后来被评为自治区特级教师，还当过海原中学的副校长，现在退休后住在固原县。虽然高中没有上成，但爱读书的李成林还是积攒了许多书籍。后来每逢农闲时，看到村民们经常串门、打牌、喝酒，无所事事，于是就想着办一个图书馆，好让大家能方便地获取信息、学习知识，不虚度光阴。从此，宁夏南部山区的贫穷落后的苍湾村——这个流传着"交通靠走、交流靠吼、耕地靠牛、照明靠油"顺口溜的地方，终于有了群众文化生活的新气息。

4 李成林办农民运动会的故事

苍湾村是一个纯回民聚居村，全村人口有 5200 多人。李成林在这里举办的农民运动会在海原县、宁夏回族自治区乃至全国的穆斯林信众中都有着很大影响。

据李成林介绍，现在每年一届的农民运动会是从篮球运动会发展而来的。在李成林青少年时期，公社或大队开会时经常组织篮球赛。改革开放以后，农村里多年不举办篮球比赛，农民们总归有点失落。1987 年 2 月春节期间，从小爱好运动、生性活跃的李成林经苍湾村村民的推举，出面组织举办了一场篮球赛。他把村小学简易篮球场上的积雪打扫干净，由附近各乡 12 个代表队参加的篮球赛就在这里举行了。当时他们还请来了电影队，晚上放电影以助兴。此后，李成林在春节农闲期间组织的篮球比赛成了当地受人欢迎的盛事。

从第一届到第四届，苍湾村的冬季篮球运动会并不是固定每年举行，因为每次篮球运动会都会有一定的支出款项，如买篮球等。虽然村民热切地等待着篮球运动会的召开，但李成林只有筹够了举行赛事的款项，才能正式地开始张罗。篮球运动会的第二届举行于 1990 年，第三届为 1999 年，第四届是 2004 年，参加运动会比赛的人越来越多。从 2006 年 2 月的第五届开始，李成林将篮球运动会更名为农民运动会，将拔河、象棋、乒乓球及当地民间流传千年的下方[①]、打陀螺等列为运动项目。而且从这以后，农民运动会每年都如期举行，截止到 2013 年已经举办了 12 届。后来几届运动会上，列入的传统项目越来越多，如踢毽子、打梭、黑驴驮盐、拿硬腰、斗鸡、掰手腕、发炮片、下四格、羝羊打头、猜谜语等，参

---

① "下方"即下方棋，是宁夏海原县民间的一种游戏，规则简单易学，在田间地头画出横竖七道形成方格棋盘，用石子、土块、树枝等做棋子就可对弈。打梭、黑驴驮盐、拿硬腰、发炮片、羝羊打头等都是当地民俗竞技项目，有的已被列为当地的非物质文化遗产项目。

加运动会的人也不断增加，有邻近西吉县、固原县的农民，还有远在内蒙古包头、新疆的农民代表队。除了农民运动队，当地的阿訇代表队也来参加运动会。

农民自办的运动会成为宁夏西海固地区一道特色文化景观，李成林也因此获得国家体育总局的"全国群众体育先进个人"（2009 年）、宁夏回族自治区的"全区精神文明建设先进工作者"（2009 年）等称号。

然而，在风光无限的农民运动会背后，却不知隐含了多少的辛酸。2013 年 8 月 22 日上午，李成林来到海原县森林旅馆与我们交谈，一上午谈话的主要内容就是他的运动会。他说，现在农民运动会已经成了当地的文体盛事，在各方的期待与压力下，他必须每年坚持举办。但是办运动会要有资金，一届运动会下来，购置体育器械、聘请裁判、发奖牌奖金等，总要花几万块钱。然而每年他都要为办会资金操碎心、跑断腿。这几年里，县里的党政工青妇等各部门都跑遍了。举办 2012 年第十一届农民运动会时，县政府支持力度最大。新来的县长在成林文体大院考察时，当场拍板拨了 8 万元，所以那届就办得热闹非凡。但是，其余数届，都要靠李成林花两三个月时间到处募捐。凡是想到的有可能给赞助的单位，他都跑遍了。如办第十二届运动会前，县计生局曾答应给些赞助，李成林先后跑计生局 13 趟，最终计生局给了他 500 元，还要求他做出计划生育宣传栏板在运动会期间展示。有的单位开始说给点赞助，后来又以种种说辞不给了，他跑的多少趟路就白费了。最艰难的就是第六届运动会，眼看都要举行了，但办会资金还没有着落。最后没办法，运动会上发奖时，他只得将自己家里的电视机抬出去当了奖品。说到这里，李成林不禁哽咽起来，把脸侧了过去。

苍湾村的农民运动会没有固定经费来源，今后每届运动会都要由他出去拉赞助，这对一个农民来说是多大的一道难题！李成林曾经发誓要将苍湾村打造成"中国回族篮球第一村"，但是，未来的路太难走了。我们告诉李成林，二十多年的时间，一个农民能坚持组织十二届农民运动会，这本身就是一个奇迹了。同时也善意地提醒他，以后要量力而行、择机而行，超负荷运行会对自己身体有损。

5　成林文体大院的前景

李成林在海原县有一定的知名度。这一点可从我们 2013 年 8 月 21 日晚在县城找旅馆时的一个细节得到佐证：在森林旅馆前台问询住宿房间时，戴靖随口说到我们刚从苍湾村来，旁边有一个年轻的小伙问我们："是不是找了李成林？"戴靖回问："你也认识李成林？"对方答认识，再一问，他是贾塘乡后塘村的，并不与李成林一个村。而且，柜台里办住宿登记的中年男子说，他也认识李成林，说李成林可是知名人物。

同样在当地出了名的成林文体大院今后会怎样发展？这也是我们在 8 月 22 日上午与李成林谈话中的主要内容（见图 6）。

图 6　李成林（左）与王子舟（右）在旅馆交谈

首先一个问题是：家庭图书馆与其体育活动相互促进，这是成林文体大院开展活动的一个特色。但是如果李成林把精力过多投入体育活动中，会不会弱化图书馆的活动？如现在李成林还是"打梭"这项非物质文化遗产的自治区级代表性传承人，又是山村专职人民调解员，今后他是怎样考虑图书馆发展的？

李成林回答：他的文体大院追求目标是"让读书成为习惯，让健康永驻乡村"，他办的图书馆、开展的体育活动，是贴近现实、贴近群众的事情，有文有体、亦文亦武，深受乡亲们热爱。所以要平头并举，都要搞好。另外，文体大院还承担了普法、妇女培训、暑期学生教育基地等任务，这也是他力图将"成林文体大院"打造成综合文化服务平台而一直努力的。至于家庭图书馆，李成林还打算建一个电子阅览室，以使村民们接触各种数字资源，提高村民的信息素养。

其次一个问题是：成林文体大院今后发展的经费或者说发展资源从哪里来？

李成林回答：一方面靠自己务农，一方面靠社会赞助，一方面靠家庭支持。这几年，经他四处公关，社会赞助（资金、书刊、体育器材）占了较大的比例。提及家庭支持，李成林说他有五个孩子，大女儿李萍已经工作，以前在海原县里小学当教师，书法非常好，最近要调回县里某单位做文秘工作；二女儿在合肥工业大学上大学；老三是儿子，在外打工；老四是女儿，正在上高中；小儿子现在上初一。家庭境况今后会越来越好。尤其李萍非常支持父亲的事业，曾表示全力帮助父亲办好文体大院，这给李成林以极大的安慰。

8月22日12：30午饭后，李成林与我们在海原县长途汽车站分手告别。我们将前往中宁县考察新堡镇盖湾村王兴华创办的私人图书室——红枸杞图书室，而李成林骑上摩托返回他的苍湾村成林文体大院。

改革开放以来的中国，有无数来自民间的、草根的人们做着改变身边、周围状态的事情，这种力量被美国诺贝尔经济学奖得主罗纳德·科斯（Ronald Coase，1910—2013）称作"边缘力量"。在科斯眼里，正是这种"边缘力量"造就出的"边缘革命"才真正地推进了中国的改革开放[2]。李成林，这位曾经做过民办教师的回族中年人，多才多艺（还会打篮球、吹笛子），有着自己坚定的信念，他就是这种"边缘力量"中的一分子。大多时候，人选择不了自己的生存环境，但人可以选择活法。李成林所做的一切，就是想在南华山脚下这块干旱贫瘠的黄土地上书写出不凡的人生。

参考文献

[1] 姜雪城. 构建和谐社会：农民李成林和他的家庭图书室 [EB/OL]. 新华网，（2006-11-08）[2013-08-30]. http://news.xinhuanet.com/politics/2006-11/08/content_5304210.htm.

[2] [美] 罗纳德·科斯. 科斯对中国的十大忠告 [EB/OL]. 凤凰网，（2013-09-03）[2013-09-30]. http://finance.ifeng.com/news/special/Coasezg.

作者：王子舟、邱璐、戴靖，原载《图书馆建设》2014年2期

第 **4** 篇

热衷百姓阅读的乡村诊所

——宁夏中宁县新堡镇盖湾村红枸杞图书室

1 媒体眼中的红枸杞图书室

中国的枸杞数宁夏，宁夏的枸杞在中宁。作为珍贵的中药材和高级滋补品，枸杞是中宁的"红宝"，其栽培历史已有 600 多年[1]。王兴华（1951—）创办的红枸杞图书室就位于享有"中国枸杞之乡"声誉的中宁县城郊新堡镇盖湾村里。

最开始的红枸杞图书室叫作"红枸杞读书会"。据媒体报道：2004 年，自学中医的王兴华在自家诊所里腾出一间屋子，投资 1 万余元订购了各类图书及《农民文摘》《宁夏日报》等报刊，创办了这家"红枸杞读书会"，免费向全镇群众开放借阅，义务在乡村传播科技文化知识[2]。红枸杞读书会的屋里，四周摆放着满书柜的书籍，世界名著、伟人传记、中国经典文学作品、农业科技实用技术等各类图书杂志足有 1000 多册。来这里借书的读者有学生、农民、职工等。2005 年暑假，一名到红枸杞读书会看书的吴桥村学生史涛说："假期想读书，到县城去太远不方便，买书看太贵。到'红枸杞读书会'借书读，又省钱又方便。"[2]

红枸杞读书会成立后，受到社会各界的关注。2007 年 4 月，中宁县图书馆还将红枸杞读书会选为县图书馆的 10 家农家书屋（阅读点）之一，为读书会送去 200 多册图书，以期依托当地农民自办的农家书屋，采取送书入户、定期流转的方式，将图书借阅服务送进农村[3]。从此，红枸杞读书会又有了"红枸杞书屋""红枸杞图书室"的名称。

2 走访红枸杞图书室的机缘

王兴华与夫人纪凤霞参加过 2011 年 6 月北戴河的"民间图书馆论坛",因此我们相互之间认识。2013 年 6 月,在中国企业家发展商会筹备组杨宗华老师等人的发起及赞助下,民间图书馆协会筹备组的"乡村图书馆、校园图书角、家庭书架网建设"项目的二期工作启动,王兴华的红枸杞图书室也被民间图书馆协会筹备组列入了项目二期的计划。2013 年 8 月 20 日到 22 日,筹备组的王子舟、邱璐、戴靖前往宁夏回族自治区海原县史店乡苍湾村李成林的文体大院进行项目落实工作,之后我们顺路乘坐长途大巴前往中宁县新堡镇盖湾村,去见王兴华,进行项目点的环境考察、协议签订、细节落实等活动。

22 日中午 12:30,我们离开了海原县长途汽车站,乘坐大巴行驶了两个小时,约在下午 2:30 到了中宁县县城。我们就近找了一家长鼎宾馆,办理完住宿手续,马上联系上了王兴华。盖湾村红枸杞图书室就在王兴华的诊所里,诊所在县城东南郊区不远的地方,出租车大约走 20 分钟就到。于是我们打了一辆出租车前往期待已久的新堡镇盖湾村红枸杞图书室。在出租车上,司机问我们去哪儿,我们说盖湾村红枸杞图书室,司机说不知道,但一说王兴华的诊所,司机就说知道,还问我们是否找王兴华去看病,说王兴华做"埋线"很出名。我们不知道何为"埋线",司机说是一种中医疗法。下午约 3:10 分,我们来到了盖湾村王兴华的乡村诊所,王兴华及其夫人纪凤霞已经在等候我们。

经王兴华介绍,我们见到了"乡村图书馆、校园图书角、家庭书架网建设"项目合作小学盖湾完小的校长刘瑜。由于有病人要医治,仅王兴华夫人纪凤霞随我们一起乘校长的车到盖湾完小进行考察。盖湾完小坐落在盖湾村里,校园不算很大,两层的教学楼是 2012 年 9 月新落成的,政府投入了 165 万。盖湾完小有学前班、小学一年级到六年级共 7 个年级,每个年级有 10 多人,全校共有 80 多名学生、10 个教师。教师平均年龄 40 多岁,八男二女,女教师偏少。校长刘瑜是语文教师出身,但也在小学做全科教学。在小学办公室里,我们与纪凤霞及刘瑜进行了座谈,由王子舟讲解项目宗旨、内容,邱璐就学生阅读活动的开展与大家进行了深

图1 纪凤霞、刘瑜与项目组成员在校园里合影

度交流。之后，纪凤霞代表红构杞图书室，刘瑜代表盖湾完小，王子舟代表筹备组，三方签署了项目合作协议。大家还在项目小旗上纷纷签了自己的名字，并合影留念（见图1）。

"乡村图书馆、校园图书角、家庭书架网建设"项目旨在乡村构建一个覆盖社区、学校、家庭的阅读环境，即通过社区图书馆、学校图书角、家庭书架的互相联络、沟通，使得以乡村少儿为主体的阅读群体在其主要活动空间中都能够实现方便阅读。项目的具体运行方式为：由捐资方提供资金支持，民间图书馆协会筹备组购买优质图书向有基础的乡村图书馆提供，再由乡村图书馆馆长负责在临近小学建设班级图书角，经过一定周期的阅读活动之后，选出若干阅读突出的学生，由乡村图书馆馆长向其发放家庭书架（含二三十本书籍）。

3　红构杞图书室的现状

图2　王兴华诊所的一楼门口

红构杞图书室所在的王兴华诊所，一楼的大门左侧有一块黑板，上面两行大字写着"中国民间图书馆协会／红构杞图书室"，下面是宣传语"中外经典、政治历史、长篇小说、农业科技、畜牧种植、画报杂志，面向全县，免费借阅。奉献爱心，回报社会"（见图2）。右侧

挂着一块中宁县农业局授予的铜牌"农民科技树屋"，编号为96009。

从右边外部楼梯上诊所二楼，就进了红枸杞图书室。图书室由3间屋子组成，右面的一间是书库，里面书架上摆放有2000多册书籍，桌子上摆放着八九种杂志（见图3）。左边靠里的一间是阅

图3　红枸杞图书室右间屋里的内景

览室，里面有沙发、茶几，茶几上也摆放着一排杂志；左边靠外的一间也是书库，书架上也摆放着一些书籍，但为数不多。

王兴华与夫人纪凤霞陪我们参观了图书室，之后我们在沙发上坐下交谈起来。据王兴华说，现在农忙时节，读者来的很少。就是平时，读者也很少。主要是年轻人越来越不看书了，反倒是上网、玩手机、看电视的时间越来越长。

但是我们参观后感觉，除了王兴华说的这些原因，他平时接诊病人多，忙不过来，以及图书室在二楼，平时锁着门，这也会使读者越来越少。如果图书室设置在一楼接诊室里或者旁边的房间里，可能读者还会多些。我们将这个想法告诉了王兴华，并决定在"乡村图书馆、校园图书角、家庭书架网建设"二期项目中，给王兴华的接诊室里配备一个书架，再配些少儿爱看的绘本及成人看的保健、卫生方面的书，以方便就诊者在等候时能进行阅读。王兴华听了我们的建议很高兴，表示期待我们项目组的配书到来。

4　王兴华及其"埋线疗法"

王兴华的主业是乡村医生，他的专长是中医里的"埋线疗法"。他一见到我们，三句话不离本行，开始大讲起来他的"埋线疗法"（见图4）。

小时候王兴华家里很穷，直到上初中时还买不起书包，他每天只能用麻绳把书本一捆便背着上学。王兴华的父亲有文化，从小念过私塾，《三字经》《百家姓》

图 4　王兴华给戴靖讲中医心得

都会背诵，只是晚年得过半身不遂，平时腿疼，拐着走路。王兴华的姐姐是乡村卫生员，"四清"运动时，她还有一本介绍针灸的小册子。王兴华总爱翻看这本小册子，而且还试着学针灸。每逢阴天下雨，他就给父亲扎针，一扎就不疼了，后来竟然也敢给左邻右舍的村民们扎针。王兴华的父亲 1981 年去世，时年 73 岁。

1968 年，王兴华初中毕业，1970 年他开始当中宁县新堡镇盖湾村的赤脚医生。当年 11 月 10 日，王兴华去县城，在新华书店看到一本像红宝书一样的红塑料皮的《新医疗法汇编》（甘肃省卫生局编，甘肃人民出版社 1970 年版，定价 0.75 元，内部发行），不禁爱不释手，买了下来。这本书里有一章专门讲沈阳军区中医针灸的先进经验"埋线疗法"，从此他就知道了这个治疗方法。所谓"埋线疗法"就是将羊肠线或生物蛋白线埋入穴位，通过物理性、化学性长效刺激穴位，疏通经络，调节内脏功能，从而防治疾病的一种现代针灸替代疗法。

经过一番研究，王兴华从 1988 年开始用"埋线疗法"治疗病人，二十多年的治疗实践，让他感到这种疗法是一种痛苦小、疗效好、花钱少的农村实用技术，慕名前来找他做埋线治疗的患者有上千人。据王兴华介绍"埋线疗法"还有数病同治、对人体无副作用、无后遗症等特点[4]。

2008 年，宁夏回族自治区卫生厅推广实用技术，聘请上海专家孙文善博士做微创穴位埋线技术临床应用的讲座培训，王兴华参加了这次培训。之后，王兴华开始使用一次性微创埋线器械给病人埋线，其"埋线疗法"的技术又有了提高。现在上门找他看病的人越来越多，自治区各县市都有来做埋线的患者，尤其是西海固的村民，甚至农闲时一来就是一卡车人。2013 年 4 月，王兴华还参加了在洛阳市举行的"世界针灸学会联合会'针灸风采全球行'洛阳站埋线专家委员会暨多针法、手法研讨会"，他在该会上向人介绍了他的埋线疗法，之后有个在俄罗斯行医的都大夫（男，40 多岁）专门来到大西北中宁县住了 7 天，跟王兴华学习埋线技术。

如今，王兴华已成为中宁县及西海固地区远近闻名的中医名家，他的诊所每天尚未开门就有患者在那里等待。

5　红枸杞图书室今后的发展

8 月 22 日晚，我们民间图书馆筹备组三人与王兴华、纪凤霞夫妇一起吃过晚饭后，回到长鼎宾馆。第二天，王兴华、纪凤霞夫妇一大早就接我们到一家面食馆吃当地的蒿子面。在两次吃饭的时间里，我们与王兴华探讨了他的红枸杞图书室今后发展的问题。

王兴华说，他办私人公益图书馆不缺空间，仅其诊所上下楼就有 300 多平方米，也不缺经费，他每天看病的收入比较可观，完全能支撑图书室运行下去。现在最缺的就是精力与时间，加上现在看书的人太少，他只能是将主要精力用在诊所业务上。老伴纪凤霞负责当地的卫生防疫等工作，每天也很忙。他们有两儿两女，大儿子是宁夏医学院卫校毕业的，现在在乡镇卫生站工作，也会埋线疗法；二儿子在卫校学的是牙科，现在在银川开诊所；大女儿是铁路学校毕业的，在银川工作；小女儿在外面美容店里做埋线美容，现在全家都很忙。

谈起今后行医的想法，王兴华说他现在只是个乡村医生，还没有执业医师的资格，因此不能异地行医。但他热爱这一行，他的埋线技术好，他很想将这个技术传播出去。2013 年初，他看了中央电视台的"寻找最美乡村医生"节目中十个乡村医生的事迹，非常感动。他给全国一百多个乡村医生发函，想办一个埋线疗法的培训班，免费向大家传授这门农村实用的医疗技术，但遗憾的是竟然没有一个回函。王兴华说，我行医不保守，我的目的就是造福天下。我给自己写了两副对子，一幅是"病人是医生的朋友，医生是患者的亲人"，已经挂在了我的诊所里，那是对患者说的；还有一幅是"弘扬华佗精神，泽被天下苍生"，这是对我自己说的，想作为我的座右铭也挂出来。

王子舟提到，中医从宋代以来逐步形成了儒医传统，而儒医传统中本身就包含着慈善、公益精神。这一点与民间公益图书馆体现的现代公共思想、公益精神是能融会贯通的。开诊所、办图书馆都是"泽被苍生"。打针吃药，是治人生理疾病的；借书看书，是治人精神疾病的。二者如果能有机结合起来，不仅起到了互扶、互助、互补的作用，也会形成一个诊所的特色。邱璐、戴靖也说道，王兴华的诊所每天就诊的群众很多，老人、妇女、孩子数量大，如果能在候诊空间里提供免费的书刊供大家阅览，那么群众的受益就更大了。王兴华也觉得这是一个不错的主意。他说他身为一名老共产党员，要当好一个传播知识的志愿者，他要把他的红枸杞图书室继续办下去，并把它办成自己的一个品牌。

参考文献

［1］郭荣,温淑萍.宁夏中宁县枸杞产业化现状及发展建议［J］.甘肃农业,2007（11）:31-32.

［2］新堡农民王兴华自费创办读书会［EB/OL］.新华网,（2005-08-22）［2013-09-06］.http://www.xinhuanet.com/chinanews/2005-08/22/content_4939783.htm.

［3］孙家玲,黄永锐.依托农家书屋中宁图书馆服务进村［EB/OL］.新华网,（2007-04-16）［2013-09-06］.http://www.nx.xinhuanet.com/newscenter/2007-04/16/content_9800723.htm.

［4］王兴华.开展埋线疗法的体会和展望［EB/OL］.百度空间·樊广军穴位埋线诊室,（2010-06-30）［2013-09-08］.http://hi.baidu.com/313042703/item/21d8d59256249e17924f419b.

作者：王子舟、邱璐、戴靖，原载《图书馆建设》2014 年 3 期

第5篇

壮族乡村文化的守护者

——广西东兰县东兰镇委荣村健将图书馆

1 媒体眼里的健将图书馆

在广西壮族自治区贫困山区里有一个历经30多年风雨的乡村图书馆，它就是广西河池市东兰县东兰镇委荣村那尧屯壮族农民韩建相创办的健将图书馆。

韩建相初中毕业时，因父亲被诬陷而失去了上高中的机会。据媒体报道，1975年回到村中务农后，韩建相发现村里的生活单调乏味，部分年轻人由于精神空虚，一到晚上就游手好闲，经常喝酒滋事，于是酷爱读书的他将自己的藏书拿出来，第二年在家里办起了家庭图书室。为活跃村里气氛，韩建相还办起了委荣村文艺队，自己创作三句半、快板等节目，带着村里的年轻人看书、唱歌、跳舞[1]。

据韩建相介绍，1977年东兰县文化局鼓励各地兴办村级图书室，曾召集全县8个家庭图书室的负责人开会，并带他们到县里的新华书店购书。每人可以买20元钱的书，文化局给报销书款。当时的书很便宜，几角钱一本，如一套4本的《全唐诗》才2.4元。借此机会，韩建相还一次性购置了不少种植、养殖等方面的书。他说："那几年，我攒下来的钱都用于买书了，每次进城首先进书店，有时买书把钱花光了，只剩一点买盐巴的钱，自己连碗粉都舍不得吃。"[1]2000年，韩建相在委容村的村头路边建了一栋26平方米的瓦木结构小屋，把图书室从家里搬了过来，以方便更多村民来免费看书。他在里面安装了电灯、电视，甚至还一度装了影碟

图 1　在健将图书馆门口的韩建相

机，给村民放映一些影片[1]。

1979 年他的家庭图书室正式命名为"委荣村图书室"，前些年又改称"健将图书馆"。2011 年，健将图书馆被广西壮族自治区新闻出版局选为委荣村的"农家书屋"，并赠予了 1400 多册图书、几个新书架。2012 年，东兰县图书馆在韩建相的图书室里建起了"东兰县图书馆图书流动服务点"，并专门为此配送了 2 张阅览台，4 把椅子，1 个玻璃书柜，200 多本科普书籍[2]。2013 年 10 月，在广西壮族自治区新闻出版局举办的首届广西"书香之家"评选活动中，韩建相（见图 1）的健将图书馆获得了百家"书香之家"的称号[3]。

2　走访健将图书馆的机缘

2013 年 6 月，在中国企业家发展商会筹备组杨宗华老师等人的发起与赞助下，民间图书馆协会筹备组启动了"乡村图书馆、校园图书角、家庭书架网建设"的二期项目。该项目旨在乡村构建一个覆盖社区、学校、家庭的阅读环境。具体运行方式为：由捐资方提供资金支持，民间图书馆协会筹备组购买优质图书向有基础的乡村图书馆提供，再由乡村图书馆馆长负责在临近小学建设班级图书角，经过一定周期的阅读活动之后，选出若干阅读突出的学生，由乡村图书馆馆长向其发放家庭书架（含二三十本图书）。8 月，韩建相的健将图书馆被民间图书馆协会筹备组列入了项目二期的计划。

2013 年 10 月 16 日下午，我们乘坐北京西到南宁的 T5 次列车，经过 29 个小时，于次日晚 8 点多到达南宁市。南宁下着小雨，当晚我们三人赶到南宁市安吉长途客运站买好次日的车票，然后住在客运站楼上的旅馆里。

10 月 18 日早晨，我们坐上开往河池市东兰的最早一班大巴车。东兰县是革命老区，农民运动领袖韦拔群（1894—1932）、红军将领韦国清（1913—1989）

都出自这里；东兰县又是一个国家级贫困县，按照农民人均年纯收入 2300 元的新国家扶贫标准，东兰县属于国家划定的 2011 至 2020 年自然条件差、基础设施薄弱、社会事业发展程度低的全国 14 个连片特困地区之一的滇桂黔石漠化区[4]。

大巴车冒着小雨行驶在山区公路上，洁白的雾霭就像一条条白纱带，缠绕在一座座翠绿的山峰上。经过 4 个多小时，14：30 我们到达东兰县城汽车站。委荣村健将图书馆馆长韩建相与委荣小学校长韦慧开接上我们三人，我们乘坐校长的小车又走了 20 多分钟的蜿蜒山路，终于来到了委荣村。

10 月 18 日下午 15：00，我们到了委荣小学，参加在操场里举行的"乡村图书馆、校园图书角、家庭书架网建设"项目启动仪式。委荣小学是东兰镇最大的村级完小，生源覆盖全村 28 个自然屯及附近泗孟、长江两乡的 6 个自然屯。全校有学生 351 人，其中寄宿生 256 人，留守儿童 198 人，共有 6 个年级、10 个教学班。学校有教职员工 23 人，其中教师 18 人。启动仪式上，韦慧开校长、韩建相馆长和民间图书馆协会筹备组王子舟、邱璐做了简短讲话。此前民间图书馆协会筹备组已经将 900 册新书、10 个书架发运到了委荣小学。从打开的书包里拿出几册精美的新书，王子舟大声问在场的 300 多名学生喜欢不喜欢，学生们异口同声高喊"喜——欢——"（见图 2）。

图 2　在项目启动仪式上看到新书而兴奋的孩子们

启动仪式后，筹备组成员在委荣小学办公室与学校领导、韩建相签署了三方项目协议，并与部分小学教师进行了如何开展阅读推广的座谈。

3 健将图书馆的现状与作用

从委荣小学出来，约下午 4 时多一点，我们来到了距离委荣中心小学校门不足百米的委荣村健将图书馆。仔细参观了图书馆之后，天色已晚。韩建相招待我们在他弟弟家里吃晚饭，弟弟家就在图书馆的对面，韩建相 83 岁的父亲与弟弟一家住在一起。晚饭后，我们与韩建相约定次日上午再来进行深度访谈，然后坐韦慧开校长的车回到县城，住在东兰县运达宾馆。10 月 19 日上午 9：00，韦慧开校长接我们再次前往委荣村，我们在健将图书馆与韩建相进行了深入交流（见图 3）。

图 3　韩建相（左）在图书馆里接受访谈

韩建相的健将图书馆曾长时间被称为"委荣村图书室"，这从图书室左门楣上字迹斑驳的"委荣村图书室"称谓也可以看得出。改为"健将图书馆"是近两年的事。"健将"在壮语里与"建相"同音，"室"改为"馆"，也寄予了韩建相要将他的图书室办好、办大的愿望。

图书馆的左部是依山坡而建的老旧木板瓦顶二层房，右部是新修的砖混房，二者连接为一体，里面相通（见图 4）。

图 4　村路边上的健将图书馆（中午闭馆）

右门的上方，从左向右横挂着"东兰县图书馆图书流动服务点""东兰镇委荣村健将图书馆""农家书屋""职工书屋"等 4 个牌匾。馆舍室内面积有 28 平方米，藏书约 3000 多册，其中含有配给"农家书屋"的 1400 多册书。所有藏书的排架都依据的是自编的分类法，如"A 社会科学""B 农业科技""C 文学"等。期刊有几十本，报纸有 15 份。报纸除了村委会给订的《人民日报》《中国妇女报》之外，其余都是韩建相自己订的。图书馆里有 7 个书架，1 台电脑，3 张阅览桌。

在读者服务方面，健将图书馆免费全天开放。虽然农忙时开放时间减少，但有读者打电话来，韩建相总要及时过来开门接待。健将图书馆坐落在通往委荣小学必经之路的村路边，因离小学近，每当下课或者放学的时候，小学生们都三五成群地来到图书馆。尤其周日中午以后，寄宿的小学生开始陆续返校，他们总要在健将图书馆逗留片刻，借些书回校看。图书馆每年接待看书的读者都超过了千余人次。我们翻看了图书馆的借书登记记录，从整齐的借书、还书记录上，能看到图书馆的主要读者都是委荣小学不同年级的学生。

由于有健全的图书借阅制度，图书馆内井井有条。韩建相在 2012 年还被广西壮族自治区新闻出版局授予了广西"农家书屋百佳优秀管理员"的荣誉称号。他说，他曾向自治区新闻出版局建议召开一个全区农家书屋管理员的经验交流会，好让不同乡村的农家书屋同行们聚聚，交流想法，但是提了几次建议，也都没有下文。

4　坚守 30 余年办馆的韩建相

韩建相（1957—）出生在委荣村的那尧屯，生于斯长于斯，他从未离开过脚下的这片土地。1975 年毕业于东兰泗孟农业中学，由于当会计的父亲被诬陷有经济问题，他们兄弟 3 人都无缘读高中而回家务农。1975 年至 1982 年，韩建相在委荣小学任民办教师兼村团支部副书记、村业余文艺宣传队队长。韩建相是一个办事认真、工作敬业的人，在委荣小学做民办教师时，他边学边教。三年级以下的孩子，基本不懂普通话，他教孩子们学汉语拼音前自己先学，如讲"整体认读音节"时，他自己也不太明白，于是查找各种工具书，搞得清清楚楚再来教小学生。1976 年，酷爱读书的韩建相把上学时期的藏书拿出来，办起了供村民免费借阅的图书室。此后 30 余年来，他一直坚守着这个大山中的乡村图书室。

1979 年，他的图书室改为委荣村图书室后，韩建相还开办起来壮文夜校，教村民们学壮文。年轻的他充满活力、朝气，组织过委荣村文艺队，自己编节目，带领村里的年轻人在看书之余唱歌、跳舞，把乡村的文娱活动搞得热火朝天。据韩建相回忆，在那种充满激情与上进心的氛围下，有的青少年勤奋苦读，或考上了大学，或当上了国家干部，或成了家乡的科学种植能手、脱贫致富的带头人。

韩建相数十年坚持业余写作。他曾在《广西群众文艺》《金城》《河池文艺》《河池日报》《三月三》《广西民族报》《魁星楼》《东兰文艺》等省、市、县级报刊上发表多篇用壮语、汉语写成的民间文学作品，其中，描写壮族民间习俗的《买猫进屋忌过大门》《壮族吃蝗虫节》等作品还被"英国之声"广播电台采用。2007 年他采编的《壮族婚俗歌》，被广西民族出版社收录到《广西民歌古籍集成·壮族风俗歌》中。韩建相自学壮文，多次参加过自治区少数民族语言文字工作委员会组织的壮文培训班，获得过好几个结业证书。在 2005 年到 2007 年期间，韩建相受自治区少数民族古籍整理办公室委托，参加了《中国少数民族古籍总目提要》资料卡片的搜集、整理和登录工作，他提供的 40 多篇资料提要被国家民委采用收录。如今村中的大部分年轻人已不会拼写壮文了，但韩建相的图书馆里还订阅着壮文报纸《广西民族报》，书架上还有壮文图书，甚至门口上还挂着他书写的壮文对联"几页花射几页你"（汉语意思为"几点梅花几点雨"），"廷伦时冬廷伦春"（汉语意思为"半似冬景半似春"）。韩建相既懂得方块壮文，也懂得拼音壮文，他的汉语水平也很好，书法也挺棒，可谓壮乡精通壮、汉语的少有的双语人才和民间文学研究者。

此外，韩建相还是当地有名的"山歌王"、乡土"艺术家"。1999 年元月，他在参加河池市委宣传部、文化局举办的"宣传党的十五届三中全会精神暨区党委七届六次会议精神山歌大赛"中荣获一等奖。同年 9 月，在参加河池市首届"铜鼓山歌艺术节"山歌比赛中，又获得壮歌组优秀翻译奖。韩建相参加过壮族歌师歌手培训班，随口就能唱几段动人的山歌。委荣小学校长韦慧开说起韩建相唱山歌，连连称赞："他可是我们这里的山歌王啊！"在图书馆里，韩建相给我们展示了一摞各种培训证书、荣誉证书，除了壮语、山歌方面的，还有在河池市获得的书法、摄影方面的优秀奖的证书。这些证书是他的宝贝，保存得很好，因为这是他多才多艺最好的见证。

不过，说起人生经历，韩建相则没那么有成就感了，甚至多了些叹息而不愿提起往事。他说，他曾因超生被委荣小学解除了民办教师的聘用，从此失去了饭碗；又因在图书室、文化活动方面投入了自己太多精力与情感，耽误了做工赚钱甚至家务活，妻子最终因积怨较深与他离了婚，那时他的小儿子才8个月。妻子带着三女儿走了，他则带着大女儿、二女儿和襁褓中的小儿子艰难度日。如今大女儿韩冰雪已经成家，她与丈夫到巴马打工，在巴马开了一个水电装修店。以前韩建相的图书馆忙不过来时，大女儿韩冰雪也会过来帮忙，现在离得远了，也顾不上来帮忙了。这两天韩冰雪听说我们过来，她也专程从巴马赶回委荣村和我们见面，陪同我们（见图5）。二女儿、小儿子多年在外地打工，很少回家，平时连问讯都很少。

图5　站在图书馆门口的韩建相大女儿韩冰雪

多年来，韩建相的生计就靠打理5份地、2份田，以及帮助委荣小学打点零工，为乡亲们写写对联及文书等来维持，自己就住在健将图书馆木瓦房一层的一间昏暗的小屋里。韩建相说，二十年前，他偶尔攒下点钱都用于买书了。现在收入少了，连买书的钱也没有了。韩建相说，一本1958年出版的《西厢记》，最初仅花0.18元就买来了，后来一商人愿出价20元钱购买，迫于生活压力的他便卖掉了这本书，如今想来还十分心痛，追悔莫及。他很想与外界联系，希望获得社会各方面的支持，但没有余钱外出。2011年接到参加民间图书馆论坛的邀请函时，虽然论坛主办方提供往返路费，但他出门的盘缠还是女儿等亲属为他凑出来的。

5 馆长韩建相的"图书馆梦"

10月19日下午，经过大半天的深度访谈与考察，我们就要离开委荣村了。临行前，问韩建相今后有些什么打算，韩建相说，电视新闻里常提"中国梦"这个词，他自己也有几个"未来梦"：

"未来梦"之一，是想要个复印机。韩建相在我们到来前，跟东兰县工会申请到一个新的打印机，已经送到了他的图书馆里。他说，再有个复印机，村民、学生打印个文件、表格，复印个身份证等，就不用跑10里路到县城去了。这样既方便了村民、学生，也方便自己整理一些壮族文献。打印、复印收费比城里低廉一些，还能补充点收入，虽然微薄也还对家用有帮助。

"未来梦"之二，是想翻盖一下自己的木瓦屋。十几年来，因风雨侵蚀，图书馆的木瓦屋许多地方需要修缮。此外，屋子矮小，采光也不好，白天还要开灯。2009年韩建相修缮这间房子时，搬木料中不慎摔断了手腕，落下了残疾。现在木板墙、木地板都很旧了，简单修缮已维持不了多长时间，如果能有机会翻盖一下，那就更好了。

"未来梦"之三，是能一直将图书馆办下去。以后自己老了，不行了，就让大女儿帮助他打理图书馆。他说20世纪70年代东兰县自发成立的8家乡村图书室，其他7家都已消亡，只有他还"一枝独秀"，其实这很不容易。在此次来访中，我们也私下里问了韩建相的大女儿韩冰雪，是否愿意帮助父亲实现他的愿望？韩冰雪说，她理解父亲的想法，也支持爸爸继续办图书馆。将来父亲老了可能也主要靠她来照顾，所以她愿意帮助父亲把图书馆办下去。只要有人还来看书，这间乡村图书馆就会存在下去。

大约下午15：00，我们离开委荣村返回县城，准备乘坐16：00的长途大巴离开东兰赶往南宁。韩建相及其女儿韩冰雪、韦慧开校长亲自送我们到了东兰县长途客运站，等我们坐的大巴车开出了车站，还能看到他们远远地在向我们挥手。

东兰县地处云贵高原南缘，虽然贫困却气候宜人，风景秀丽，森林覆盖率达到 76.3%[5]。这个地方多出百岁长寿老人，盛产墨米酒、山茶油、板栗、三乌鸡等特色食品，同时也孕育出了韩建相这样有理想、有抱负的农民。公益性私人图书馆的命运其实与办馆人的命运息息相关。从"委荣村图书室"到"健将图书馆"，这个乡村图书馆成为韩建相展示自己人生色彩的小小舞台；这个小小舞台也因为有了韩建相虽历经风雨仍顽强挺立。他们互为生命的源泉，互为倾诉的对象，互为终身的伴侣。

参考文献

［1］张莺 . "乡村图书室"30 多年的守护者［J］. 半月谈：内部版，2010（9）: 72–74.

［2］杨峰 . 东兰民族文化异彩纷呈［N］. 河池日报，2012–08–17（5）.

［3］广西 100 个家庭喜获首届广西"书香之家"殊荣［EB/OL］. 八桂书香网，（2013–10–10）［2013–10–21］. http://gxbgsx.com/news/show–892.html.

［4］肖世艳 . 广西 29 个贫困县列入滇桂黔石漠化区将获重点扶持［EB/OL］. 新华网，（2012–02–09）［2013–10–21］. http://www.gx.xinhuanet.com/newscenter/2012–02/09/content_24671447.htm.

［5］覃凤勤，覃坤 . 东兰力推"中国长寿之乡"申报工作［N］. 河池日报，2012–08–17（5）.

作者：王子舟、邱璐、戴靖，原载《图书馆建设》2014 年 4 期

第 **6** 篇

用扁担"担"出来的图书馆

——湖南冷水江市渣渡镇利民村农民图书馆

1 媒体眼里的利民村农民图书馆

湖南省冷水江市渣渡镇利民村是一个偏僻的山村。这个湘中腹地默默无闻的山村里却出了一个名人——刘小林，她因在村里创办了个农民图书馆而一度享誉省内外。

据媒体介绍，刘小林的农民图书馆是用扁担"担"出来的。她的丈夫谢清明酷爱读书，20 年前用经营小煤窑攒下的 7 万元买了村里路边的两层房，他拿出上层临街的房屋来做图书馆，将剩下的 1 万元让妻子刘小林买书，购置书架等设备。没想到刘小林背着丈夫将 1 万元作为股金投到锑矿厂，结果投资失败，钱打了水漂。刘小林为此以泪洗面，自责不已。

一次她从电视里看到了城里人送书下乡的新闻，忽然萌生了进城募书来建图书馆的念头。她让丈夫谢清明写了一封求援信，信中历陈乡村精神生活贫乏、村民缺乏科学知识之苦，述说了自己创办万册图书馆的心迹，呼吁社会各界予以帮助[1]。为了实现丈夫办图书馆的梦想，刘小林从 1994 年 11 月起，拿起一根扁担和几个编织袋，走出大山，到湖南冷水江、涟源、衡阳、湘潭等地四处募书，甚至还随一辆运煤的货车到过吉林。由于不识字，她只知道去学校和一些招牌看上去"阔气"的单位募书。由于穿着简朴、地方口音太重，刘小林多次被人当成乞丐、骗子而受到驱赶甚至谩骂，但每次她都不卑不亢地离开，继续自己的募书路。经过两年艰辛辗转，刘小林募得图书 2000 余册。1996 年 8 月 21 日，刘小林夫妇的农民图书馆在利民村正式挂牌（见图 1）[2]。

图 1　历经 17 年沧桑的利民村农民图书馆外景

刘小林走遍三湘四水募书办图书馆的事迹，经多家报纸、电视台的采访报道，在当地引起了震动。许多人开始给她的农民图书馆捐书。从 1996 年开始，时任湖南省委书记的王茂林、娄底市妇女联合会、冷水江市委宣传部、冷水江市文化局等个人和单位，都给刘小林的农民图书馆捐过书。2008 年，湖南省农家书屋工程建设领导小组授予刘小林的农民图书馆为"农家书屋"，并送书 1100 册，拨款 2000 元。湖南省文化厅厅长周用金还托人为图书馆送来 1000 元慰问金。据媒体报道，截至 2011 年，刘小林的农民图书馆藏书已经达到了 28000 册[2]。

2000 年，刘小林被评为湖南省十大新闻人物，2004 年，她又受到湖南省委宣传部、省文化厅的表彰。这段时间也是刘小林声誉最响亮的时候。

然而从 2002 年起，由于地方煤矿乱挖乱采，刘小林的农民图书馆遭到破坏，导致墙缝开裂，成了危房。谢清明与刘小林夫妇与煤矿老板多次交涉，但毫无结果。此后夫妇俩为了维权，倾其所有上访，以至于五个孩子上学的学费都没有了着落，老大、老二、老三都被迫辍学去打工[3]。

2 走访利民村农民图书馆的机缘

2010 年 5 月，中国图书馆学会秘书处的戴靖曾利用在湖南开会的机会，专程到冷水江市渣渡镇利民村探访过刘小林的农民图书馆。2011 年 6 月，心平公益基金会、青树教育基金会、北京大学信息管理系、爱辉图书馆等联合举办的"民间图书馆论坛（2011）"专门邀请到刘小林的丈夫谢清明与三儿子谢奉天前往北戴河参会，我们与他们父子俩有过交谈。

2012 年，民间图书馆协会筹备组启动了"乡村图书馆、校园图书角、家庭书架网建设"的一期项目。该项目旨在乡村构建一个覆盖社区、学校、家庭的阅读环境。具体运行方式为：由心平公益基金会提供资金支持，民间图书馆协会筹备组购买优质书籍提供给有藏书基础的乡村图书馆，再由乡村图书馆馆长负责选择临近小学建设班级图书角；经过一定周期的阅读活动之后，选出若干阅读突出的学生，由乡村图书馆馆长向其发放家庭书架（含几十本书籍）。刘小林的农民图书馆当时有幸被列为一期项目点之一，并于 2012 年 12 月正式启动。

2013 年 12 月 11 日至 14 日，民间图书馆协会筹备组成员王子舟、戴靖、邱璐三人前往冷水江市渣渡镇利民村，对刘小林的农民图书馆与合作学校滴水村的滴水小学进行项目回访以及参与家庭书架颁奖活动。11 日下午 16：31，我们从北京西站乘坐 T61 次列车出发，12 日中午 12：10 到达冷水江市东站。刘小林的三儿子谢奉天与他的朋友利民村村主任谢洪军在出站口迎接我们，出站后即乘谢洪军的小车前往渣渡镇利民村。

渣渡镇利民村处于冷水江、涟源、新化三县市交界处，距冷水江市城区 30 多公里，一路都是平均海拔 1000 多米、蜿蜒曲折的盘山公路。下了公路再走一段曲折的乡间水泥路，我们终于在 13：00 来到了利民村的农民图书馆。在农民图书馆我们见到了刘小林，还有谢奉天的三伯谢国兴。与大家一起吃过中饭，我们即对这个路边的图书馆做了仔细的考察，并对刘小林进行了深度访谈。刘小林方言较重，许多话我们听不懂，只好请谢奉天给我们翻译。晚上，由于村里没有住宿的地方，我们坐谢洪军的车由谢奉天陪同返回冷水江市，住在了天佑酒店（连锁酒店）。饭后，我们邀请谢奉天、谢洪军两人到王子舟的房间，又聊了许久。

13日清晨，我们坐谢洪军的车一起赶往渣渡镇滴水村滴水小学。滴水村是渣渡镇有名的贫困村。滴水小学离利民村有7里路，这是刘小林农民图书馆联系的项目合作小学。滴水小学暑假刚启用了新教学楼，里外装修，硬件设施很好。学校有学生112名，包括学前班到六年级共7个班；教师有11名，其中特岗聘用的为8名。由于生源都是附近乡村的，故没有寄宿生。我们先参观了该校的校舍及班级图书角，接着参加了10：00滴水小学举行的"乡村图书馆、校园图书角、家庭书架网建设"项目的颁奖大会，与当地镇领导、小学校长李灿一起为谭家芬（六年级女生）等10名优秀小读者颁发了奖状、家庭小书架及配套图书（见图2）。颁奖大会上，邱璐还代表项目组给现场的孩子们讲了一个故事。

图2 获奖孩子与项目组、小学教师合影

快到中午的时候，邱璐与小学教师们进行了阅读方法的经验交流。王子舟、

图 3 "阅读之星"吴子浪的家庭书架

戴靖则与刘小林、李灿校长、镇领导等走访附近的获奖学生家庭。在四年级"阅读之星"吴子浪家里，他的家长早早就将小书架安装好，并将配套书籍摆了上去（见图3）。吴子浪还没有放学，但家长拿出花生、倒上茶水招待我们，告诉我们说，小书架放在孩子的房间里，他一定会喜爱得不得了，因为孩子太爱读书了。在吴子浪家客厅的墙上，我们看到了将近半墙的奖状，都是吴子浪的，看得出吴子浪的学习的确挺好。

在镇上吃过午饭后，我们告别了刘小林、李灿校长以及镇上的相关领导，乘坐谢洪军的车返回冷水江，李灿校长也乘坐一辆车陪送。下午 16∶23，我们惜别谢奉天、谢洪军、李灿校长，乘坐 T62 次列车踏上了返京之途。

3 利民村刘小林农民图书馆的现状

12 月 12 日下午对利民村刘小林的农民图书馆的实地考察，给我们留下了很深的印象。农民图书馆紧邻村级公路，学生上学多要经过这里。图书馆左侧还有公、私几家小卖铺，看得出图书馆所处位置也是村民经常往来的中心地带。十几年前在村里小煤窑开采的兴盛期，许多外地打工者每天麇集在这里买东西、喝酒等。渣渡镇因有小煤窑，一度人均收入很可观，曾被乡民称为"小香港"。然而随着集体煤矿被少数私人承包，乱开乱采，煤炭资源很快枯竭，生态环境也被破坏，四周山坡都变成了荒山，打工的人都走了。利民村只剩下老人、孩子出入，昔日的热闹早已不见了。

农民图书馆在 1996 年开馆时，是当地最好的房子。但是 17 年过去了，煤老板们在农民图书馆附近盖起了许多装修气派的新小楼，相比之下，刘小林的农民图书馆就逐渐显得寒碜起来。不过，走进农民图书馆，尽管光线暗淡，室内还是给人以温馨的感觉。小外屋有个带暖炉的八仙桌，可供人们阅览、打牌，隔门左侧墙上挂着一个"冷水江市图书馆服务点"的牌子，右侧墙上挂着一个"渣渡镇利民村党员'三个代表'思想学习室"的牌子，旁边还有一个"利民村农民图书馆老年活动中心"牌匾；隔门里屋则是书库兼阅览室，也有一个带暖炉的八仙桌和几条春凳（见图4）。天寒时节，人们可以围着暖炉看书聊天。我们对刘小林的访谈就是围着暖炉进行的。

农民图书馆里外屋加起来有 65 平方米（楼底下还有 140 平方米为生活用房），现有书架 15 个。图书排架是自己根据主题排的，没有使用分类法。图书的来源除了刘小林自己募集、购买的以外，还有捐赠的，如新华书店赠送过四五百册，娄底市妇联赠送的 500 册，湖南少儿图

图4　农民图书馆里屋内景

书馆拨付的 1000 册，县一中赠送 500 册连环画等等，总之馆藏书籍不足 20000 册，这与媒体上报道的 28000 册或刘小林现场所说的 30000 册是有差距的。由于图书来源不一，新旧参差，有的复本量较大，也有许多不适用的书插于架上，如李震中的《计划经济学》（中国人民大学出版社 1983 年版），这是高等财经院校试用教材，并不适合农民阅读。不过，也有一些人文书籍让我们爱不释手，如法国丹纳的《艺术哲学》（傅雷译，人民文学出版社 1983 年版），总体上，20 世纪 80 至 90 年代出版的书籍占了大多数。以往市图书馆每年会帮助订些报纸，现在全靠刘小林夫妇自己订了。2013 年刘小林花 700 元订了《中国青年报》《湖南科技报》《知识博览报》《娄底晚报》等七八份报纸。

在读者服务方面，图书借阅完全是免费的。以前村民或中小学生到农民图书馆借书使用过借书证，现在看书人渐渐少了，图书馆外借也不用证了，有时登记一下，大多时候不用登记，靠读者自觉借还书。十几年前小煤窑红火时期，图书

馆每天都有二三十人来看书，现在来的人很少，平时只有几个老人、孩子来看书。在访谈间隙休息时，王子舟在图书馆外面的路上遇到几个放学的小学女生，王子舟与孩子们打招呼、聊天，问她们来过图书馆看书吗，她们说来过，暑假时来这里时间多些。在戴靖的建议下，三个小女孩还在图书馆门前留了一张影（见图5）。

图5　刘小林与受访女孩站在图书馆门前

每逢暑假来临，刘小林还在图书馆组织一些阅读推广活动，如邵阳师专有个支教的大学生专门来图书馆办过英语免费培训班；农民图书馆与谢冰莹研究所合作到附近小学举行著名女作家谢冰莹的生平事迹展览。怀化地区有个农民想自办一个公益性图书馆，他与刘小林联系，刘小林专门为此事还去了一趟，交流自己办图书馆的心得。

4　刘小林家庭及其个人的故事

刘小林一家共7口人，他们夫妇俩有5个孩子，老大、老三、老四是男孩，老二、老五是女孩。我们此次来访，恰好刘小林丈夫谢清明不在家，他到远在江西打工的老四家里看孩子去了。接待我们的谢奉天排行老三，他本来在深圳打工，是为了完成我们的回访任务专程赶回来的。因为"乡村图书馆、校园图书角、家庭书架网建设"的一期项目就是奉天联系并落实的，而且没有他做翻译，我们一

句也听不懂他妈妈刘小林浓
重的方言（见图 6）。

刘小林的丈夫谢清明是
当地有名的才子，12 岁小
学毕业时就已经能背许多古
诗文，但因出身地主，父亲
在土改时被没收财产，家里
一贫如洗，没有钱再供他读
初中了。失学两年后，还是
卖苦力的二哥不忍谢清明的

图 6　接受访谈时的刘小林（右）与谢奉天（左）

天赋被埋没，私下里资助他在新化十中读了三年初中。初中毕业时，谢清明以优
异成绩考入新化一中。然而大队支书在这位地富子弟升学的政审中一句"该生思
想反动，贫下中农不同意升学"的话，让他失去了上高中的机会。从此谢清明开
始了五年的流浪生活，到江西烧过砖瓦，到广东修过公路①，也逐渐有了喝小酒的
习惯。

据谢奉天讲，父亲谢清明今年七十岁，母亲刘小林今年五十五岁，母亲很小
时就失去妈妈，只上过一年小学就与学校无缘了，基本上是文盲。她从小就喜欢
有学问的人。当时与父亲结婚时，家里压力极大，因为父亲岁数大，家里穷。俩
人结婚后，父亲戒了烟。母亲用自己的陪嫁财物、舅舅们给予的支持经营起了一
个小煤窑。从此，家里的日子逐渐好起来。

后来也正是利用办小煤窑赚的钱，谢清明与刘小林夫妇才买了路边村委会拍
卖的两层房子。当时这个两层房子是与合作社一起建起来的，原打算用作村委会
办公的地方，但村委会急着还债，才拍卖给了他们一家。也是由于地段好，村里
出卖沿路坡而建的这两层房的价格也不便宜。刘小林家把经营小煤窑的 7 万元收
入都拿了出来，之后还花 2 万元购买预制板等盖了图书馆的外屋与道路平接，又
花 1 万元对所有房屋进行了装修，加其他开销前后投入了 11 万元。

---

① 谢清明的经历摘自于其 2014 年 1 月 2 日给王子舟的来信。

谢清明从小爱看书，读书成了他的精神寄托。有了新房，谢清明决定拿出楼上接马路的 65 平方米的空间办一个图书馆。刘小林将原本用来买书的 1 万元投资失败蚀本后，内心十分愧疚。如同媒体报道所言，她下决心通过外出募书办起这个图书馆。1994 年 11 月的一天，刘小林怀揣着有村委会大印的募书信，义无反顾地踏上了三年的风雨募书路，足迹遍及长沙、娄底、邵阳、湘潭、株洲、衡阳等地。据谢奉天回忆，母亲每次外出募书回来，都十分疲惫。有一次搭堂叔的车回到家，竟因又饿又累一下晕倒了过去。大多时候，母亲是担着两袋书走回家的，少则几十本，多则百十来本。一天夜晚八九点，八岁的奉天带着六岁半的弟弟，拿着手电筒，走了十来里的山路去迎接担书返程的母亲。那一晚的夜路，给谢奉天留下终生难忘的记忆。

1996 年 8 月 31 日，农民图书馆正式开放，当时馆藏已经有了 4000 册书籍。开馆初期，图书馆每天门庭若市，来看书的人很多。谢清明十分高兴，还专门创作一个《清明处世歌》贴在了右侧墙壁最显眼的位置：

> 先生进门，莫问主人穷通荣辱。一亩薄田，二分楠竹，三行菜地，四间破屋；喜读唐诗，爱弹元曲，时不时放浪吟哦，笑一番苏东坡大江东去。
>
> 人不我同，我难同俗。最喜与妻沽酒，呷个长江往肚流，挥几笔庐山瀑布；若有三两琴书棋友，野兴来时，横吞几海碗，倒向床头就睡熟，凭他笑，我自受，醉里云山自有路。
>
> 农事当头，与妻携子，收取柴火几束；少煮饭，多烹粥，半饥半饱好惜福；四书充饥肠，五经填空腹，最喜我家藏万卷书，补我一家衣食常不足。

遗憾的是，由于年代已久，我们这次走访农民图书馆没有看到这个《清明处世歌》，只见到了谢清明新年写的对联"劳动创造世界""知识就是力量"还留在里屋门的两侧。他的毛笔字苍劲有力，透露着一股执拗精神与坚定信念。谢奉天的三伯谢国兴介绍，因谢清明的毛笔字写得好，每逢村里红白喜事、过春节，大家都来请他写大字、写对联。

谢奉天说，2000 年母亲被评为湖南十大新闻人物之后那两年，中央电视台曾三次来家里采访过，中央台的"晚间新闻""东方时空""农家女"节目，都报道过母亲的事迹。妹妹甚至还在吉林卫视"新闻回声"的节目中豪言："我将来要做中国最著名的作家。"母亲一度也被媒体抬得很高。也就在那以后不久，农民图书馆的墙体被地方煤矿挖坏，妹妹生病，父亲也查出严重的风湿病，天灾人祸交织一起。可父母把所有的精力都放在了维权与煤矿打官司上。谢奉天初中刚毕业就陪着母亲到省市部门多次上访，屡次无果不说，还时常吃不上饭，住不起店。一次他在又累又渴时曾怒问母亲："我们坚持的是什么，我们最后能赢吗？"母亲听了只是默默无语。

谢奉天上不起学时，也曾恨过这个图书馆，用他自己的话说就是"心里很烦"。因为无钱上学，谢奉天初中上完不久就外出打工去了。起初奉天到了温州跟着哥哥学厨师，学了两年觉得自己不适合做厨师又回到了家乡。2006年，谢奉天再度外出到了广东惠州，在一家做电子线路板的工厂打工。如今谢奉天还在惠州，但他已不在工厂里了，他在一家连锁酒店里做部门经理。

5 利民村农民图书馆的未来前景

从刘小林、谢清明夫妇开办农民图书馆到现在，已经过去了17年。17年来利民村发生了许多变化，村级公路由土路变成了水泥路，新建的楼房装点着远处山坡与公路两旁，唯有刘小林的农民图书馆还是老样子。

利民村山坡多，但地下因煤矿乱采已经无水，长不了庄稼了。刘小林目前的生活收入主要是靠每月300元的低保，以及到煤矿里装煤挣的一些工钱（一个月干十几天，每天能赚个50元左右），还有就是在外打工的孩子们每年寄回来些钱。这个收入状况很难支持农民图书馆继续良性发展，因为仅仅翻修全家的房子（包括图书馆）就需要几十万元，这是刘小林很难做到的事。在12日、13日与刘小林接触的两天里，我们很想了解刘小林对农民图书馆的今后发展有些什么想法。

谈到这个话题，刘小林告诉我们，她要将图书馆一直办下去。她有个10年计划，就是自己的5个孩子都成人了，今后想让5个孩子每人每年给她一万块钱，十年以后就有50万了，那个时候就会好好翻盖房子，把自己的图书馆办得精精神神，馆舍也要焕然一新。

记得 12 日的晚上，我们在冷水江市宾馆里与谢奉天闲聊许久。当提到这个话题时，他沉默了一会儿说，母亲的决心是很大的，她肯定是要把图书馆办下去的。再说新闻媒体已经把她捧起来了，她只能接着坚持做下去，别无选择。但说实话，现状就是现状，继续做下去道路很艰难啊。他是从小就看着母亲是怎样艰辛地募书的，怎样艰难上访维权的，实在不容易啊。作为儿子，他也别无选择，只能为了实现父母的愿望而努力在外打拼赚钱了。"我们做子女的不能对不住生我们、养我们的爸爸妈妈。"说到这里，谢奉天声音哽咽了，眼圈红了起来。见此状况，我们赶紧将话题引到了别的方面。

我们和谢奉天一起做"乡村图书馆、校园图书角、家庭书架网建设"项目期间开过许多碰头会，来往的次数也较多，知道他是一个很阳光的帅小伙，说起话来总爱笑呵呵，也知道他内心深处藏着某些伤感，而且不经意间就会流露出来。但我们之间每次交谈，都会感到奉天是那么的诚实与善良。

走访利民村农民图书馆，虽然看到的是一个破旧的图书馆，但我们还是感到了它的体温，感到了它跳动的脉搏。当图书馆同一个人、一家人的命运联结在一起的时候，我们坚信图书馆的欢乐就会是这一个人、一家人的欢乐；图书馆的悲伤就会是这一个人、一家人的悲伤；图书馆的兴衰就会是这一个人、一家人的兴衰。我们在和刘小林、谢奉天告别的时候，心里都默默地祝福他们会有一个更美好的明天，也相信刘小林、谢奉天能够在那拥抱及挥手的刹那间感受到我们的这份祝福。

参考文献

［1］陈光岳. 文盲办起图书馆［N］. 人民日报·海外版，2006-04-13（5）.

［2］王伟，张英，李春平. 湖南农妇扁担挑来图书馆［N］. 中国文化报，2011-09-14（1-2）.

［3］黄武芝. 农民图书馆风雨十九年［EB/OL］. 新新网，（2013-03-13）［2013-12-17］. http://www.xxcmw.com/news/2013/03/133138393074.html

作者：王子舟、邱璐、戴靖，原载《图书馆建设》2014 年 5 期

第**7**篇

太行山里"种文化"能手的抱负

——山西左权县麻田镇麻田村心连心家庭图书馆

1　心连心家庭图书馆的往事

山西省晋中地区左权县麻田镇上麻田村有个农民叫张小宝（1955—），他因办了一个"心连心家庭图书馆"而成了当地的名人。

左权县是国家级贫困县[1]，也是革命老区。左权县南端麻田镇有一个麻田八路军总部纪念馆，纪念馆东侧南堂古街的一个家庭小院就是张小宝的家，心连心家庭图书馆就在这里。2000年1月1日，心连心家庭图书馆正式开馆，原山西省委书记陶鲁笳亲自为该馆题写了馆名。据一些报纸或网站的报道，张小宝高中毕业后当过10年小学教师，又当过12年的麻田八路军总部纪念馆的管理员。他酷爱读书，看到当地许多农民看书难，一些年轻人素质低，不断惹是生非，便萌生了办一个家庭图书馆的想法。他将自家东、西两间共70多平方米的住房腾出来，改造成了家庭图书馆。为了丰富馆藏图书，他戒掉了烟、茶、酒，终年不敢吃肉，除最低限度地维持家庭生活外，他把自家所有的收入几乎都用在了图书馆上，通过低价回收、外出购买、以劳动换取、用自己收集的奇石与树根等置换、向朋友和熟人求助等方式，一本一本地充实着馆内藏书[2]。

张小宝创办心连心家庭图书馆的事迹见诸媒体后，北京、太原等地的离退休干部热心向他捐赠图书，如人民日报社记者段存章从2000年起，就时常给张小宝捐书。2002 年以后，原山西省委宣传部长申维辰为张小宝捐赠了 300 余册图书，北京邮电大学、安徽财经大学等高校学子鸿雁传书，也给张小宝寄来许多图书[3]。张小宝本人也外出四处募书，在他的努力下，2006 年 10 月 20 日，北京市图书馆协会冯守仁理事长组织东城区、西城区、崇文区、朝阳区、海淀区等 5 个区图书馆的一行六人，专程到麻田镇向张小宝捐赠 2000 余册图书[4]。同年 11 月 12 日，太原理工大学图书馆的原晓冬老师还将一台电脑、600 多册图书以及 4 万多册电子图书亲自送到了张小宝家里[5]。截至 2006 年底，张小宝先后投入 10 余万元，使得自己的图书馆拥有了 2 万多册纸质图书、4 万册电子书[2]。

随着文献量的增加，心连心家庭图书馆馆舍逐渐显得局促起来。2009 年底，张小宝开始自筹资金修建新馆，即在原址上将一层平房改建为两层楼房。2010 年，新修建的图书馆因为资金短缺一直无法完工，张小宝向海外中国教育基金会（简称 OCEF）申请资助，并获得了该基金会的捐款人美国 Dell 公司的部分资金捐赠[6]。2011 年 10 月 1 日，心连心家庭图书馆新馆完工，张小宝聘请当地的妇女秧歌队，敲锣打鼓从镇政府门口一路走到家里[7]，还特意邀请到北京、太原的一些公益组织代表、记者以及麻田小学的学生们参加新馆开馆仪式。新馆辟出二楼东面的房子，作为民俗博物馆，专门陈列了数百件民俗物品。此时的心连心家庭图书馆藏书已达 3 万册。藏书量的扩大、馆舍条件的改善、发展特色的呈现，标志着张小宝的心连心家庭图书馆进入了一个新的里程碑时期。

2 走访心连心家庭图书馆的过程

麻田镇是左权县最南端的一个镇，镇政府就设在上麻田村里。上麻田村距离左权县城 45 公里，位于层峦叠嶂的太行山腹地，四面奇峰环绕，有清漳河穿流而过，是晋冀两省交界地。抗战时期，这里曾做过八路军前方总部、中共中央北方局等驻地，一度被誉为太行山的"小延安"[8]。如今这里还有麻田八路军总部旧址、左权将军牺牲的十字岭、黄崖洞八路军兵工厂等革命历史遗迹。

2007 年，王子舟曾因调查山西共建共享工程建设情况来过毗邻于麻田八路军总部纪念馆的张小宝家，当时张小宝的心连心家庭图书馆是山西共建共享工程设的一个基层点。2011 年 6 月，张小宝受邀参加北戴河的"民间图书馆论坛"，我们再度相见。同年 10 月 1 日，张小宝的心连心家庭图书馆新馆落成，张小宝邀请王子舟、戴靖、邱璐等前去参加新馆开馆仪式，于是我们又来到了美丽的麻田。如今我们还记得开馆仪式的盛况（见图 1），以及座谈会上大家为心连心家庭图书馆今后发展献言献策的热烈场面。也就是在这个座谈会上，我们策划出了"乡村图书馆、校园图书角、家庭书架网建设"项目。

图 1　2011 年 10 月 1 日新馆落成庆典场景之一

新馆开馆座谈会之后，张小宝带我们一行人到黄崖洞寻访八路军兵工厂遗迹，经过较长的一段峭壁沟壑，山路不断逶迤上升，最终我们来到了掩映在树木中的兵工厂几个车间旧址处，并意外发现旁边还有一个石屋，竟然是一个图书阅览室。可以想象，它曾在烽火连绵的战争年代为革命军人、军工技术人员提供过精神食粮。尽管天色已晚，我们几人还是纷纷在阅览室旁拍照留影。

2012 年，在心平公益基金会资助的"乡村图书馆、校园图书角、家庭书架网建设"一期项目中，张小宝的心连心家庭图书馆与他推荐的麻田小学被选为项目资助点。2013 年 12 月 19 日至 21 日，在该项目进行一年之后，王子舟、戴靖、邱璐三人作为项目验收小组成员，前往麻田小学参加优秀小读者颁奖及家庭书架发放仪式，同时考察心连心家庭图书馆并对张小宝做深度访谈。12 月 19 日一大早，我们赶到北京六里桥长途汽车站，因 9∶00 的北京至左权的长途大巴停运，我们改乘

8：30 由北京开往山西昔阳的长途大巴出发。下午到昔阳县城后又乘坐去左权的长途汽车，约 17：00 到了左权县长途汽车站。张小宝的一位朋友开一辆轿车接上我们，走了 92 里山路到了麻田。当晚我们三人分别住在了张小宝及他妹妹张三梅的家里。

12 月 20 日上午，我们来到了项目资助点麻田小学，在校长李茂伟的带领下参观了校舍。麻田小学校园整洁，教学楼是 2011 年 9 月新落成的（与镇少年宫共用），每个教室都接通了网线，能收听广播，可以说硬件条件很好。学校共有一至六年级 16 个班（三、六年级两个班，其余每年级 3 个班），在校生有 620 人，住宿生 300 人，走读生 320 人；教职员工有 45 人，其中教师 35 人，青年教师占 70%，多数为特岗聘用的。我们支持的校园图书角项目，麻田小学做的与众不同，即将 16 个班级图书角书架都放在了门厅两侧，构成了两排开放性的借阅书架，供学生们自由取阅、借还，这也是大大出乎我们意料的。李茂伟校长介绍说，这样做的好处是学生选择读物的范围扩大了，更容易找到自己爱看的书。

上午 9：30，我们参加了麻田小学举行的"乡村图书馆、校园图书角、家庭书架建设"项目的颁奖大会。大会为获奖的二至四年级的 14 位优秀小读者每人发放了一个家庭书架及配套图书（见图 2），王子舟在讲话时鼓励获奖学生向邻里、同学开放自己小书架上的图书。颁奖仪式结束后，邱璐还专门给麻田小学的老师做了一场如何促进阅读的专题报告。我们项目小组前几天发给麻田小学图书角第二批捐赠的 650 册少儿图书，也委托张小宝转交给了校方。

图 2　14 位优秀小读者上台领奖后合影

下午在张小宝家午休后，我们考察了心连心家庭图书馆，并对张小宝进行了一次深度访谈。到了四五点钟，我们估计孩子们已经放学，于是开始走访几个获奖学生家庭，想看看学生获奖的书架是怎么摆放的。我们就近去了两个获奖家庭，看到小书架早早就被家长安装在了孩子的起居室，书也整齐地摆在了书架上。四年级获奖的李思雨同学家位于路边的一个诊所里，当我们来到李思雨同学家里时，她的父母恰好都在家。家庭小书架已经摆在靠门较近的墙边，上面不仅有我们配套奖励的几十本少儿读物，思雨的爸爸还将自己平时看的医书也摆在书架上了，他

图3　刘思雨同学站在自己家里的家庭书架前

说多年来他和孩子就向往有一个书架。思雨放学回来，也对书架喜爱得不得了，她把获奖证书放在书架上，羞涩地请我们给她照张相（见图3）。晚饭后，我们在张小宝家又与他的一家人聊了许久。

3　心连心家庭图书馆与民俗博物馆

张小宝的家是一个四合院，东、北、西都是新修的两层楼房，再往西侧还有一个杂物间，总使用面积有520平方米。心连心家庭图书馆位于四合院西厢房一层，使用面积有90平方米。外间是一个阅览室，靠墙三面摆了14个带玻璃门的书柜，当中摆着4个相连的长条阅览桌（见图4）；里间是书库，纵向有三列铁制书架。图书馆共有书架31个，藏书32000册，期刊数百本，电脑一台，光碟数百张。书架上的藏书大致是按照"中国图书馆分类法"（简称"中图法"）粗分的。藏书来源早期靠张小宝购买，后来社会

图4　张小宝在心连心家庭图书馆阅览室

捐助的图书慢慢地多起来。尤其是他的事迹每次见诸媒体后，时常会有外地爱心人士给他寄赠图书。

心连心家庭图书馆的对外服务是免费的，平时主要是中小学生来看书。尤其是到了暑假，看书的孩子会很多。只要家里有人，图书馆都会向前来看书的读者开放。有时中小学搞活动，张小宝还运书到学校，为孩子们提供集中借阅服务。2013 年 10 月 15 日，张小宝为配合麻田中学阅读活动，还特意向该校捐赠《弟子规易解》《家言 168 句》等图书共计 400 余册[9]。2012 年的暑假，太原的山西文瀛书院还将其组织的国学夏令营安排在了张小宝家里。在七天的夏令营活动中，孩子们吃住在张小宝家，每天清晨站在麻田镇左权将军广场诵读《弟子规》，之后参观麻田八路军总部纪念馆等各处红色遗迹，走访过左权文庙、河北涉县娲皇宫古代名胜，还攀登了太行山、沿走了清漳河。下午孩子们在图书馆学习中华传统经典，阅览室传出琅琅读书声，之后孩子们写游记、作文、总结。晚饭过后，孩子们又在图书馆里看书学习[10]。如今的心连心家庭图书馆不仅能为麻田村（由7 个自然村组成）的 3000 多村民提供阅读服务，甚至邻近的山西黎城县和河北涉县等地也有村民前来借书看书。

除了图书馆，让张小宝倍感自豪的还有他在院里东厢房二楼建起的民俗博物馆。一楼图书馆里的书架上摆满了书籍，二楼博物馆里则摆放着各种农村生活老物件。图书馆博物馆一体化是张小宝心连心家庭图书馆的一大特色。民俗博物馆在 2011 年国庆节开馆时，展室里陈列的物品还不多，有农村旧衣柜、纺车、窗棂、糕饼模子、炮弹头与手雷（八路军总部的兵工厂制造，后来发洪水被冲出来）、八路军用过的煤油灯、草鞋等。这次上楼参观，发现陈列的物品增加了许多，展室拥挤不堪（见图 5）。仅红色文物就有 700 件，其收藏的数十件各种款式的油灯，数十枚八路军与国民党军队的各式证章、奖章，都已经可以单独设立一个主题展了。

张小宝跟我们介绍说："近两年，因有了博物馆，来图书馆的读者越来越多。许多人对消失了的民俗、村史感兴趣，会来博物馆瞧瞧，同时也就顺便到图书馆看看书、翻翻书；到图书馆来看的人，也会顺便参观他的博物馆，受到民俗、村史方面的教育。图书馆、博物馆相结合，聚起了人气，每天来参观、看书的群众络绎不绝。"为了接待读者,以及打理好图书馆、博物馆,张小宝每天从早忙到晚,十分辛苦,他说:"今年感到比往年累多了。还有,由于精力都投入到图书馆、博物馆里了,自己做的小生意也放弃了。"

图5 张小宝家庭民俗博物馆一角

4 张小宝的家庭与其个人传奇

张小宝有一个美满的家庭。家里一共五口人,除了他还有老伴申彩凤、儿子张柏然(小名叫丁丁)、女儿张荷然、外孙子剑桥。平时家里还有跑来跑去的一条狗叫花脸。老伴申彩凤十分能干,里里外外都靠她打理操持。丁丁从小爱画画,他的太行速写融内容、意境、情感为一体,看了让人赞叹。他现在在太原的《山西青年报》做美编设计。在我们来的几天里,丁丁专门从太原赶回来,和我们一起参加麻田小学"乡村图书馆、校园图书角、家庭书架建设"项目的颁奖活动,帮着运书架、照相。荷然已经结婚,她生性安静、话不多,平时由她看着张小宝家的小卖铺,所以6岁的儿子剑桥就由张小宝夫妇带着。张小宝讲,剑桥聪明伶俐,小嘴很会说话,一天对张小宝说:"姥爷,你说我是你的好宝贝,你也是我的好宝贝啊。"张小宝告诉我们:"我要是再有个孙子,就给他起名叫牛津。"

张小宝还有两个姐姐一个妹妹,大姐叫张小梅,二姐叫张二梅,妹妹叫张三梅。三梅一直在麻田小学工作,她为"乡村图书馆、校园图书角、家庭书架建设"

项目在麻田小学顺利开展做了许多工作。今年三梅已经退休,但小学还返聘她继续上班工作。

张小宝的祖爷爷是一个秀才,到了他爷爷这一代,家道败落。但他爷爷从老家河北涉县更乐村逃荒到麻田时,还担着两箱子书。他父亲也认字,创办过供销社,因给八路军做事认真,还受邀参加过太行山的群英会。张小宝上学后,虽然个头小,但学习成绩从来都是前几名,班里的脏活、累活抢着干。他从小学一年级到高中毕业,一直都是班里的班长。他还记得有个叫李天贵的老师,当过张小宝三年的班主任。李老师爱读书和好藏书,是个学者型教师。张小宝在他的教育和影响下,也养成了读书习惯和藏书爱好。

1974年高中一毕业,张小宝就被麻田小学留用聘为民办教师,除了短暂时间做过村会计、团支书外,他在麻田小学一干就是10年。1984年,因政府建了"麻田八路军总部纪念馆"后需要人,又聘用他到纪念馆当管理员,那时工资低,每个月40元钱,但他在纪念馆一干就是12年,期间接待过许多党政军国家领导人。1996年9月,不知什么原因上级领导调张小宝到文化馆工作,文化馆没有给他安排具体工作还将他推到了文管所,文管所又说没有合适的岗位,从此张小宝就靠给当地铁路指挥部、煤管站等企业或机关临时帮忙(如搞宣传、写材料)为生,1999年他还开了个小卖铺。

张小宝从小就是有志向的人,记得上学时学校号召学雷锋,他从11岁起就给一个五保户担柴送水,一直到24岁,13年里从未间断。他曾想用三五十年时间去绿化一座荒山,也曾想过争取做一个村官使当地百姓致富,但最终他还是选择了创办公益图书馆。为了买书增书,张小宝彻底戒掉了烟酒肉茶之类的"奢侈品",出门坐最便宜的车,住最便宜的店,吃最便宜的饭。他曾多次吃过五毛钱一顿的晚餐(一勺米汤),平时穿的也是别人给的或扔掉的衣服。为了增加藏书,他还"以工换书",即给人干了活不挣工资,让人家给他书;经常到周边废品收购站和纸厂挑拣尚有阅读价值的书,人家每斤一元钱买进,他每斤两元买出;还在每年洪水之后或山里修路的时候,去河滩和山上捡拾好看的树根和石头,然后拿到太原、阳泉、邯郸等地换书。就这样,张小宝图书馆里的书慢慢地多了起来。

张小宝会书法,他从11岁开始就给乡里乡亲写春联。张小宝对我们讲,全村

300 多户人家，每年三分之二的对联都是他写的，从农历十一月开始，一直要写到大年三十，大年初一累得只想躺到炕上睡一觉。近两年春联有了印刷品，他才渐渐写得少了。但平时村里每年三四十桩红白喜事，还少不了要他来写对联、布置场地、记账，乃至当代东等。还有村里人写告状信、起诉书，也要来求张小宝执笔，张小宝往往又成了纠纷调解人。村民有了吵架、离婚、土地纠纷等，都要来找他评理，他的心连心家庭图书馆还被人戏称为"第二司法局"或"第二乡政府"。张小宝还帮助过一位患抑郁症的青年人通过阅读重获自信，解除病症；让一位曾经在乡里人人躲避的"车匪路霸"通过阅读，逐步变成了毛泽东生平与思想的研读者、书法爱好者。

张小宝能写诗。他的诗大多是快板，都是根据生活中的人、事有感而发。前几年有人请张小宝帮助办婚事，为了避免村民吃请时不守秩序、多拿多占，张小宝专门写下许多讽劝快板贴在墙上。看了张小宝的诗，村民们吃婚宴时都拿碗不端盆，排队不哄挤，不好的陋习得到扭转。张小宝钟爱快板，这与赵树理、李有才有关。抗战时期赵树理就是在左权县写出《小二黑结婚》《李有才板话》的，《李有才板话》中的主人公李有才就是如今麻田镇峧沟村附近山上李家岩的人。1943 年，赵树理住在李家岩李有才家，写出并发表了《李有才板话》。张小宝对李有才、赵树理的事迹十分熟悉，他还见过李有才。快板是左权县较为流行的一种文艺形式，由于多用当地土语方言，通俗易懂、寓教于乐，很为农民所喜欢。张小宝深为快板的魅力所吸引。他写快板，多为具体事件而作，并贴在墙上供人阅览，可称得上是原生态的生活文学（不是为创作而创作的作品），他写出的这样的快板至今已有好几百首，攒集起来，就是一本新历史时期的《张小宝快板》。

2006 年春，左权县委、县政府与福建人翁艾发的小江南红色旅游开发公司合作搞所谓的红色旅游开发，要在麻田八路军总部纪念馆前征用近 20 亩肥沃农田建设广场，使之成为集露天舞台、总部首长塑像、抗战史浮雕墙、大型兵器陈列、环保公厕、健身场地、草坪绿地为一体的多功能综合"红色广场"。而麻田人均土地不足 2 分，这些耕地是麻田村 32 户村民的口粮来源。分有 8 分地的张小宝坚决抵制这种乱开发的行为，并多次带着家人阻拦施工的推土机[11]。他还成为反对强征农田农民群体的带头人。从此，县、镇两级政府与张小宝关系一度很紧张。

只是近两年随着政府领导人换届，当事人离开了领导岗位，张小宝与当地政府的关系才渐渐地改善了。

5　心连心家庭图书馆的未来发展

张小宝办图书馆已经有 13 年了。说起自己的图书馆，他有说不完的话。他的许多观点虽然表述得不是很学术，但是很有韵味。

对心连心家庭图书馆的作用，张小宝有句名言是："我的图书馆很重要，甚至比政府还重要。"他讲，据说西方一些国家是先有教堂后有城市，先有图书馆后有市场，这样的发展轨迹说明文化是一个基本的事物。清代以来，麻田既是"晋疆锁钥，山西屏障"，也是山清水秀、物阜民丰的地方。华北抗战的政治经济军事文化中心驻扎这里是很有道理的。改革开放以来，麻田的经济发展了，楼房、汽车多了，但麻田的河水不清了，林木减少了，垃圾增多了，村内治安差了，人们的礼义廉耻意识淡了，往日的淳朴、优雅和宁静已经消失了。这是什么？这是文化衰败。过去即便在偏僻的乡村，农家门楣石头上还刻着"诗书继世""忠厚传家"等字样，而今天都换成了"日进斗金""恭喜发财"等内容。现在提倡新农村建设，首位就应是文化建设。文化不是供人玩耍的东西，它是解决人们价值观、世界观的东西，我们这些年发生的种种问题都根源于价值观与世界观出了偏差。

张小宝说，中国有句古话叫"知书达理"。他办图书馆就是希望人们通过读书去明白许多事理，让人们有爱心，知羞耻，存包容，减少村里的邻里纠纷、刑事案件。社区多了一个图书馆，就会少一个派出所。当图书馆像车站、商店、医院一样必不可少，读书像男人喝酒品茶、女人梳妆打扮一样成为个人生活习惯和生活方式的时候，人们就会在潜移默化中愉悦自己，改变自己，提升自己；在不知不觉中变得开阔起来，文明起来，优雅起来；在丰衣足食之后才能过着一种充满诗意、温暖的日子。乡村也就会到处弥漫着浓烈的书香之气。

对心连心家庭图书馆的未来发展，张小宝也有自己的计划。他说，他的图书馆藏书室可藏纳 6 万册图书，博物馆的南侧再筹 5 万元钱加盖一个玻璃房，还可容纳许多展品，未来发展空间还很大。不过，发展好自己的图书馆与博物馆，一要靠政府支持，二要靠社会帮助，三要靠自己努力。政府支持了，他办的图书馆与博物馆才能被官方承认，才能被吸纳到乡镇公共文化服务的基础设施中，为当地的文化、旅游事业出力、发光；社会帮助了，他的图书馆兼博物馆才会获得更多的经费、物质方面的资源，越办越红火；自己努力了，图书馆兼博物馆才能持续办下去，办得有特色。他以后要把家里的电脑用起来，能打印东西，多和外界交流，让自己的图书馆发挥更大的影响力。

12 月 21 日清晨 6：40，我们告别了张小宝一家，乘麻田镇到左权县的长途汽车踏上返程。张小宝的儿子丁丁一路相送，他也要到县城办点事然后回太原。在左权县长途汽车站候车厅等候 9：30 发往北京的长途大巴的空闲时间里，我们与丁丁又谈了许多。其中一个话题是：随着张小宝的岁数增大，他的图书馆事业今后是否有合适的继承人呢？丁丁向我们透露了他的想法：他今后要通过自己的奋斗搞一个产业，然后来养图书馆兼博物馆；他会继承父亲的事业，并设法让它再上一个台阶，因为他自己的根就在麻田。丁丁的话，使我们想起 2011 年 10 月我们来麻田参加心连心家庭图书馆新馆开馆仪式后与张小宝从黄崖洞返回时的一个情景。那天晚上，我们走在暮色的山路上，四周宁静。张小宝同我们说了这样一番话，让我们记忆犹新，他说："我父亲活了七十五岁，要是我也能活到那时候，那就还有二十年。我没别的什么愿望，就希望身后能给村里留下一座图书馆，大家都来看书。"

参考文献

[1] 国家扶贫开发工作重点县名单 [EB/OL]. 国务院扶贫开发领导小组办公室网站，（2012-03-19）[2013-12-29]. http：//www.cpad.gov.cn/publicfiles/business/htmlfiles/FPB/gggs/201203/175445.html.

[2] 曹俊卿. 农民家庭图书馆的困顿与出路 [EB/OL]. 山西新闻网，（2006-12-21）[2013-06-15]. http：//www.daynews.com.cn/news/dsxw/79332.html.

[3] 李新锁. 山西左权民间图书馆藏书 3 万，大山深处坚守 15 年 [EB/OL]. 中国新闻网，（2012-08-17）[2013-12-20]. http：//www.chinanews.com/cul/2012/08-17/4115949.shtml.

[4] 朝阳区图书馆. 北京市图书馆协会向革命老区捐书 [EB/OL]. 中国图书馆网，（2006-11-03）[2013-12-22]. http：//www.chnlib.com/News/yejie/2006-11-03/292.html.

［5］兰玲，任俊兵 . 左权：农民图书馆再添 4 万册电子图书［EB/OL］. 山西新闻网，（2006-11-19）［2013-12-20］. http：//www.daynews.com.cn/sxwb/aban/03/55231.html.

［6］中国事务图书项目组 . OCEF 图书组 2011 年工作总结［EB/OL］. 海外中国教育基金会，（2012-01-05）［2013-12-22］. http：//china.ocef.org/article-429.html.

［7］远道，白莹，莲蓬人 . 麻田出了个张小宝［N］. 北京青年报，2011-11-08（C2）.

［8］刘翔霄 . 太行山区：华北抗战的"司令部"［N］. 新华日报，2009-08-31（A07）.

［9］麻田村心连心家庭图书馆向麻田中学捐赠图书［EB/OL］. 晋中教育网，（2013-10-19）［2013-12-28］. http：//www.jzedu.net/newsInfo.aspx?pkId=18941.

［10］李新锁 . 山西民间国学机构游学红色圣地引关注［EB/OL］. 中国新闻网，（2012-08-14）［2013-12-22］. http：//www.chinanews.com/edu/2012/08-14/4107530.shtml.

［11］李晓并，张保文 . 山西左权大办红色旅游，62 户村民麦田遭灭顶［EB/OL］. 人民网，（2006-04-24）［2013-12-21］. http：//env.people.com.cn/GB/1072/4325516.html.

作者：王子舟、邱璐、戴靖，原载《图书馆建设》2014 年 9 期

第 8 篇

京郊乡村的文化常春藤

——北京昌平区崔村镇大辛峰村圣学图书馆

1　从爱心图书室到圣学图书馆

北京市昌平区崔村镇大辛峰村村民徐继新办的爱心图书馆（2013 年更名为"圣学图书馆"）已有 15 年的历史，如今已成为昌平区乡村文化建设的一张名片，也是北京市近郊知名的一家民间乡村图书馆。

徐继新的圣学图书馆始办于 1999 年 4 月 1 日，初名为崔村大辛峰图书室，2000 年 5 月改名为爱心图书室，2011 年 4 月更名为爱心图书馆（见图 1）。当时大辛峰村还比较穷，没有路灯，私人住宅电话几乎没有，晚上电视频道就三四个，农民业余时间除了闲聊，就没有正经事，而且还经常因闲聊吵架，搞得邻里不和，因此图书馆才取名叫"爱心"。2013 年徐继新为图书馆申请"民办非企业法人单位登记"

图 1　爱心图书室旧址正门前景①

① 图片来源：2014 年 3 月 6 日圣学图书馆提供。

时，因"爱心"已被人注册，故又起名为"圣学图书馆"，这个名称有"圣人之学、藏书之处"的含义。

据媒体报道，图书馆初建时的馆舍是徐继新自己花钱建成的，面积 45 平方米，藏书不足 500 册。到了 2004 年 4 月，馆藏发展到近 20000 册书籍，前后有 3 万多人光顾过他的图书馆[1]；到了 2005 年底，图书馆共接待读者 4.74 万人次，接待咨询 2.25 万人次，固定读者 198 人[2]。截至 2009 年 9 月，徐继新的图书馆藏书量增长至 80000 册，其中一半是徐继新自己花费近 10 万元购得，还有一半是来自社会捐赠，如 2000 年，北京水产科学研究院图书馆一下就给徐继新捐了 20000 册图书，还有许多书架；2008 年，首都图书馆也为爱心图书馆捐赠了 5000 本新书[3]。

2008 年年末，爱心图书室 160 平方米的新馆建成。徐继新将图书馆中暂不用的房间租给了一家药店，每年增加 1 万多元的收入，这样徐继新又可以定期去淘换书了[3]。

除了藏书借书，爱心图书馆还注重民俗文物的收藏与展览。2005 年 4 月 6 日，爱心图书馆在村里办起了民俗文物展，展出的藏品共分古迹文书、有价票券、民间刺绣、灰陶盘罐、木刻、文房四宝、灯具、编织、瓷器、生产生活用品、建筑构件、石材石器、剪纸、铜器以及玻璃制品等 16 类，如有北京老字号京酱园的酱坛，有老庙"天祭寺"房上的瓦当，有民国初期的奶瓶，等等[4]。

2　走访圣学图书馆的过程

2010 年 3 月 20 日，王子舟和戴靖、吴汉华等曾到崔村镇大辛峰村访问过徐继新的爱心图书馆，那天京城郊区的路上风沙飞扬，我们在徐继新的爱心图书馆里对他做了一次半结构式的访谈。2011 年 6 月，徐继新与我们在北戴河的"民间图书馆论坛"上再次相聚。此后他与我们来往次数增多，在北京民间图书馆的小型论坛或公益活动中，我们之间经常见面并成为好朋友。

2014 年春节期间，徐继新发现自己图书馆里书架底层的书，因距地面较近已有许多受潮板结，一时间心急如焚，赶紧寻觅新的馆舍搬家。他以年租五万元的价格租赁了一个好朋友的两层楼房，2 月 8 日即初九那天，他开始把图书馆里的藏书全部往新馆舍里搬。徐继新当时卖了受潮被毁的书足有三四百册，这让他心疼不已。

以前都是人家卖书他买书，现在他来卖书人家买，心里很不是滋味。刚搬完家，徐继新就与我们联系，说现在图书馆的地方大了，房租也高了，压力也随着来了，希望民间图书馆协会筹备组成员能到他的新馆舍看一看，对以后如何发展提提建议。

听到徐继新的爱心图书馆发生此般变化，我们与他约定在3月3日前去拜访他的新馆舍。3日上午10：00，我们三人分别乘坐地铁到昌平线的终点南邵站集合，在地铁出站口见到等候我们的徐继新妻子施锴亦。施锴亦安排我们乘坐房东王师傅开的车，大约走了10多分钟，就来到了崔村镇大辛峰村。大辛峰村位于北京市的正北方向，京密引水渠就像一条蓝色腰带从东向西通过村里，渠边有大片的防护绿地；怀昌公路也从村域贯穿而过，崔阿路南可直通六环路百善出口，交通十分便利。大辛峰村占地总面积7300亩，村北有富士苹果种植区域，村东和村南有农业大棚设施、草莓种植基地等。现有住户1116户，总人口2432人，其中农民人口1683人[5]。

我们到了徐继新新馆舍前时，见其原本是一个能接待餐饮住宿的农家乐二层楼小院，正门上还挂着"振友农家院"的牌匾。但我们也注意到，正门两侧红底黑字的楹联长板则是近几天刚刚挂上去的，上联为"兴农必须搞科技"，下联是"致富还得读好书"。徐继新在门口迎接我们时说，"圣学图书馆"的铜字牌匾快要做好了，过几天他就要将新牌匾挂在门上，换下农家院的牌匾（见图2）。

图2　挂上新馆名的圣学图书馆新租馆舍

3 圣学图书馆的现状

徐继新的图书馆名称从"爱心图书室"到"爱心图书馆"再到"圣学图书馆"，经历了三变，其馆舍面积也从最初的 45 平方米变为 160 平方米，再变成 1200 平方米。以前的馆舍是自家的房屋，而现在搬进来的馆舍是租用的。新馆是个二楼小院，一楼及里侧院子原为餐饮、客房、库房区，现在还没有充分利用起来；图书馆主要位于二楼，有工具书兼书法活动室、人文社科藏书室、经济与实用技术藏书室、合订本期刊室、多媒体资料室、民俗博物室、图书整理加工室等，业务部门比普通的乡镇图书馆还齐全，布局堪称上了规模。

圣学图书馆藏书至今已有 10 万册（含 2 万册的杂志），全部都按照"中图法"分类排架。多媒体资料室与民俗博物室是圣学图书馆的特色馆藏。多媒体资料室收藏录像带有 2300 多盒，光盘有 4000 盘左右。这批录像带是一位传媒业的资深人士收藏的，多为外国原版母带，其中少部分在央视播出过，多数从未播出使用。这位资深收藏者偶然从国外报纸上看到爱心图书馆的报道后，通过政府部门一级一级联系到了徐继新，在其决定在国外定居前，将这批录像带连同放映设备一次性赠送给了圣学图书馆。徐继新为此专做了金属书架以便集中放置（见图 3）。民俗博物室里挨墙四周有一圈展台，展台玻璃板下压着 252 件各种老旧文书、地契、信件、票证、照片、剪纸等，玻璃板上摆着各种家用老旧物件，有袜板、荷包、茶吊子、煤油灯、奶瓶子、蚂蚁罐等；墙上则挂着民国时期地主老财家里妇女穿的棉袄、棉裤以及对襟花褂。

说起藏书来源，徐继新称有一半的书是社会各界捐赠的。如铁道部离休

图 3　圣学图书馆多媒体资料室陈列架

老人安宙先生，住在北京站北边的一个四合院里，家里全是书。他儿子是中央电视台的一个编辑，妹妹是朝阳区图书馆退休馆员，专给他管书。2000 年左右，安宙老先生给过徐继新一批书，4000 多册，不过都是机械方面的，他觉得自己不太需要了，就都给了爱心图书馆。安宙老先生有许多古籍线装书，他曾给了徐继新一套四书五经，此事使徐继新非常感动。

后来随着媒体报道的次数增多，社会各界给徐继新图书馆捐书的人多了起来。现在平均每个月都能收到两三次的捐书，每次有几百本。徐继新收到捐书之后的第一件事，就是昼夜加班，将赠书清点、分类、上架，及时将捐赠清单、捐赠证书、上架后的照片寄给捐赠人，好让捐赠方放心。因为捐赠量大的捐赠人，往往是赠书前十分谨慎小心，赠书后十分忧虑担心。有位从出版社退休的金先生，家中藏书丰富，他在决定捐书给爱心图书馆前，先派儿子的朋友以读者身份来图书馆打探虚实，接着派他儿子亲自来图书馆考察实际状况，最后，金先生与他儿子才来与徐继新见面会谈。往来了三次，金先生才决定向爱心图书馆捐书。2013 年，徐继新开着面包车到金先生家里拉回一车书，全是经济类的。在搬书时，徐继新发现金先生所有的捐书都是 20 册一捆，每捆书的上下两头还垫着起保护作用的报纸。徐继新拉回图书，马上就清点、分类、上架，在第一时间里给金先生送去捐赠书的清单、证书、照片。金先生看徐继新如此认真，紧接着又捐给了他一车书。金先生岁数大了，儿子在美国工作，他很想给自己的藏书找到一个好的归宿。

在图书馆开放服务方面，徐继新告诉我们，平时村民或学生们到图书馆这里借阅图书，除去他自己珍藏的 500 本图书，其余的都可以借阅。看书免费，借出则要收 30 元押金，因为他的图书馆每年都要丢失一二百本书。徐继新说，在开展读者服务工作中，他有"两急"：有书没读者急，有读者没书急。尤其是读者想看的、急需的书他这里没有，他就会记下书名或相关内容，想方设法买回来，或者到废品店去仔细淘觅。2000 年盛夏的一天，徐继新骑自行车从市里驮着 200 多斤的新书返回时，遇自行车爆胎，他推着车子走了 20 公里，结果回到家就出现了中暑症状。

除了图书馆日常开放，徐继新还经常举办各种活动以及书法班、作文班等，他的图书馆几乎每年都参加昌平区图书馆举办的"图书馆服务宣传周"活动，并获得过板报评比一、二等奖。2003 年 4 月，徐继新被推选为北京市图书馆协会理事会员单位。2004 年 7 月 20 日，徐继新还参加了北京市图书馆协会举办的"我与图书馆"征文表彰大会，他选送的四篇征文，有两篇荣获二等奖，一篇获得三等奖，一篇获得了纪念奖[2]。

4 徐继新的曲折人生经历

参观完圣学图书馆，我们在工具书兼书法活动室对徐继新进行了深度访谈。徐继新跟我们谈起了自己曲折且带有传奇色彩的人生经历。

徐继新于 1968 年 3 月出生在大辛峰村，家里子女 6 人，上面三个姐姐、两个哥哥，他最小。徐继新爷爷是本地的土秀才，说话出口成章，又是老党员，很受村里人尊敬；父亲当过村里小学的校长，在反右中被打成右派，后来在崔村镇中心小学会计岗位上退休，2003 年去世；母亲也识字，刺绣、剪纸都拿手，今年 87 岁了，还经常在家里做各种手工活。兄弟姊妹中，大姐已经退休，她是中学特级教师；大哥、二哥都是本村村民，但二哥在砖厂工作，书法、诗歌俱佳，以往村里的春联都请他来写（新馆正门两侧的对联就出自二哥之手）；二姐、三姐已经出嫁到村外。

小时候，徐继新在本村上托儿所、小学，小学三年级时转到南口小学，初中是在大辛峰村中学读的，一直到高中毕业。1987 年至 1989 年，徐继新考上北京联合大学读大专，学的是金融学财会专业，毕业实习是在中国政法大学劳动服务公司。领到毕业证后，他被中国政法大学劳动服务公司留了下来。当时公司经理对徐继新甚为器重，让其主管业务。但仅干了一年，时任昌平镇副镇长的表哥叫他回镇里打理镇办企业精美工艺美术品厂。1991 年徐继新回镇后，把美术品厂搞得风生水起，除了美术品业务，还开了一个饭馆，搞起多种经营。徐继新在其基础上还成立了总公司，他做法人代表。那时的徐继新年轻有为，拿着大哥大，开着轿车，在北京昌平一带享有较高的知名度。

但是一纸假合同、一个骗局导致的一笔经济损失，迫使徐继新不得不离开他的总公司。1994 年 1 月，徐继新被分配到镇工业企业总公司上班，在机关坐办公室，喝茶、看报。这种日子他过不了，挨到 1995 年他就回村了。回村之后，徐继新在家里开了个小卖铺。失去了固定收入，仅靠经营小卖铺的微利，使得徐继新的家庭生活陷入困难。他的女儿徐意思是 1993 年出生的，此时才三四岁，患有哮喘病，每个月至少要去儿童医院两三趟，为她看病一年就得支出一万多元。徐继新住在父母家里，为了不当啃老族，也为了给女儿看病，他摆了个修车摊平时给人修自行车，还通过自学考取了律师资格证帮人打官司，为附近的小企业做兼职会计等。也就是在这段时间，徐继新看了不少书。为了读书，他把父亲的书都收在自己房子里，闲暇则跑到废品站挑书、买书。

有一次，一位朋友跟他说："你的书不少，总有人借；借了不还，损失不少。何不办一个图书馆呢？"徐继新听后动了心，于是就整理出一个图书室，在 1999年 4 月 1 日那天正式对外开放。图书室办起来，徐继新更加忙碌了，他把修车摊子收了起来，用他的话说："修车与图书馆不是一个行业。"有了图书室，全家都帮他干活。二哥从砖厂给他捡砖头盖馆舍，母亲帮助他装订杂志，女儿徐意思从小就学着看书、整理书，妻子施锴亦帮他给书除尘、消毒、贴书标、上架。施锴亦告诉我们："图书馆的许多事情都是我支持办起来的，装修、买电脑等。他就喜欢这个事，我也就支持呗。"

徐继新是个能工巧匠，会瓦工、木工，还能安装暖气片。他看到母亲用针锥装订合订本期刊很吃力，于是自己画图设计了一台打眼机，找车工车出零件组装了出来，这台打眼机直到现在仍很好用。徐继新还会装裱字画，他在中国政法大学劳动服务公司工作那年，有个老教授教过他装裱字画、修复古籍，老教授一度想收他为徒，把他培养出来送校图书馆工作，可惜徐继新没有走上那条路。但从那时他就喜欢书法、装裱，还经常练写篆字。徐继新说："平时自己有钱了就去买书，没钱了就在家练字。"

5 圣学图书馆的前景

15 年过去了，在徐继新的精心呵护下，圣学图书馆由小树长成了大树，成为藏书量大、功能齐全、有发展特色的一家农村民间图书馆。

早在 2010 年 3 月 20 日，我们对徐继新进行初次访谈，涉及今后图书馆发展话题的时候，徐继新说他当时面临的最大困难就是"书源"不足；如今，谈到今后图书馆发展面临的困难，他则说是"经费"不足。他说："现在每年房租是 5 万元，运行费也得 5 万元，一年须有 10 万元才能维持图书馆的生存。我的旧家租出去一些房子，每年能有两万多的收入，自己和妻子还得再赚上 7 万多元才行。平时我们夫妻俩的时间都被图书馆事务快占满了，再腾出精力去打工赚钱也不现实。好在女儿去年从北京卫生学校毕业（今年要拿到大专毕业证），去了首都医科大学附属北京儿童医院新生儿内科工作，不用给她再花钱了。"

如何解决经费不足这个现实问题呢？我们几个就此你一言我一语地讨论起来。最后，我们觉得有以下两个做法还比较切合实际：

第一，圣学图书馆应该积极与昌平区图书馆沟通，看能否达成一个由昌平区政府相关部门购买圣学图书馆服务的协议，即比照北京朝阳区出台的《朝阳区吸引民办图书馆参与公共文化建设的实施意见（草案）》[6]，将圣学图书馆纳入昌平区图书馆的分馆体系，由昌平区政府为圣学图书馆提供运行费、书籍补充等方面扶持。

第二，在保障图书馆纯公益性的前提下，徐继新夫妇可以利用新馆一楼的剩余馆舍和现有设备，搞一些多种经营，如农家乐餐饮和住宿或是小学生课外辅导班（如外语、写作）、兴趣班（如书法、围棋）等。大辛峰村有两个幼儿园、一个小学，仅小学生就有 400 多人，这个带有放学后监护性课外班的需求量还是挺大的。徐继新妻子施锴亦曾于 2005 年搞过排毒保健培训班，她有办培训方面的经验，现在可以重新尝试从事一些有偿的各种培训活动，以此来增加家庭的收入。

徐继新认为，这些是可以试试。他说："要想自己的图书馆受到政府的重视，那就要达到一定的规模及水平。昌平区图书馆有近 50 万册藏书，我要发展到 30 万册藏书，那么政府就不会不管了。所以今后增加馆藏依然是重要任务。"王子舟就其今后发展馆藏的设想提出两个建议，即在增加馆藏的过程中，圣学图书馆应该注重形成自己的品牌特色，一是要在现有基础上继续办好民俗博物室，让民俗展品丰富起来。好的民俗博物室，不是以收到多少值钱的古董为标准的，而是看能否将体现当地文化的各种风俗物品收集起来，借此反映出乡村文化的变迁史。二是要多多收集当地各种档案、信件、手稿、村镇宣传品、内部出版物等，逐步使得表征村镇文化记忆的馆藏文献资源形成体系。而且在这些文献中，许多资料是具有唯一性的、起着凭证作用的，是无法复制的。经过长年的积累，地方资料会形成圣学图书馆的特色馆藏，其学术文化价值也会凸显出来。

　　徐继新接着谈到，圣学图书馆还要与 NGO 或各种民间组织多多联系。春节前他曾与皮卡书屋谈过合作，对方想在他这里办一个少儿绘本馆。现在一楼原餐厅、客房、车库都处于清空状态，也就是虚位以待。图书馆一楼的车库有 50 平方米，这里将办成以绘本借阅为主的少儿馆；大厅有 55 平方米，今后要办成一个多功能厅，主要用于开展各种活动及讲座；一楼的三个小房间主要用作办公室、佛教阅览室及地方文献阅览室。以后的圣学图书馆在读者服务上将"月月有活动、每年有重点"，如与昌平区司法局崔村镇司法所合作搞普法教育，与皮卡书屋合作开展中英文少儿阅读辅导等，这些合作正在有序落实中，有的项目或许近期就能实现①。

　　徐继新妻子施锴亦（见图 4）也不时插话说，她也感到现在经济压力比以前大多了，增加家庭收入是当务之急。但徐继新则认为，就是增加收入也要做那种与图书馆有关联性的事情（如妻子办的排毒培训他就曾反对过）。他最想办的事就是开一家养老院，但他只收养北京市的老年文化人。北京市太大了，养老市场完全可以进行客户细分。文化老人来他这里养老，守着一个图书馆，不仅增加了图书馆的利用率，而且丰富了老人们的精神文化生活，这是一举两得的好事。

图 4　徐继新与夫人施锴亦在工具书室

①　徐继新 2014 年 3 月 17 日来信说，在与皮卡书屋的接洽中，皮卡书屋表示今年主要工作重点还是放在市区，故皮卡书屋与圣学图书馆合作办少儿绘本馆的事宜只能先搁置下来。

据徐继新介绍，现在他与村镇、区政府的关系都相处得很融洽，昌平区"文委"（原文化局）、"文明办"对圣学图书馆很支持，村委会也积极支持他办图书馆。等着以后家里经济宽裕了，他想跟村里负责人张口要块地，好好盖一座真正属于自己的图书馆馆舍，一座具有独特文化风格的民间图书馆建筑。临别之际，我们想，这一定是徐继新未来人生的梦想与夙愿，我们衷心祝愿这一梦想与夙愿能够早日实现。

参考文献

［1］钱卫华.农民免费图书馆陷困境［N］.京华时报，2004-05-15（A07）.

［2］圣学图书馆概况（1999年4月至2010年12月）［EB/OL］.昌平圣学图书馆博客，（2012-06-24）［2014-03-09］.http://blog.sina.com.cn/s/blog_a7e80fd101015pt5.html.

［3］李川，刘绍辉.农民10年创办爱心图书馆藏书8万册投入十余万［N］.京华时报，2009-10-01（013）.

［4］昌平村民自办民俗文物展［EB/OL］.华夏收藏网，（2005-04-09）［2010-03-22］.http://news.cang.com/info/23328.html.

［5］李小君.大辛峰村简介［EB/OL］.昌平科普惠民网，（2013-05-13）［2014-03-06］.http://dxfc.cpweb.gov.cn/.

［6］杜燕.朝阳试点社会力量参与公共文化建设［EB/OL］.中国新闻网，（2014-01-02）［2014-01-02］.http://www.bj.chinanews.com/news/2014/0102/36629.html.

作者：王子舟、邱璐、戴靖，原载《山东图书馆学刊》2015年1期

第**9**篇

当代"乡村秀才"的办馆之路

—— 河南平舆县东和店镇宁庄村赵彦良书屋

1　媒体眼里的赵彦良书屋

河南省东南部有个平舆县东和店镇，东和店镇的东南部有个宁庄村，宁庄村里有个农民自办的农家书屋叫赵彦良书屋。

从媒体报道里我们得知，赵彦良（1970—）高中毕业后在家务农时，经常买、借有关农业技术的书籍，还在自家地里搞起了间作套种立体模式种植，科学管理，科学施肥，头一年亩产收入就达到 3000 余元，是乡邻收入的五六倍。三年时间，赵彦良率先成了村里的富裕户。后来，他每年都拿出 1000 余元来订阅各种报刊，并把上面介绍的适合本地种、养方面的科技知识一一记录下来[1]。

平时村民也纷纷找赵彦良求经问宝，他就把自己利用科技致富的方法介绍给大伙，并且趁热打铁，将自己多年收集起来的图书报刊整理出来，在仅有三间房屋的家中专门腾出一间，于 2006 年 10 月办起了一家农民科技书屋，免费让乡邻们前来阅读书刊。赵彦良想通过一个小小的书屋，来改变乡村缺少文化生活、社会风气不好的现状，打造一个学知识、用科技的良好风尚[2]。2007 年，赵彦良的农民科技书屋里的各类图书琳琅满目，村民们没事就"钻"到赵彦良家里，附近村民也来"凑热闹"。赵彦良在书屋里摆放了饮水机、茶杯等日用品专门欢迎村民光顾[3]。

赵彦良的农民科技书屋还得到县人口计生委领导的肯定和支持，人口计生委拨出 3000 元经费资助赵彦良购买书籍和订阅适合农民阅读的报刊，命名他的书屋为"计生书屋"，鼓励赵彦良把农民科技书屋办成弘扬婚育新风的阵地[4]。2012 年 5 月，当上宁庄村民兵连长的赵彦良与县人武部联系，筹得 200 多册国防、军事内容的图书，丰富了自己书屋的藏书种类。他把自己的书屋也称为"民兵之家"[5]。

2 走访赵彦良书屋的机缘

赵彦良（见图 1）和我们是老朋友。2011 年他曾受邀参加过北戴河第一届民间图书馆论坛，2012 年又受邀参加杭州的"公共图书馆、学校图书馆、民间图书馆服务与社会教育国际学术研讨会"，我们都曾见过面。平时还时不时地通个电话，唠唠家常以及他的书屋有些什么变化。

图 1 河南省平舆县东和店镇宁庄村的赵彦良

2014 年冬，为支持民间图书馆事业的发展，中国小微企业自主创新发展商会筹备组募集了一些善款，启动了"乡村图书馆、校园图书角、家庭书架网建设"的三期项目。该项目旨在贫困乡村构建一个覆盖社区、学校、家庭的阅读环境。具体运行方式为：先由贫困地区一个乡村图书馆联合附近乡村小学共同申请建设该项目，然后由中国小微企业创新商会筹备组提供公益资金，民间图书馆协会筹备组负责具体运行，即购买优质书籍以及书架，到被批准的乡村图书馆建设图书馆少儿图书专架以及为当地小学建设小学班级图书角。计划经过一年的阅读活动，项目点选出若干阅读突出的学生，由项目资助方向每位获奖学生发放家庭书架（含几十本书籍），获奖学生可将书架及配书搬回家，平时还可借给邻里的孩子们看。

由于赵彦良的积极争取，他的赵彦良书屋以及附近的宁庄小学被批准列入了"乡村图书馆、校园图书角、家庭书架网建设"的三期项目，于是也就有了我们走访赵彦良书屋的机会。

河南省平舆县位于河南省东南部，与安徽西部接壤，夏商时为挚国，秦朝置平舆县。该县地处淮北平原，地势平坦，以农业为主。在 2014 年 10 月国家披露的 592 个国家级贫困县中，平舆县榜上有名[6]。平舆县东的东和店镇宁庄村，由 6 个自然村组成，全村约 900 户，4800 人。当地的农作物以小麦、玉米、白芝麻等为主，每年平均亩产纯收入约 1600 元。由于人多地少，村里的青壮年都外出打工，剩下的多为老人儿童。宁庄小学的学生基本上都是留守儿童。

2015 年 3 月 21 日，王子舟、戴靖、邱璐代表中国小微企业创新商会筹备组与民间图书馆协会筹备组乘坐早上的高铁从北京西到驻马店。中午 11∶45 到驻马店时，临时在平舆县公安局当编外宣传干事的赵彦良来车站迎接我们。在驻马店吃过中饭，约下午 14∶30 我们 4 人乘长途客车前往平舆县。一路上，黄的油菜花，粉红的桃花、杏花，将田野装点得春意盎然。车行一个半小时我们到了平舆县城，住进平舆县委县政府的招待所。家住县城的东和店镇镇长郭磊听说我们的到来，专门请我们吃了一顿晚饭。据郭磊镇长介绍，东和店镇年财政收入才 1200 万，入不敷出，属于经济十分困难的乡镇，基层工作很不好做。晚饭后，赵彦良与我们一同回到招待所聊天，我们借机对他进行了深度访谈。赵彦良兴致很好，他与我们谈话直至 23∶30 才分手。

22 日上午 8∶30，东和店镇镇长郭磊安排了一辆面包车送赵彦良与我们三人一起去东和店镇宁庄小学。县城到东和店镇有 28 公里，本来 40 分钟的车程，但沿途村庄都有热闹的集市，交通拥挤，我们快到 9∶30 才来到了东和店镇。之后又往南行车十余分钟，终于到了与安徽毗邻的宁庄小学。适逢周末，宁庄小学安安静静地坐落于这个豫东南边陲的田野里，这里除了绿色的田野、清新的空气，没有嘈杂的声音与纷乱的行人。五位小学老师与宁庄村委副支书李兰运已在等候我们。在宁庄小学年轻校长李中锋的带领下，我们几人先参观了学校教室等教学设施，随后与李校长及其他四位老师、宁庄村委副支书一起座谈，大家对 "乡村图书馆、校园图书角、家庭书架网建设" 三期项目有了充分了解，在此基础上形成了合作意向。民间图书馆协会筹备组代表王子舟在宁庄小学办公室与李中锋校长、赵彦良签署了三方项目协议，还与部分小学教师进行了如何开展阅读推广的讨论，并在学校大门口前合影留念（见图 2）。

图2　项目组成员与宁庄小学教师及赵彦良一起合影

　　宁庄小学从学前小班、大班至小学1到4年级，共有6个班127人。根据协议规定，我们将为每个班配一个图书角，一共6个书架600册书。每个年级的配书都按照分级阅读的原则来精选，以便更好地适应孩子们的阅读能力。

3　赵彦良书屋的乔迁之喜

图3　赵彦良新家的外景

　　22日中午11：30，我们离开小学后到宁庄村里的赵彦良家进行走访。赵彦良的家位于村路的边上，是一座新建的砖混结构小二楼。鹅黄色的外墙，老远望去很是醒目（见图3）。两层楼房建筑面积280平方米，上下各4间房屋。据赵彦良介绍，他家以前是瓦房，2014年正月十九日开始建新房，阳历8月落成，盖房花了20多万元。全家春节前刚搬进来不久，许多地方还没收拾利索。

一楼厅堂左侧的一间大房间，就是赵彦良书屋。书屋安排在一楼，是为了便于乡亲们借阅书籍。书屋面积有33平方米，北面贴墙有4个书柜一字排开，里面装满了书籍（见图4）。西墙有一个装满书的书柜。东墙下还有一排装满书的蛇皮袋子没有打开。赵彦良说，现在房屋的墙壁还没有完全干透，这些书还没有来得及打开上架。南墙窗旁有一个配有电脑的办公桌。赵彦良说他目前藏书有6000册左右，还没有把书都搬进新家。前几年，镇文化站为了应付达标验收，在缺书的情况下，将他的两个书架连书带架都借走充数去了，到现在还没有还回来。

图4　赵彦良书屋里靠北墙的一排书架

据赵彦良介绍，自己从小就爱读书，早在1998年他就整理出自己的藏书，放在家里代销点的货架上，以供来买东西的男女老少们借阅。那时的代销点里不仅有书，还有棋牌，很多人乐意来代销店里翻翻书或打打牌，村里撅公骂婆的现象少了，邻里和睦的人多了。2003年，赵彦良将家里一间10多平方米的房屋腾出来，专门作为家庭图书室。2006年10月，他选择了一个晴朗的日子，放了一阵鞭炮，将自己的家庭书屋正式面向村民开放。2011年暑假，赵彦良夫妇专门给农村留守儿童添置了中小学生读物，每天都有孩子来看书，有人戏称他的书屋成了孩子们的"避暑山庄"[7]。如今，新房盖起来了，赵彦良说他要好好布置一下自己的书屋，好给村民和孩子们提供一个更加敞亮、舒适的阅读空间。

前两天一个偶然机会，赵彦良随人到一家新闻出版部门创办的农家书屋，他见农家书屋里许多新书平时很少有人看，心里很不是滋味。他想要出一些放到自己的书屋里，供乡亲们借阅，但是人家不给。这让我们想起昨天东和店镇镇长郭磊说，镇上的十几家农家书屋基本都锁在村委会，来人检查、参观时，才打开让人看看。赵彦良说，自己的书屋与政府办的农家书屋不一样，人们随时都可来看书。借书也没有手续，完全凭自觉归还。自己的书屋目前较缺新书，不过社会上的好心人时不时地会给他捐助一些，如北京的文化扶贫委员会办公室主任王相宜女士，最近几年里年年给他寄书。当听说我们也要给他配置200册专供孩子们阅读的优质图书（如绘本）时，赵彦良不由自主地说"太好了，太好了"。

赵彦良还说到自己有一些"镇馆之宝"，说着拿出其中的一种让我们看。原来这是一套1979年版的4大册精装《辞海》，除上、中、下三册之外，还有一册增补本。原定价是69元，是他2001年在安徽阜阳一家书店花200元钱买下来的。前不久，村里的一位有钱人要出高价买这套书，他不为所动，因为在他心里，这是自己的珍爱，它不仅是一个百科的知识书籍，还是浸透过去难忘岁月的记忆载体。

4 赵彦良的诸多雅号

22日下午，宁庄小学校长李中锋开车送我们回到了平舆县招待所。在招待所，赵彦良、李中锋和我们三人又聊了许久（见图5）。晚饭后，赵彦良继续和我们交谈到22：30。

在两天的接触中我们了解到，赵彦良是土生土长的农民，他的小学就是在宁庄小学上的。初中读的是东和店镇第一初级中学，高中是在平舆县第二高级中学。1988年高中毕业后，

图5 赵彦良（右一）李中锋（右三）和王子舟、邱璐在招待所座谈

他留在家里务农。虽然没能上大学,但他凭着苦学于 1995 年拿到了自学考试的大专文凭。在媒体上或从当地人的口头里,我们得知赵彦良有"土专家""田秀才""土记者"等不少雅号。

所谓"土专家",是指赵彦良曾经当过农村科技标兵,获得过诸多荣誉证书。他曾率先在当地搞起"麦瓜套种",当年每亩年收益达到了 3000 多元。他还主动参与当地农技示范推广工作,参与完成了"重茬芝麻高产栽培技术及应用""万亩薄荷基地建设及配套技术应用研究""菠菜——烟叶——红薯一年三熟立体种植模式研究及应用"等 3 项科研项目,这几项成果均获得河南省农牧业科技成果二等奖[4]。仅"重茬芝麻高产栽培技术及应用"一项技术的应用,全村每年就增收芝麻 5 万斤,价值 20 余万元[8]。赵彦良积极与上级农技部门联系,先后争取到十几个科研项目在东和店镇、宁庄村搞示范试验。为了让这些科研项目早日成功,他白天在地里搞管理,夜间坐在灯下写体会[1]。

赵彦良还在村团支部书记的岗位上干了 12 年。这期间,他组织本村青年学科学、用科学,通过办培训班,对当地村民进行塑料大棚、地膜覆盖、麦棉套、麦瓜套、牛肉饲料、中药材栽培等二十余项农村实用技术的专题培训,并把有关科技知识印成小册子免费发放到村民手中。在他的带头下,村里大部分青年走上了致富路[8]。他本人被市、县、镇团组织多次评为优秀基层团干部和先进个人,被评为驻马店市"市级农村乡土拔尖人才"(2001 年)、驻马店市第五批"优秀农村实用人才"(2008 年)、驻马店市"优秀农村实用人才"(2010 年)等,先后有六项科技成果荣获省、市农业科技奖。

所谓"田秀才",是指赵彦良在当地为远近闻名乃至在全国都有知名度的农民写作能手。十几年来,他不仅将自己积累的成功经验、科技知识撰写成文寄往中央、省、市级报刊、电台,同时还根据自身爱好文学的特长,积极参加文化扶贫委员会和中央人民广播电台联合举办的"万村书库"全国农民读书征文活动。1998 年,他撰写的《读科技书,走致富路》荣获读书征文活动一等奖。1999 年至今,在中宣部、文化部、团中央等八部委联合举办的"亚农杯"全国农民读书征文活动中,赵彦良年年投稿,年年获奖(荣获过多项一、二、三等奖)。2004 年以来,连续三年受邀到北京出席颁奖大会,接受过全国人大常委会原副委员长布赫、全国政协副主席罗豪才、文化部文化扶贫委员会主任徐惟诚等有关领导为他颁的奖状[8]。赵彦良近年还在悄悄地写小说，他要以周口鹿邑县某个真人真事为原型，创作一部反映乡村感情生活的长篇小说。他说已经写了 20 万字。

所谓"土记者"，是指赵彦良十余年间被《农民日报》等多家报纸聘为通讯员或特约记者，他写的报道经常见诸报端[9]。从 1996 年起，他每年都在国家、省、市等各级新闻媒体发稿上百篇，连年被《农民日报》和市、县评为优秀通讯员[10]。2014 年夏，平舆县公安局、司法局、卫计委、县人大等相关政府部门，为加强文宣工作，特聘赵彦良为编外文宣干事，县公安局还专门给他配备了办公桌、电脑、单反相机等。赵彦良到任后，食宿在公安局，不到一年时间就发表了上百篇通讯报道，为相关政府部门一举摘掉文宣工作落后的帽子。因此，他也成为平舆县党政机关人员熟知的文宣干将。用赵彦良的话说，现在你在平舆县政府机关打听"赵彦良"，可能没人知道，但是说找"赵记者"，几乎无人不晓。

5 赵彦良书屋的未来

赵彦良的父母今年都七十多岁了，和他们住在一起。一年来，赵彦良在县城搞文宣，顾不得回家，而两个孩子在外面，家里就只剩下他父母与妻子。妻子叫孟芝荣（1967— ），初中毕业，曾在宁庄小学教过书，现在则在家务农，除了照看家里的六亩地，还要照顾公婆，平时也可以照看家里的书屋。

赵彦良有一双儿女。儿子叫赵刚（1992— ），河南警校毕业，现在平舆县一私立中学从事管理工作。赵刚从小调皮好动，还学过跆拳道。我们到赵彦良家里走访时，恰好赵刚也在家里。我们问赵刚："听说你在给人当跆拳道教练，你的跆拳道达到了几段？"赵刚腼腆地说是黑带四段。我们很想让赵刚给我们表演一下身手，但因时间紧没有提出这个要求。赵彦良的女儿叫赵会芳（1994— ），现在周口师范学院思想政治教育专业在读，2015 年毕业。会芳从小与好动的赵刚不同，她喜欢静。她的志向是考研，继续深造。赵彦良子女对父母办乡村图书馆不仅理解，也很支持。

提起今后书屋的发展，赵彦良说出了自己的一些打算。他说，将书屋搬迁到新房只是一个新的开始。在空间发展上，他打算在书屋南面再接出一间房，扩大书屋面积，再配置多个书架，扩展藏书规模，使自己的书屋变成名副其实的图书馆。不过，现在最困难的还是经济有些吃紧。他盖新房花了20多万元，女儿上学也要花销，儿子谈了女朋友准备结婚更是要花钱。这些都给他带来了很大的生活压力，这也是他接受县公安局聘请作编外文宣干事的原因之一，因为这份工作能给家里生活带来些补贴。

家里经济困难阻挡不了赵彦良的许多梦想。他是个要强的人。他一直没有想过要到外地长年打工，谋求在城市里发展，而是想要在家乡的土地上做出一番事业来。他出身富农，爷爷、父亲在昔日的岁月里挨批受气，饱受屈辱，这是形成赵彦良吃苦耐劳、争气不服输性格的原因之一。因为他要通过自己的能力证明：自己乃至家族不是靠运气、剥削，而是靠自身能力来获得财富、地位与尊重的。

几天前，赵彦良跟自己的儿子赵刚说："在宁庄村里我有三个第一：第一个在赵姓村民中当村干部（即团支书，6个自然村中赵姓有几十户、200多人）；第一个一家培养了两个大学生；第一个以农民身份被聘到县里局机关上班。"听他向我们转述这番话，我们不由地说，这样数来赵彦良岂止是三个第一，他的第一太多了，如在村里第一个开办乡村书屋，第一个获得市、县科技人才多项奖励，第一个成为年发表百篇文章的农民记者……

赵彦良对我们说，现在财富已经不是他的唯一追求，他要在为乡亲们的服务中获得人生价值的实现。在县城工作这段时间，乡亲们有困难或有难办的事情找他，他都乐意跟有关部门疏通，帮助顺利地合理解决，因为工作关系，赵彦良在县、镇里认识不少人。他说，这都是他的社会资源，这些社会资源为今后发展好自己的乡村图书馆会有很大帮助。

在两天的交往中，我们也给赵彦良今后办图书馆提出了一些建议：由于宁庄村的阅读人口主要以留守儿童为主，那么藏书内容可以加大儿童读物，以满足留守儿童的阅读需求；在向稍具规模的图书馆转型过程中，要注意多收集地方文献，包括利用在县城工作的机会多多收集各种非正式出版物，积累几年就会形成自己的藏书特色；有条件的话，也可以慢慢积累一些反映地方风俗乃至历史的一些大大小小的老物件，这些东西能起到保存地方文化以及教育新一代人的作用。

23日上午，我们将离开平舆县踏上返程。告别之际，赵彦良对我们说，他得好好规划一下自己图书馆的未来发展。他在县城打工只是过渡性的生活，他的真正生活是在自己开辟的事业里，乡村图书馆与那部没写完的小说就是他未来的事业。

参考文献

［1］"路在脚下"：寄语落榜生勇敢地走自己的路［EB/OL］.新华网，（2006-06-27）［2015-03-21］.http：//news.xinhuanet.com/politics/2006-06/27/content_4751406.htm.

［2］刘舸.赵彦良：办个书屋富乡邻［N］.河南日报（农村版），2011-07-13（6）.

［3］赵哲.喜串"文化门"，乐品"文化餐"：平舆农民文化生活真滋润［N］.河南日报（农村版），2007-12-01（4）.

［4］刘舸.赵彦良和他的农民文化书屋［N］.农民日报，2011-08-18（5）.

［5］刘海章，杨东周.民兵自费办书屋，免费借于乡邻读［EB/OL］.河南国防教育网，（2012-05-08）［2015-03-25］.http：//www.hngfjy.com/html/shxw/20120508/2363.html.

［6］中国首个扶贫日，592个国家级贫困县名单［EB/OL］.人民网，（2014-10-17）［2015-03-21］.http：//politics.people.com.cn/n/2014/1017/c1026-25854065.html.

［7］苏玲.平舆县农民自建书屋，农村娃有了"避暑山庄"［EB/OL］.驻马店网，（2011-07-27）［2015-03-25］.http：//zmdnews.cn/info.aspx?id=362362&modelid=1.

［8］成才源于读书：记平舆县青年农民赵彦良［EB/OL］.驻马店共青团网，（2006-12-30）［2015-03-21］.http：//www.zmdyouth.org.cn/news/News_View.asp?NewsID=124.

［9］吴玉锋，赵哲."土记者"赵彦良［EB/OL］.大河驻马店网，（2007-07-12）［2015-03-25］.http：//zmd.dahe.cn/category/200006/2007/07/12/2007-07-12_40484_200006.shtml.

［10］高留安，訾现红，刘舸.河南省平舆县农民赵彦良京城领大奖［EB/OL］.新华网，（2006-04-25）［2015-03-21］.http：//www.ha.xinhuanet.com/xhzt/2006-04/25/content_6840517.html.

作者：王子舟、邱璐、戴靖，原载《山东图书馆学刊》2015年2期

第10篇

社会教育园丁的精神家园

——江西宁都县梅江镇登峰大道"三优园"公益图书馆

1 "三优园"办馆历程

江西省赣州市北部山区有个宁都县，该县位于贡江上游，三面环山，距南昌市324公里，至赣州市162公里，古代曾是客家迁徙之地，近代又是革命老区，经济上是个农业大县和国家重点扶持的贫困县。

宁都县梅江镇登峰大道中段靠东一侧的30幢5单元六层，有一个"三优园"公益图书馆（以下简称"三优园"）。"三优"者，读书、做事、做人皆优之谓也，寓意此处是爱读书、会做事、学做人的园地。它是由宁都中学原副校长黄水发提议并以其校友为主体共同创办的，也是宁都县第一个民间教育事业公益性社会团体。馆舍也是黄水发用多年积蓄购买的，三室两厅，面积有127平方米（见图1）。

在"三优园"的筹办初期，黄水发多方联系校友，收到了来自县城、武汉、上海、北京、美国等国内外40多位校友的来信。校友们对"三优园"的创办不仅表示支持，还应邀认真填写了自己的推荐书目。曾经的江西省高考状元、考入北京大学外语系的校友廖海珍来信说："在当今的社会氛围之下，升学或工作的压力使得读书成为一种奢侈，因此，创办三优园，使人能够多读一些有益于身心的书籍成为一个非常紧迫又艰巨的任务。"[1]黄水发还专程去南昌，购买了5万多元的图书以充实自己的图书馆。

图1 "三优园"公益图书馆阅览室近景①

　　2006 年 8 月 25 日，"三优园"正式向社会开放。此后，每周日都会免费开馆，从下午 2：30 开放至 5：30。开馆时，日均接待读者二三十人，他们大部分是学生，有宁都中学、二中、三中的，还有宁都一小、二小、附小等学校的（见图 2）。很多中小学生周末就来这里看书，没看完的还可以借走看。当然也有成人来这里借书，因为这里人较多，成人一般借书回家看。每逢寒暑假，一些宁都中学的校友们还会以"三优园"为落脚点聚会，他们从外地回来坐在一起互相交流各自的学习、生活情况，以及各自的读书体会。春节期间，"三优园"还专门聘请某方面取得成就的回乡人士，参与新老读者座谈会。

图2 2014 年春在"三优园"公益图书馆看书的孩子们②

　　①② 图片来源：寇砚平．介绍在宁都开了 7 年的公益图书馆［EB/OL］．百度贴吧，（2014-05-11）［2015-12-28］．http://tieba.baidu.com/p/3035975057．

截至 2013 年底，"三优园"公益图书馆藏书达 3500 册（含未上架的捐赠书籍），总价 6 万余元；接受捐款人民币约 5 万元，美元 1825 元；来图书馆服务的志愿者捐工 4050 小时，来图书馆阅读的读者人数 4585 人次，外借书籍（有书面登记的）5038 册次[1]。

2　走访"三优园"的机缘

我们与黄水发相识是 2014 年，一年来，我们通过电话、邮件多次联系过。2015 年 7 月 11 日至 13 日，第二届"民间图书馆论坛（2015）"在北京亦庄召开，黄水发受邀前来参加会议，我们缘此第一次见面。我们还记得他作为参会代表，在论坛闭幕式上发表了激情洋溢的感言（见图 3）。黄水发说参加本次论坛，让民间图书馆代表们有了归属感、荣誉感、使命感，大家应共同努力，推动民间图书馆的自身发展再上一个台阶。

图 3　黄水发在 2015 年民间图书馆论坛上发言

2015 年 9 月，黄水发向民间图书馆协会筹备组提交了"乡村图书馆、校园图书角、家庭书架网建设"项目的申请书。申请获批后，浙江乐易网络科技有限公司为"三优园"、宁都县固村镇中旻完小及其下辖上旻、岚溪 2 个教学点提供资助经费，民间图书馆协会筹备组为其选配图书角用书和书架。11 月，1503 册图书角图书以及 12 个图书角书架顺利到位。

2015 年 12 月 2 日至 5 日，民间图书馆协会筹备组的王子舟、戴靖、邱璐前往江西省赣州市宁都县进行项目走访工作，即签订协议、进行阅读推广活动的教师培训等。12 月 2 日晚，我们从北京抵达赣州市，与中国小微企业家创新发展协会（筹）江西分会的慈善中心主任高晓燕、秘书长江昱廷以及浙江乐易网络科技有限公司董事长钱忠等三人会面。当晚住宿在赣州市。

12月3日早晨8：00，我们在赣州市汇合的一行人，分乘中国小微企业家创新发展协会（筹）江西分会安排的两辆小车走高速公路前往宁都县。10：10，在宁都县高速公路出口与黄水发等迎接人员碰头后，直接赶往项目点固村镇中县完小。中县完小地属山区，距宁都县城50余公里，所在地有中县、上县、里村、岚溪等4个行政村共16个自然村的孩子在该完小上学。学校设学前班和一至五年级，有学生144人，其中大部分为留守儿童。学前班一个班36人，一年级一个班35人（足龄生27人，不足龄8人），二年级一个班18人，三年级一个班13人，四年级一个班26人，五年级一个班16人。上午10：40，我们到达中县完小后，随即参加了由黄水发主持的简短的图书捐赠仪式，考察了各个教室里的图书角安排情况。我们为每个班级各配了100册书、一个书架。另给上县教学点两个年级两个班各配了80册书、一个书架，给岚溪教学点三个年级三个班各配了80册书、一个书架。

午后，我们与中县完小以及固村镇其他小学老师代表进行了"乡村图书馆、校园图书角、家庭书架网建设"项目运行理念与方法的座谈。座谈结束，高晓燕、江昱廷开车送浙江乐易网络科技有限公司董事长钱忠等三人返回赣州市，王子舟、邱璐、戴靖等三人随黄水发乘坐"三优园"志愿者赖蓉蓉、严漪文的小车，继续走访中县完小下辖教学点岚溪小学。岚溪小学有一至三年级学生16人，教师3人。这里的校舍更为简陋，院子杂草丛生。我们与岚溪小学老师进行了座谈。

下午约17：00，我们返回宁都县，到黄水发的"三优园"进行了访问，了解"三优园"藏书组织、业务管理、服务活动等情况。晚饭后，黄水发又带领我们到了"三优园"的分馆——"在这读书图书馆"（以下简称"在这"）。它是由"三优园"的志愿者在"三优园"影响下独立创办的分馆，位于宁都县工会的惠苑大厦三楼，即在"旧车站咖啡厅"的楼上。当晚我们观摩了"在这"开展的亲子阅读、家长沙龙活动。

12月4日上午，我们随黄水发、"三优园"志愿者赖蓉蓉、罗致文等去了小布镇，到小布中小学做调研。下午，我们在宁都一中会议室与该校的"晓园"文学社师生进行了读书座谈。晚上再度来到"在这"，与"三优园"的志愿者们进行座谈，了解"在这"开办的情况以及发展设想。5日中午，中国小微企业家创新发展协会（筹）江西分会的高晓燕、江昱廷开车来接我们离开宁都县，下午返回赣州市。当晚，我们三人踏上返京的回程。

3　黄水发与他的"园丁"们

三天的走访和朝夕相处，我们与黄水发成为无话不谈的好朋友。我们对黄水发也有了更深一层的了解。黄水发虽然出身农家，但父亲黄品隆先生是一位读书人，家里书房摆满了书籍。父亲生前经常鼓励家人及亲友读书。黄水发办公益图书馆，也是想继承父亲心愿，把自家的书房变成社会的书房，以供所有读书爱好者一起学会读书，学会做事，学会做人。

黄水发（1954—），1973 至 1976 年曾在宁都县固村公社中旻村小任民办教师，1982 年后，先后担任过固村中学教导主任、校长，宁都县二中和宁都中学副校长等职务，2014 年 11 月办理了退休手续。黄水发的夫人巫珍秀也是老师，在宁都二中教生物兼任校医工作。黄水发夫妇有一个女儿叫黄华腾，1985 年生人。她从小爱阅读，自学能力强，曾在小学、初中各跳一级，2000 年考入合肥的中国科学技术大学少年班。大学毕业后黄华腾赴美留学，入密歇根大学专攻生物学方面的硕博连读学位，现已获博士学位，在美国从事科研工作。

创办公益图书馆，黄水发的夫人、女儿都非常支持。远在异国他乡的女儿黄华腾于 2006 年开始工作起，承诺每天为"三优园"捐助 1 美元。前文所述及的"三优园"获得的 1825 美元捐款，就是黄华腾从"三优园"创办至 2011 年所捐出的。最近，她又捐出 10000 元人民币购书，放置于"在这"。"三优园"的发展，还得到了社会各界尤其是宁都中学校友们的支持，为"三优园"捐赠图书达千元以上的个人就有向善诚、宁忠、定慧、李春莲等许多人。

"三优园"由志愿者承担日常管理，这是其运行的一大特色。所有"三优园"志愿者都有一个十分好听的名字——"园丁"。"三优园"平时开放采取轮值主席负责制，即依照中小学校学期，每学期从现有"园丁"中选出一人来做该学期的轮值主席，由其安排图书馆的内外事务，制定每周日下午开馆的"园丁"值班表。每位值班的"园丁"配有钥匙，可随时来馆开门借阅书籍。近九年来，先后担任轮值主席的有校友文东、黄敏、赖星群、张宜艳、黎彬彬、包骏等，作为"园丁"，他们为"三优园"日常管理付出了不少汗水。

"园丁"做义工是自愿的，值日排班也是自发的。几年来，这里的"园丁"人来人往，不断有新的加入者，新旧"园丁"加在一起有百余人。有些"园丁"长期来"三优园"做义工，义工工时达到或接近 100 小时的，有巫珍秀、陈庆文、龚超、何小平、王承川、刘桂荣、罗丹、黎彬彬、赖星群、黄敏、李娟、张宜艳、黄丹华、郑芸妍、包骏、刘海峰、文东等一大批人，他们中大多都是宁都中学的校友[1]。"园丁"陈庆文（见图 4）说："最初来这里当志愿者的，多是黄老师的同事、亲友。黄老师的真诚、奉献感动了大家，我们都是受到黄老师的感染，才来做志愿者的。"[2]

"园丁"们对图书馆的管理是全方位的，不仅负责打扫卫生、整理书架、开馆借阅、组织活动，还要兼顾其他。如看到水龙头坏了，就要修水龙头；看到灯管不亮了，就要买来新的换上。2013 年过春节时，一名"园丁"还亲自写了一副对联贴在"三优园"的门口："梅江河畔听涛声送走美好往事，三优园里看群书迎接多彩未来。"[2]

"园丁"文东是我们考察"三优园"的接待者，他毕业于华东师范大学哲学系，现在宁都中学教语文。作为"三优园"的资深志愿者，文东已在这里做义工数年。他向我们介绍说，在"三优园"里做义工能接触到各种各样的人，包括聋哑人、僧人。他发现，所有来到这里的人，都是有爱心有善心的人，大家来到这里才有了与更多志同道合者接触、交流的机会。文东说，有的义工在这里经过一段时间的精神沉淀后，还开启了新的人生路程。如 2007 年宁都中学毕业的包骏，从外地回来就经常在"三优园"里看书，他很爱与其他"园丁"、读者进行交流，经过认真准备，他选择开办一个装修公司，现在一年的营业额已有 100 多万。包骏现在还是"三

图 4 志愿者陈庆文在整理馆里图书①

---

① 图片来源：曾嵘峰．宁都一教师办家庭图书馆［EB/OL］．中国赣州网，（2013-06-18）［2015-12-28］．http://www.newskj.com/news/system/2013/06/18/001131065.shtml．

优园"的"园丁"，要是图书馆的窗帘、水龙头、电风扇等坏了，他会马上赶来修整。还有另一位"园丁"刘海峰，他开设了一个"青都工作室"，每年春节期间都组织召开一次"青都年会"，让回乡的宁都人把自己在外面的亲身经历与大家分享，使每个回乡人有机会释放自己的能量并传导给他人。

我们离开宁都县时，还收到了"园丁"赖蓉蓉的一条长微信。她是从大山中岚溪小学走出来的，现任宁都县教育局招考办副主任，是连续三天陪伴我们的志愿者。她在微信里说："记得特蕾莎修女说过一句话：'我们不能做伟大的事情，但我们可以怀着美好的梦想做小事。'我将继续做好'三优园'的志愿者，带孩子到那里读书，我将关注岚溪小学图书角项目的运行，因为岚溪是我的故乡。"

4 "三优园"的分馆——"在这"

"在这"是 2015 年 9 月底刚成立的"三优园"的分馆。通过 12 月 3 日、4 日两个晚上到"在这"的观摩、座谈，我们对"在这"的开办情况有了较为清晰的了解。

"在这"是由"三优园"的三位"园丁"严漪文、刘海峰、罗致文共同创办的。严漪文（1984—）是宁都二中毕业的，现开着一家电脑商店，经营效益不错，以前代理三星电子产品时，营业额曾做到全省前三名。他已经成家，在宁都有房有车。他比刘海峰、罗致文大好几岁，是他最早产生了做针对少年儿童学习培训、推广阅读项目的想法。刘海峰（1989—）是宁都中学毕业的，热爱摄影，有个摄影工作室，每个月也能接十几个结婚摄影的单子，跑得勤快点，一个月收入能过万，他还是"青都工作室""青都年会"的创办者与发起者。罗致文（1991—）也是宁都中学毕业的，热爱古筝艺术，现在办着古筝培训班，有小学员 100 多人，月收入也过万元。严漪文、刘海峰、罗致文都是在"三优园"做志愿者中相识的。

2015 年 7 月底，黄水发参加完北京的"民间图书馆论坛（2015）"回到宁都时，严漪文就找黄老师谈了要和几个年轻人办一个集学习阅读、文化活动、开放交流、空间共享、项目孵化为一体的新型图书馆。严漪文、刘海峰、罗致文的想法得到了黄水发的赞许与支持。8 月初，三位年轻人就在县工会惠苑大厦三楼租下一套140 平方米的住房，接着开始了为期一个半月的装修。他们自己动手，泥工、木工、油漆工、水电工活都亲自干。看着自己想要的一个公共空间日渐成型，所有

图 5 "在这"晚上活动场所一角

参与者都有一种充实感与成就感。房子装修完毕，三位年轻人给自己的新居起了一个朴素的名称"在这"。他们希望人们可以在这里儿阅读、学习，看电影、听音乐，开分享会、读书会，分享摄影艺术，甚至边喝饮品边优雅地办公。"在这"从 9 月底开始对外免费开放服务：每天上午 9：00 到 11：30，下午 13：30 到 16：30，晚上 19：30 到 21：00（见图 5）。

为支持"在这"，黄水发从"三优园"里分出一部分书来充实"在这"，这其中就包括由浙江乐易网络科技有限公司捐助、民间图书馆协会筹备组配送的 503 册最新少儿读物。12 月 3 日晚上 19：30—21：00，我们参加"在这"的亲子阅读与艺术欣赏活动时，看到了孩子们踊跃地阅读着我们选送的绘本，有的家长还与孩子依偎一起，给孩子讲绘本故事（见图 6）。

12 月 4 日晚上 19：30—21：00，我们再度来到"在这"，与"在这"的创办者、

图 6 家长和孩子在"在这"的绘本小屋看书

志愿者们一起座谈其今后发展方向与规划。在这次座谈中，创办者之一刘海峰谈到了他参与"在这"的原因。他说小时候有次进新华书店看书，结果却被赶了出来。后来他就让妈妈领着进书店，可妈妈主要还是给他买教学参考书，其实他是喜欢《伊索寓言》《安徒生童话》之类的读物。所以，对于孩子的成长来说，他感到阅读环境、阅读引路人都是很重要的因素。他们办这样一个阅读空间，就是想让孩子们有个能读书的地方，而且还能读到好书。

在座谈中，王子舟代表民间图书馆协会筹备组提出了两个问题：一是"在这"是走纯公益还是公益与营利结合的道路？因为创办人都是经营人才、年轻的企业主，创办"在这"时是怎样考虑公益与营利之间界线的？二是"在这"今后的发展定位是什么？图书、阅读在"在这"的空间中占据怎样的地位？

严漪文告诉大家，"在这"今后的方向是走公益的道路，不过运行是有成本的，如每月房租 1000 元，还有志愿者的劳务付出等，因此，"在这"的基础服务是免费的，诸如图书借阅、空间使用、艺术赏析、家长沙龙、读书会与分享会等，甚至供应的饮品都只收成本费。但"在这"微信公众号推出的一些少儿艺术培训班、家庭教育系列讲座等深度服务，可能会有一些收费，目前他们还没开展这些项目，还是以公益为主。另外，图书、阅读项目是"在这"平台的主要内容之一，它是"在这""分享"理念的重要体现。"在这"以后还会通过图书管理系统了解每一本书的阅读量、每位读者的参与度等数据，通过手机平台让大家分享这些数据信息，最终利用互联网实现宁都县几家民间图书馆的图书通借通还。

5　"三优园"的发展理念和前景

2015 年 7 月 13 日，"民间图书馆论坛（2015）"主办方曾发过一个调查问卷，其中有一个问题是："办公益图书馆对创建人自身有什么益处？"记得黄水发是这样填写的："阅读惠及了我自己，也是我教育孩子的主要方法。通过阅读，可以将'自乐'与'他乐'结合起来，何乐不为？办图书馆就是可以让更多的人来阅读、来受益，也应了老子'行不言之教'的话。"调查问卷里还有一个问题是："今后你还要坚持把图书馆办下去吗？"黄水发老师写道："会坚持办下去。即使有那么一天，电子书籍取代了纸质书，我已准备好将纸质书当作收藏品。"

在三天的接触与交谈中，我们很想了解黄水发历经九年的办馆实践，他有着怎样的办馆感触、办馆理念，也十分关心未来"三优园"的发展，想知道他对未来公益图书馆的发展有何设想。说起办馆感触、办馆理念，黄水发对我们谈了以下三点：

其一，找到更多的志同道合者。太聪明的人不适合做此事，因为他们会认为这是不屑一顾的事，不赚钱还白费时间，在做傻事；太愚蠢的人也不行，因为他们悟不到这里的意义所在。所以我办公益图书馆，就是要结识既不太聪明也不太愚蠢的人来一起做。这些人认准了，将能坚持到底的，不易受来自方方面面的诱惑的影响。

其二，心诚则事成，即要正确看待发展与成功。自己做的事能在当地引起其他读书场所发展变化了，那也是自己的成功。如以前宁都县新华书店只有买书的人才能进去，不买书的在里面翻书是不允许的。但是"三优园"办起来后，经常有人在"宁都州人"网上对"三优园"点赞，批评新华书店，新华书店也开始改变服务态度，让人们随意出入书店、随意翻书了，后来还改善了阅读环境，增加了一些座位，安装了空调。我觉得新华书店变好了，比我做得好，还更有作用。

其三，办出特色，即做其他图书馆没有而社会需要的事。比如说"三优园"将民间图书馆协会筹备组发来的适合少儿阅读的绘本书送到"在这"，设立绘本阅览专室，就是要将"在这"打造成一个亲子阅读的公共空间，与其他亲子活动空间融为一体，互相借力，发挥最大作用。

说起未来公益图书馆的发展，黄水发讲自己有个很大的计划，他在老家固村镇中畲村的古溪自然村，建设了一个"三优园"的乡村教育基地——"溪山居"。"溪山居"离宁都县城有 60 公里，位于宁都与石城交界处，依山傍水，背靠尖峰崒，坐落于东西两条溪流交汇处。同"三优园"一样，古溪教育基地也凝聚了黄水发的心血及校友、社会热心人士的爱心，如江西财经大学温锐教授除慷慨解囊外，还为溪山居的建设提供了 6 万元的无息借款；"文革"时在此当知青的赣州刘惟智先生，不仅参加了溪山居的奠基典礼而且还捐了款。"溪山居"占地面积约有 3 亩，是一栋三层砖混结构的楼房，建筑面积约达 530 平方米，内设公益图书馆、陈列室、娱乐活动室，以及管理和接待的生活用房等[1]。"溪山居"的建设工程已于 2012 年冬完成，现在正在进行装修。

黄水发向我们介绍："溪山居"面向社会开放后，它将成为在外务工与创业游子们的精神家园，曾在此生活过今又故地重游人们的接待站，连接城市和乡村并让城里人体验田野生活的农舍，"知行合一"家庭亲子教育的劳动场地，留守儿童身心教育的第二课堂，人格修养的国学教育点，以及保存社会记忆的村史民俗陈列馆，村民休闲娱乐的文娱活动中心。"三优园"读书、做事、做人"三优"的理想，将在这里得到淋漓尽致的体现与延伸。

黄水发的这些做法与想法，让我们联想起明末清初学者文人隐居宁都翠微峰所办的"易堂"。明亡之际，文学家魏兆凤削发隐居险峻难至的翠微峰上，名其居室曰"易堂"。魏兆凤的儿子魏际瑞、魏禧、魏礼以及友朋彭士望、林时益、李腾蛟、邱维屏、彭任、曾灿等曾讲学于此，他们砥砺气节，提倡实学，被世人称为"易堂九子"。作为一个民间文学社团，他们对宁都的文化有着深远的影响。史学家陈寅恪先生年少时，就对"易堂九子"故事有深刻印象，他晚年感慨曰："魏丘诸子值明清嬗蜕之际，犹能兄弟戚友保聚一地，相与从容讲文论学于乾撼坤岌之际，不谓为天下之至乐大幸，不可也。"[3] 如今，随着中国城市化步伐的加快，大批乡村人口涌入城市，乡村文化活动大幅减少。然而，"三优园""在这"与"溪山居"的重现，不就是宁都人一种尚古崇文精神的复活吗？

参考文献

［1］寔砚平 . 三优园：一块凝聚宁中校友的园地［EB/OL］. 廖坚的博客，（2015-05-11）［2015-12-20］. http：//blog.sina.com.cn/s/blog_8a16ceb20101fzli. html.

［2］曾嵘峰 . 宁都一教师办家庭图书馆，7 年来免费提供学生和市民［EB/OL］. 赣南林业，（2013-06-18）［2015-12-20］. http：//www.gnly.gov.cn/bencandy.php?fid=222&id=111535.

［3］陈寅恪 . 赠蒋秉南序［M］// 陈寅恪 . 寒柳堂集 . 上海：上海古籍出版社，1980：162.

作者：王子舟、邱璐、戴靖，原载《山东图书馆学刊》2016 年 2 期

第 **11** 篇

"农家小女子"的文化大情怀

——河北内丘县内丘镇北永安村农家女书社

1　农家女书社的往事

　　房红霞（见图1）创办的农家女书社在河北省内丘县内丘镇北永安村。内丘县位于太行山东麓，隶属于河北省南部邢台市。古代名医扁鹊的封地就在这里，他的墓地在我们要去的内丘镇北永安村西北23公里处的神头村扁鹊庙（又称"扁鹊祠"）。据说扁鹊墓里仅埋藏着扁鹊的头颅，故所在村子名为"神头村"。扁鹊经常采药于山间，至今内丘县还盛产中草药。北永安村地处内丘镇西2公里，紧邻县城和S328省道，属于城乡接合部地带。农作物主要种植小麦、玉米、花生等，养殖业以养鸡为主。

　　北永安村的农家女书社成立于 2009 年 1 月 13 日，是由香港

图1　2015年5月房红霞在云峰山留影①

　　①　图片来源：房红霞.我和薰衣草有个约会［EB/OL］.农家小女子博客，（2015−07−06）［2017−03−29］.http://blog.sina.com.cn/s/blog_4e2b43390102w33q.html.

乐施会资助、北京农家女文化发展中心开发的一个公益项目。此前一个偶然机会，平时爱读书的房红霞看到了一份面向农村妇女创办的杂志《农家女》，又因订阅《农家女》而结识了时任《中国妇女报》副主编、《农家女》杂志主编的谢丽华女士，同时了解到谢丽华创办了一个专为农村妇女发展服务的公益机构"北京农家女文化发展中心"。2008 年，当她看到该机构在全国招募农家女书社项目时，即申请在自己的村里建一个农家女书社。后经北京农家女文化发展中心项目官员的考察，终于获批成立[1]。香港乐施会为北永安村的农家女书社资助了 3000 册图书，而且每年还资助书社骨干两三人到北京接受北京农家女文化发展中心项目培训。房红霞则让出家里的近 20 平方米的东厢房作为书社的空间，并以 5 名骨干姐妹为基础组成了一个十几人的书社团队，自己买了 5 个铁书架，5 套桌椅（北京农家女文化发展中心支持 1500 元钱购买），粉刷房子，将书分类上架就办起了这个乡村图书馆——农家女书社（见图 2）。

按照北京农家女文化发展中心谢丽华的解释，农家女书社以书为媒，实际上是面向农村妇女的一个读书阅览室、一个文化活动站、一个咨询服务中心、一个心灵歇息的港湾，同时也是一个让姐妹们施展才华的舞台[2]。创办初期，房红霞和书社的骨干为了汇聚人气，除了平时轮班值日，面向村民开放图书借阅，还利用春节农闲搞起了村里有史以来的第一次"农家女趣味运动会"，吸引了三乡五里的好多村民前来观看。半年之内，先后请来城里的美容师到书社办美容知识讲座，请来养殖专家做养鸡知识培

图 2　2009 年 1 月妇女们在农家女书社成立仪式上做游戏①

---

① 图片来源：房红霞.北永安农家女书社揭牌了［EB/OL］.农家小女子博客，（2009-01-15）［2017-03-29］.http://blog.sina.com.cn/s/blog_4e2b43390100dfy9.html.

训，联系计生干部开展计划生育知识竞赛等，大大小小搞了六次活动。不到一年，书社的社会影响力日渐扩大，图书外借量突破了 1000 册。

2010 年，村委会大院盖起了崭新的办公室，并专门拨出会议室旁一间 20 平方米的房间供农家女书社使用。2012 年村里又将上级安排的农家书屋与农家女书社合在一处，一下为农家女书社补充了不少新书，书社藏书增至 4000 多册。书社每天上午 8：00 至 10：00、晚上 7：30 至 9：30 开放，由专人分组轮流值班。2013 年图书外借量一下达到了 1500 册。

在房红霞的带领下，书社通过开展春节联欢会、征文比赛、三八辩论赛、母亲节婆媳春游等活动，鼓励北永安村姐妹们读书学习，甚至好多邻村的妇女也慕名前来借阅书籍。看书的人多了，大家也因读书掌握了许多致富技能，村里多了养鸡大户，每个养鸡场达到了 4000—5000 只的规模，北永安村成为养鸡专业村，每户人均年收入达到了 5000 余元。此外，北京农家女文化发展中心为了加强各地书社的交流，还创办了《书女》简报，大伙儿积极尝试文学创作，许多作品还发表在简报上。村里打麻将的少了，看书的多了，婆媳之间、邻里之间的矛盾也比以前少多了[3]。

2015 年以来，随着智能手机在农村的普及，书社图书的年借阅量下降到 1000 册以下。为了开展更加深入的文化服务活动，2015 年 6 月 10 日，房红霞为农家女书社注册了民办非企业单位"北永安巾帼家园服务中心"，主管部门是内丘县妇联。这样一来，农家女书社就能以法人的身份与公益组织合作，开发更加多样的文化活动项目，有利于被纳入政府购买公共文化服务的工作安排中，增加书社发展的活力。2015 年底，农家女书社成功地向民间图书馆协会筹备组申请到了"乡村家庭阅读点"的项目。

2　走访农家女书社的机缘

早在 2010 年 12 月 4 日，王子舟、戴靖、吴汉华等从事民间图书馆调研的团队就曾与心平公益基金会的胡明光来到过北永安村，了解农家女书社的情况。那时北永安村的农家女书社还办在房红霞的家里，记得书社的主要骨干社员们还专门和调研团队座谈了一次。房红霞和她的姐妹们介绍了书社近两年的运行情况，她们谈起取得的成绩时无不喜形于色。只是行色匆匆,调研团队只待了一个下午就前往永年县,去参加故城村梅花拳交流大会暨梅花拳图书室成立仪式,但那次的调研,农家女书社所做的事情给调研团队留下了深刻的印象。

第二次与房红霞见面是在 2014 年 12 月 19 日北京昌平区崔村镇大辛峰村圣学图书馆的"引导阅读兴趣小型培训"上,该培训活动由青树教育基金会和民间图书馆筹备组合作举办,房红霞也前来参加,她与戴靖、邱璐、吴汉华、王子舟又一次就开展乡村阅读活动交流了看法。

2015 年 7 月 11 日至 13 日,房红霞受邀到北京参加第二届民间图书馆论坛,我们第三次得以相见。房红霞在论坛上积极发言,介绍农家女书社的经验,得到了与会者的赞许。她用本地俗语说"娶个好媳妇富三代",给大家留下很深的印象。当论坛公布"合万邦小微公益基金"专门资助各地民间图书馆小型创新项目后,房红霞与民间图书馆协会筹备组讨论商议,决定以她的农家女书社为依托,在自己的北永安村建立数个家庭阅读点。

2015 年 9 月,房红霞提交的乡村家庭阅读点建设项目得到了批准。该项目的内容是以乡村民间图书馆为"根据地",在北永安村挑选适宜的 8 个家庭(特别是有留守儿童的)建立家庭阅读点,使其成为乡村图书馆的"末梢神经"。项目组为被选择出来的每个家庭提供一个小书架,按其阅读人口、年龄、性别精准配置100 册左右的适宜读物。家庭阅读点的图书,不光方便自家阅读,还可以推荐给朋友、同学、邻居阅读,以家庭带动邻里,共同营造乡村的阅读环境和氛围,促进乡村阅读环境的改善。项目还要求各家庭阅读点做好图书借阅登记与管理,一年左右,乡村图书馆负责将每个阅读点图书再轮换一次。

2015 年 12 月底,民间图书馆协会筹备组为北永安村农家女书社配置了 8 个小书架、800 册图书(码洋 17564.90 元),并提供了 8000 元运行费的资助。当小书架和书籍进入村民家庭时,这些家庭的村民十分兴奋。阅读点家庭的孔如霞说:"以前家里条件不好,没钱给孩子买书,现在有了小书架,终于圆了孩子的读书梦。"阅读点家庭的刘庆林说:"配的书特别适合我家孩子这个年龄段,现在孩子一放学就去书架上找书看。"[4](见图 3)

北永安村的家庭阅读点运行半年后,看到家庭小书架及图书所在家庭的孩子

图3　2015 年底 10 岁的刘哲家里搬进来了小书架①

不仅形成了良好读书习惯，还带动了同学、邻里借阅的积极性，房红霞和农家女书社的姐妹们于是专门给这 8 个阅读点家庭颁发了"书香家庭"的标牌。在此基础上，她们通过联系北京步印文化传播有限公司，获得了该公司 3 万元码洋的图书捐赠，2016 年 8 月在北永安村又建立了 10 个家庭阅读点，为每家配备了一个小书架和平均 60 册左右的书籍。

2017 年 3 月初，为了解北永安村家庭阅读点项目运行一年之后的实际效果，民间图书馆协会筹备组决定派人前往内丘县北永安村进行项目回访调研。

3　农家女书社的家庭阅读点

2017 年 3 月 17 日傍晚，民间图书馆协会筹备组的王子舟、邱璐，及北京大学研究生志愿者张晓芳、张歌四人，从北京西客站乘车到河北省邢台东站，然后转汽车到内丘县，住宿在内丘县城旅馆。次日早上 8 点多，我们来到了北永安村。先考察了位于村委会大院的"农家女书社"，然后在房红霞、刘淑婷的带领下，用一天的时间走访 8 个运行一年的家庭阅读点，上、下午各走访了 4 个家庭阅读点。由于是周六，故家长和孩子们也基本上在家。

上午走访的第一家，户主是刘淑婷（55 岁），书社骨干，家就在书社对面（见图 4）。她的二儿子刘洪昌（29 岁）和二儿媳杨媛媛（27 岁），孙女刘鑫怡（8 岁，上小学二年级）、孙子刘子瑞（3 岁）和她生活在一起。我们去时，除了刘洪昌在外打工外，家里人都在家。杨媛媛说，她以前在县里私立幼儿园、小学都当过老师，现在村里开淘宝超市。家里客厅配了小书架与 100 册书籍后，全家人都很高兴。绘本多，两个孩子都很爱看。平时闲暇或晚上睡觉前，她会给孩子们讲绘本

---

①　图片来源：房红霞 . 推进家庭小书架建设，打造书香村庄［EB/OL］. 农家小女子博客，（2016−01−04）［2017−03−29］. http://blog.sina.com.cn/s/blog_4e2b43390102wfer.html.

故事。特别是刘鑫怡，以往不爱说话，上课不敢发言，一讲话就紧张，但是参加了家庭阅读点成员的每月一次读书沙龙后，孩子们在一起念读后感，唱歌跳舞，一年下来现在也慢慢敢发言、敢讲话了。平时她们家的书，也有邻居来借阅，甚至其他村里的人还远道来借。杨媛媛说，有人来借书，反倒对自己家的孩子是个促进，孩子们看书的积极性更大了。

图4 书社骨干刘淑婷（抱孩子者）和我们一起在她家留影

第二家，户主是孔如霞（43岁）。丈夫刘青春（42岁）以前在北京首都机场生活小区当保安，去年夏天因癌症发病去世，家中失去了主要经济来源。大女儿刘子伟（18岁）去年考上了河北农业大学，房红霞在书社微信群中为其上学募捐爱心善款近2万元。二女儿刘子同（12岁）在上小学五年级，婆婆（85岁）跟她们一起生活。孔如霞目前不工作，在家照顾老小，主要收入靠低保。小书架就放在刘子同的卧室里，刘子同比较腼腆、内向。她告诉我们，她已经看完了小书架上一半的书籍，平时同学还来她家借书看。虽然姐姐上了大学，但姐姐不怎么爱看书，因上高中住校，还不如她看得多。我们问她喜欢小书架上的哪些书，刘子同说《淘气包马小跳》系列的挺好。我们注意到，客厅墙上贴着许多子同的三好学生奖状，于是问她自己感到在班级里学习成绩如何，子同说，全班有56人，她在班里学习成绩算是前十名里的吧。

第三家，户主是刘爱花（43岁），她在不远的县城超市打工。丈夫刘永魁（44

图5　15岁的刘霄向我们介绍她的小书架藏书

岁）远在贵州煤矿打工。大女儿刘然（22岁）现已在秦皇岛燕山大学上大四，学测控与仪器专业；二女儿刘霄（15岁）上初中三年级。刘霄告诉我们：她平时住校，每次去学校都会带小书架的书，看完了的书会借给同学，关系近的同学还知道她家中有小书架，小书架放在她的房间里（见图5）。

她很喜欢《梧桐街上的梅子》《猫王》《一滴泪珠掰两瓣》《阳光姐姐小书房》等书，也喜欢看科学类的书，当然自己会买《意林》等。她很爱惜图书，担心其他同学折书角，特备有小书夹给同学用。刘霄是个开朗的女孩，母亲刘爱花说她从小的特长是会说话，上课时爱举手发言。她写的作文大多会受到老师的表扬，并让在同学中传阅。我们问刘霄的学习成绩怎样，刘霄谦虚地说在班里排在中上等吧。她还告诉我们，妈妈也喜欢看小书架上的书。

第四家，户主是刘淑坤（35岁），在超市打工。丈夫刘振中（36岁）是开勾机的，喜欢汽修、机械等方面的书籍。大女儿刘怡轩（13岁）上初中一年级，二女儿刘怡杉（8岁）上小学二年级，公公刘二皂（62岁）曾在村里做过20年支书，会书法，村民写对联都找他，他还研究村历史，抄下村里官房的碑文做历史人口比较分析。家中主要收入靠刘淑坤两口子打工，两个孩子由爷爷负责上学接送和辅导作业。小书架在家里受到全家喜爱，摆放在窗明几净的客厅里（见图6）。孩子和爸妈、爷爷都挑书看。爷爷刘二皂说，家里

图6　2016年2月刘二皂与孙女们一起阅读①

① 图片来源：2016年2月24日北永安村农家女书社提供。

进来了小书架是他家的荣耀，他爱看中国历史和古典的书，两个孩子爱看外国题材的书，"哪天不看书，不能算过一天"。姐妹俩说，姐姐喜欢漫画和寻宝的书、杨红樱的书，妹妹喜欢绘本，如《我是一条快乐的鱼》。刘怡轩说，她已经看了小书架上三分之一的书，有些书在同学中传来传去。刘怡杉说，她喜欢看画画的书，最喜欢一副樱花图。她还爱唱歌、跳舞。

中午时分，民间图书馆协会筹备组成员与房红霞等几个村民在村中新开的一个农家乐小餐馆进餐。下午大家在房红霞、刘淑婷的引导下接着走访家庭阅读点。

第五家，户主是南丽丽（32 岁），高中毕业。丈夫韩光伟（32 岁）是做汽车保养工作的个体户，南丽丽平时也帮助丈夫打下手。婆婆没有文化，也和她们住一起。家中有几亩地，农活也比较多。女儿韩一喏（9 岁）上小学三年级，儿子韩明轩（3 岁）上幼儿园（见图 7）。南丽丽说，小书架帮了不少忙，她可以给孩子们讲绘本故事，孩子有时忽然会说出书上的词语，如"五颜六色的，像彩虹""这是我的秘密，不能看"。韩一喏说，她喜欢郑渊洁写的书、杨红樱写的书。她和妈妈去县城时，还让妈妈给她买杨红樱《淘气包马小跳》系列的书。村里的小朋友知道她家里有小书架，所以也会来她家借书看。她自己喜欢语文，但在班里做数学课代表。临走时，我们发现客厅墙壁上贴着许多韩一喏的奖状，看得出来，她也是一个好学的孩子。

图 7 南丽丽及其孩子们与我们合影

第六家，户主是闫敏（34岁），在超市打工，喜欢读书。丈夫刘建雄（35岁）在山东打工作电焊工。大女儿刘诗琪（12岁）上小学六年级，喜欢作文，看过四大名著，在班里学习成绩排前三四名。二女儿刘妍棋（6岁）上小学一年级。闫敏说，两个孩子晚上9点睡觉前都要拿本书看。开家长会时，老师说感觉到刘诗琪一年来发生了变化，以前课堂上很少发言，现在比以前积极多了。刘诗琪说，她的同学和一些好朋友知道她家有小书架，也跟她借书看。过两天，刘诗琪还要参加一个班级朗诵会，在我们的要求下，她给我们字正腔圆地朗诵了一篇她准备的朗诵稿（见图8）。

图8　12岁的刘诗琪为我们朗诵她的诗作

第七家，户主是刘艳芳（35岁）。丈夫刘建强（35岁）在县城驾校打工。今天夫妻俩有事都去了邢台，只有孩子的奶奶在家，奶奶是文盲，和儿子、儿媳一家住在一起。大孙女刘雨朔（13岁）上初中一年级，平时五天住校，下午刚离家返校。二孙女刘雨萌（8岁）上小学二年级，孙子刘昱翔（3岁），他俩在家。刘雨萌告诉我们，她喜欢语文课，卧室里小书架上的书已经看了近一半，爱看有关动物的书（见图9）。每天晚上妈妈会给他们一起看绘本。当我们问道平时带书去学校吗？刘雨萌不好意思地说，妈妈不让，妈妈嘱咐要好好保存别弄丢了。我们告诉她，还是应该和大家分享自己小书架上的图书，因为这些书都是好心人捐款买来的，希望更多的人能看，以获得知识的帮助。在我们聊天中，

图9　8岁的刘雨萌向我们介绍她喜欢的书

三岁的刘昱翔从书架上抽出一本书念念有词，他说有些书是跟妈妈一起看的。

第八家，户主是韩如霞（35 岁），在县服装厂打工。丈夫刘红宾（36 岁）在县家具店打工，两个人月收入五六千元。我们去时夫妻俩在外面上班，只有公公刘庆林（64 岁）、儿子刘哲（11 岁）在家。刘庆林是县盐业管理所退休干部，平时喜欢练习书法，爱写行草。他负责接送孙子刘哲上学，辅导做作业。小书架放在刘哲房间里，屋内明亮整洁，布置雅致。刘庆林介绍，刘哲现在上小学五年级，在班中学习成绩排上游，前十名，数学和英语比较好。有的同学知道他有小书架，邻居和亲戚也来借书，有的同学为了看书还主动与刘哲结成好朋友。刘哲告诉我们，小书架上的书已经看过一半了，平时不往学校带书，只是在家里看。刘庆林说，刘哲是个内向的孩子，平时上课不怎么发言，自从参加每月一次的家庭阅读点读书沙龙后，现在也敢发言了。刘哲拿出他写的读后感给我们看，已经有一沓了。

在本次走访中，我们每进一家农户的大门，右门墙上都贴着一块"书香家庭"的小牌子，一问得知，这是农家女书社授予的。旁边还贴着一张雕版印刷的"喜神"神码，下面有个供烧香的小盒，寓意开门见喜、抬头见喜。书香家庭标牌与"喜神"神码同时出现在大院门墙上，村民们并不觉得冲突，我们也觉得没什么不和谐之处。此外，我们也了解到，家庭阅读点建立以后，农家女书社专门制定了项目开展方案。为了有效推动家庭阅读，书社每月组织一次"读书沙龙"，以轮转的方式选定一个阅读点家庭召开，所有阅读点家庭成员都参与，分享自己一个月内的阅读情况。孩子们要朗读自己的读后感、推荐一本自己喜欢的书，家长要交流自家的阅读经验与存在问题（见图10①）。这个活动受到家长与孩子们的欢迎。

图 10　2016 年 10 月第 9 次"阅读沙龙"场景①

走访完 8 个家庭阅读点，

---

① 图片来源：2016 年 11 月 2 日北永安村农家女书社提供。

看看天色还不算晚，房红霞、刘淑婷带我们穿过村里的老街土路，顺看了一下尚存的几户民国时期的老民居。老街中心有棵古槐树，枝干遒劲，旁边有个正在翻修的官房（清朝以来村民祭祀天地的场所）。傍晚，我们来到了房红霞家。她家的厨房传出欢声笑语，已经有三四个农家女书社的骨干在包饺子。我们和房红霞聊天之际，热腾腾的饺子就端上来了。饭后19：30，我们一起又去了农家女书社，这里汇聚了全村的家庭阅读点的孩子和家长，约有四十人，房红霞请邱璐给大家上了一次阅读写作课。邱璐生动地讲述了一个绘本故事，然后借用扑克牌的四个花色的寓意，传授了写作文的四个要领。

4 房红霞的家庭和她的传奇

小时候，房红霞（1972—）一家有五口人。父亲是转业军人，先在石家庄河北省军区汽修所工作，后来为了方便照顾在农村的家庭，又调到内丘县农机局办公室工作。母亲在村里种地，有文化，曾经当过代课老师。父亲平时到县城上班，家里的农活主要靠母亲打理。红霞是孩子中的老大，下面有一个妹妹、弟弟。妈妈下地干活，红霞就要在家照看妹、弟，为了能多照顾妹、弟，红霞8岁才上小学。初中就近读了内丘县中学，读书期间，红霞学习成绩很好，由于平时爱好阅读，她的作文水平也不断提高，老师多次把她的作文当作范文在课堂上宣讲。但是没想到中考时失利，竟然没有考上高中。她不甘心，又复读了一年，结果依然没有考出好成绩。那一年，红霞的心情沮丧，为了打发灰色的日子，不得已到一家集体企业棉纺厂当了一名槽筒挡车工。后来棉纺企业普遍不景气，工厂停产，房红霞不得已回到了自己的南双流村里，拿起了锄头。后来，像村里的姐妹一样结婚生子，开始过起了波澜不惊地日子。不过，那种对文字、对书的渴望却是她心中不息的火焰。

房红霞回忆："记得八十年代初期的时候，农村的精神文化生活异常匮乏，但刚上学初认字的我们却每天都能看到父亲在单位看完拿回家的报纸。可我们姐弟甚至和母亲每次都要因为谁先看谁后看的问题而争执不休，谁都想先睹为快。结果往往是谁先看就要付出刷锅洗碗的代价，但每每如此还是乐此不疲。一次我的同学来我家，父亲下班后，打了声招呼，直接就把手里的报纸递给她说：'看看报纸吧。'父亲的这一举动把我的同学弄得莫名其妙，还是我在一旁说，这是我们家的最高礼遇，同学这才恍然大悟。"[5]

房红霞对我们说："我最大的遗憾就是与大学梦失之交臂，但我喜欢读书，不甘心成为别人眼中没有知识的农村妇女！"1990 年到 1993 年，房红霞上了河北农机学校的全日制中专，获得了中专毕业文凭。最后因校方不管分配，红霞只得回到村里。读书看报之余，自己也经常写点东西，并试着投稿。1994 年 5 月 8 日《邢台日报》第 2 版发表了她青涩的处女作《小铁锅及其拥有的日子》，还寄来 12 元稿费，她高兴极了，马上到县城书店买了一本名著《红与黑》，终于拥有了自己的第一本藏书。1996 年和初中毕业的刘增亮（1972—）结婚后，房红霞来到北永安村生活。在工地打工的丈夫虽然一天只赚 12 元钱，但还是花近百元给她订阅了一份《河北科技报》。待到家庭收入稍有好转，房红霞又陆续自费订阅了《农家女》《中国畜牧兽医》《现代家庭报》等报刊。红霞通过写作使自己的名字一次次变成了铅字，成了省级报纸的通讯员。她还从报刊上捕捉到靠蛋鸡养殖致富的信息，尝试着养起鸡来，从 2001 年养 500 只，到 2007 年养 4000 只。由于养鸡业的门槛较低，一个农村妇女养上千把百只鸡，既不影响做农活，又能守在家里得一份收入，是个适宜的致富门路，于是村里很多妇女在房红霞的引导下，也加入到这个行业。到 2008 年，村里蛋鸡养殖户达到了 40 多户，北永安村也成了远近闻名的养殖专业村。

2007 年 4 月，房红霞在《河北科技报》上看到河北农大和河北省妇联联合举办"女能人大专班"。一想到能走进课堂，成为大学生，与大学里的教授面对面交流，房红霞怦然心动，报名上了这个大专班。最初想学畜牧兽医，后来却学了农业经济管理专业。一年半中，她至少每月到巨鹿县参加一次集中授课，经过勤奋学习，终于获得了河北农业大学的大专毕业文凭。也是在这一年，房红霞花 4500 多元买了电脑，装了宽带，开了博客，成为北永安村第一个有电脑、开博客的农民家庭，房红霞的博客取名"农家小女子"。在最初的四年里，她热情喷发，竟写了 512 篇博文。通过博客，她结识了一批爱好写作的博友，写作水平有了很大提高，好多博文因生动反映了农村原生态状况，被坐在办公室里的报刊编辑要走发表。在她的影响下，村里 20 多年没有拿过笔的农家妇女姐妹，也开始学着写东西，并在网上开了博客。

如前文所述，房红霞通过订阅《农家女》而结识了《农家女》杂志主编谢丽华女士和北京农家女文化发展中心，了解到该中心推出的农家女书社项目，并经过申请筹备，最终于 2009 年 1 月在自己家里成立了北永安村的农家女书社。农家女书社成立后，房红霞通过各种活动不仅激活了北永安村的文化发展，而且还将一批妇女姐妹组织到了一起，成为书社社员。她们在一起交流读书心得，写作经验，积极为北京农家女文化发展中心创办的《书女》简报投稿，为《农家女》杂志投稿。在北京农家女文化发展中心组织的三次征文比赛中，每次都是大获全胜，获奖作品还在杂志上得以发表。书社社员们常常聚在一起，探讨怎样科学养鸡，如何提高料蛋比，获得较高的利润。为了抗衡市场风险，房红霞和几个书社姐妹成立了一家蛋鸡养殖专业合作社，她还让书社社员民主推选骨干到北京参加农家女学校针对农村妇女举办的各种知识、技能的培训。

当然，房红霞为村民们所做的事情都比较成功，这和她在村里的身份也有一定关系。2001年房红霞当上了村里的妇女主任，2009年又当上了村里的计划生育专职主任，房红霞丈夫刘增亮从2008年起也当上了北永安村的党支部书记。房红霞承担了一些村上的管理职责，这有助于她向外、向内获取更多的社会资本，从而借助各种信息、资源来帮助农家女书社的发展。但是，书社的发展最关键还有赖于她本人做事的真诚、实在的品质。村里妇女姐妹跟她打交道时，无不受她那种向善、向上的精神所感染，于是也就跟着她做起事来。如房红霞最早订阅第一份《农家女》杂志，周围的姐妹常去她那里借阅，后来不少姐妹开始订阅，2008年，这份杂志在全村竟被订阅了23份。房红霞家里买了电脑，之后不久村里家家开始买电脑，大人小孩都会上网了。

房红霞的父亲1996年得了脑溢血卧床不起，2000年去世，母亲在2013年也不幸地离开了亲人。不过房红霞的妹妹、弟弟受父母的教养，都具有自强不息的精神，现在生活得都很充实。妹妹在邢台农校上了师资班后，做了小学老师，弟弟则在河北大学读完本科，又在兰州大学读硕士，再到西南政法大学读博士，现在河北农业大学任副教授。而房红霞唯一的儿子刘敬康，也于2015年以优异的高考成绩（629分）考入中南大学建筑环境与资源应用工程专业（见图11）。

如今房红霞也通过自学获得了大专学历。二十年来，她获得了许多奖励与荣誉，如2008年全国农村妇女"双学双比"活动女能手称号，2009年内丘县首届"道德楷模"奖，2010年"全国孝亲敬老之星"称号，2011年内丘县"感动内丘人物奖"，2012年河北省"书香之家"称号，2013年河北省首届全民阅读"优秀读书人"，2014年首届全国"书香之家"称号等。按房红霞的说法，这些奖励给她带来了一次次小惊喜，平凡的生活被这些意想不到的小惊喜装点得色彩斑斓[6]。而在我们看来，这些奖励却是记录了房红霞艰辛成长过程的一个个深深的脚印。

图11　2015年夏房红霞儿子高考得到录取通知书后拍的全家福[①]

5　农家女书社的经验及其未来

北永安村的农家女书社从创建到现在，已经历了八个春秋。通过3月17日、18日两天的实地走访，我们切实地感到这个农家女书社是一个坚韧生长着的有机体。总结北永安村农家女书社的发展经验，我们至少可以梳理出以下四点值得我们重视：

其一，当地有一个能干的主心骨和一个良好的团队。房红霞无疑就是北永安村农家女书社的主心骨。她之所以能成为书社的主导者，一方面是因为她深思好学、自学成才，比其他妇女姐妹文化水平高，另一方面还在于她经常到北京等外地参加各种公益组织的培训活动，见多识广不说，还有了先进的理念与管理才能。她知道因人而异发挥团队成员的能力，如让书社骨干闫丽芳做家庭阅读点的指导老师，就是因为她普通话说得好，擅长给孩子指导阅读、辅导作文。

农家女书社的图书资源来自于社会捐赠，房舍来自于村委会无偿提供，故其性质上属于社会组织与村委会合作创办的一个具有公益性的乡村公共阅读空间。

---

① 图片来源：房红霞.善美家庭［EB/OL］.农家小女子博客，（2015-08-03）［2017-03-29］.http://blog.sina.com.cn/s/blog_4e2b43390102w4zn.html.

既然书社是农村妇女姐妹们共享资源的一个平台，当然就要鼓励、发动、吸引尽可能多的妇女姐妹来参与书社的事务。书社成员平时通过民主协商来议事、办事，保障了每个书社成员的平等参与机会与分享权利。如每次外地公益组织分给两三个免费接受公益培训的名额时，派谁前往，都要书社成员召开会议，大家经过民主协商来确定。再如2015年底书社申请下来家庭阅读点项目后，8个家庭阅读点投放在哪些村民家，也要召开书社成员会议，经过民主协商来确定。

其二，能够通过社会关系争取各种社会资源的支持。房红霞认为："书社的发展离不开社会各界的帮助。不管是来自企业的资金支持，还是来自政府部门的支持，还有媒体、妇联等，各方力量形成合力才成就了我们书社的今天。……比如我们书社每次搞活动，我都会保存图片或者影像资料，并把它送给领导和支持我们的各界朋友，他们就是我们潜在的资源，遇到适合我们发展的项目或者资金，他们都会想到我们。尤其是那些领导，他得知我们书社的故事后，在全县大会上多次提起我们书社所做的一切，不仅为我们赚足了面子，还争取到更多的机会。这些无形的资源也是我们书社可持续发展的宝贵财富。"[7] 书社成立以来，许多图书资源就是通过社会关系募捐来的，如2011年，房红霞弟弟所在的河北农业大学曾通过募集捐来一批图书；2012年，县文联、县作协也专程送来一批捐赠书籍，其中还有厚厚一册新修的《内丘县志》。书社搞知识竞赛，房红霞找过企业家捐送比赛用小奖品。2012年正月初十，书社姐妹们举办"农家女新春联欢会"，房红霞通过电视台朋友找到专业录制人员前来录制节目，当天大家就在电视节目《内丘新闻》中看到了自己演出的镜头。

其三，能够根据实际情况开发有创意的公益活动。农家女书社通过读书、搞活动可以调动起村里妇女姐妹们的参与积极性，但是要保持大家的积极性，就要不断开发接地气、有意义的新活动，以激发姐妹们的想象力、创造力，让她们发现自身的潜能与价值。在书社组织的各种活动中，"母亲节婆媳春游乐"活动可谓别出心裁，该活动是由儿媳妇出钱，集体带婆婆出游。这个活动增进了婆媳的感情，促进了家庭的和谐，家里的男同胞丈夫们无不举手欢迎。北永安村紧邻县城，县城近年发展很快，超市等服务业急需人手，所以村里的小媳妇们大多到县城打工，早去晚归，家里幼小的孩子就托付给岁数大的婆婆带。儿媳妇们年轻有文化，外出就业比婆婆们有优势，但婆婆社会经验丰富，在家带孩子、种地、操持家务等方面更胜一筹，两者相得益彰，各取所长，但前提是婆媳关系要融洽，这也是"母亲节婆媳春游乐"活动深受欢迎之所在。另外，2012 年春节期间举办的"农家女新春联欢会"，姐妹们唱起属于她们那个时代的歌曲，演出身边熟悉人事，都会感染乡里乡亲，姐妹们自己也获得了成就感。书社舞蹈队的演出活动也成了书社的"品牌"，她们经常参加各种公益演出，当地企业还偶尔邀请她们去作商业表演，这也为书社争取到了宝贵的活动经费[8]。

其四，书社以书籍阅读为基础，发挥多种功能，为妇女发展赋权，为乡村树立文化新风尚、引领村民走致富路做出了贡献。农家女书社既是一个图书馆，也是妇女活动的一个公共空间。2010 年 11 月，北永安村成立的"妇女之家"就安在了书社里。村里的姐妹们在书社的"妇女之家"里接受美容、电脑以及健康等各种知识培训，学习种植养殖技术，参加农家女趣味运动会、农家女新春联欢会、征文比赛、演讲比赛等各种活动，这些活动使得整天只知道围着丈夫孩子锅台转的农村姐妹们开阔了眼界，挖掘了自身的潜能，找到了生活的自信。到了冬日的大雪天，书社组织姐妹们外出扫雪；在农村卫生环境整治活动中，大家又一起清理村里沉积多年的垃圾死角，这些公益活动得到了村里干部和群众的赞扬。我们来北永安村走访，进村后第一印象就是干净。整个村容的整洁干净与村里妇女姐妹的辛勤劳作是分不开的。为了树立良好的道德风尚，书社还开展过"婆媳故事汇暨最美婆媳评选"活动，在 2014 年"三八妇女节"前召开婆媳大会，由婆婆们推荐自己的好儿媳事迹，然后由没有利益关系的书社骨干做评委，选出"最美儿媳""最美婆婆""最辛苦婆婆"等，并将评比资料汇存，以便向镇、县举办相关活动进行推荐[9]。2016 年重阳节前，书社还举办了"敬老活动"，专门为村里老人包饺子、演节目（见图 12）。

在两天的走访中，我们与房红霞进行了深入交谈。谈话中自然也涉及农家女书社的未来发展问题。房红霞说，她的一个眼前的愿望就是打造书香北永安村，让家庭小书架走入全村每个家庭。另一个长远的愿望是，让农家女书社成为北永安村妇女姐妹们的精神家园。

图 12　2016 年重阳节书社举办的敬老活动①

　　谈到第一个愿望，房红霞说，2015 年底 8 个家庭阅读点建成之后，没有家庭小书架的孩子们都非常渴望自己家里也能拥有小书架和配书。为此，房红霞专门向北京步印文化传播有限公司提出申请，将他们库里的那些不配套或者只是包装纸破损但不影响阅读的残次品书捐赠给她们。后来该公司挑出价值 3 万元、适合儿童阅读的经典读物捐赠给了农家女书社。房红霞网购了 10 个小书架，在村里又选建了 10 个家庭阅读点。从目前项目开展情况来看，现有 18 个家庭阅读点受益人群已经辐射到周围三至五家邻居。在孩子的带动下，家长也有了读书的热情，全村已经营造出浓郁的读书氛围。而且家庭阅读点的孩子们作文水平明显提高，有的在校刊上发表，有的被老师当作范文在课堂上宣读，还有的各科考试成绩得了高分。家庭阅读点建设情况，两次被《邢台日报》《内丘报》报道，在社会上也产生了良好的反响。

　　为了了解房红霞所说的 2016 年 8 月书社自建 10 个家庭阅读点的情况，3 月 19 日下午我们专门抽查走访了其中的三家。这几家的阅读点家长、孩子说起小书架也喜形于色，都说对自己有很大帮助。北永安村不像南方某些乡村，青壮年外出打工只剩老人和孩子，这里的青壮年一般在内丘县就近打工，离家近且晚上都

---

　　①　图片来源：房红霞 . 红火饺子宴传递浓浓敬老情 [EB/OL] . 农家小女子博客，（2016–10–09）［2017–03–29］. http://blog.sina.com.cn/s/blog_4e2b43390102wzle.html.

能回家照看孩子和老人，三代同堂也比较普遍，这为建立家庭阅读点提供了良好的社会条件。北永安村有 170 户人家，650 多口人，如果三分之一的家庭都有了小书架，加上其辐射效应，那么北永安村成为书香农村就指日可待了。

谈到第二个愿望，房红霞说，虽然我是个农家小女子，但读书使我人生有了意义。我的一家也都是书社的受益者，丈夫通过读书变得开朗，知识丰富。儿子因为看书多，会讲书中的故事，在小学就被誉为"故事大王"；到了初中，他熟读《三国演义》而被同学们封为"三国通"；上高中后，因课余阅读量大，经常能在课上回答出意想不到的答案，又被同学们戏谑为"刘神"，家中满墙的奖状印证了儿子的优秀。农耕世家、书香家庭似乎不搭界，但因为有书作桥，我们家成功地完成了蜕变，实现了中国耕读文化传统的回归。八年来，农家女书社的骨干们，通过读书、写作，很多人都在《农家女》《书女》等报刊上发表过文章，当自己写的文章变成铅字时，姐妹们内心充满了自信，开始有了成就感。2016 年，我和刘爱花整理的村里老人口述史，还被北京农家女文化发展中心编的《老人故事集》收录。

房红霞接着说，既然一本好书可以改变一个人，那么农家女书社就有存在的理由。我们姐妹们要把书社办好，让图书成为每个村民的精神食粮，让农家女书社成为村民们的精神家园，成为一个能够产生普遍支持作用的社会自组织机构。现在我们农家女书社已经建立起了一个微信群，群里已有全国各地朋友 100 多人。2016 年夏天，孔如霞的丈夫刘青春在女儿刘子伟收到高考成绩单后没几天就因病去世了，家庭一下陷入困境。刘子伟后来被河北农业大学录取，为了让她顺利上学，我在微信群里向朋友们求助，一下子就给刘子伟募得捐款近 2 万元，这不就是农家女书社散发出来的温暖吗？

八年的时光过去了，北永安村农家女书社原来的骨干也大多步入了中年，有的还当了婆婆、奶奶，在家里带起了孙娃。家庭添口、家务事增多，原来的骨干们打理书社时间也越来越少，书社搞活动也有了不少压力。面临这种困难，书社骨干们在 2014 年底开了个会，她们商议书社以后多举办一些婆媳共同参与的活动，这样不仅有利于家庭的和睦，也有利于培养书社的骨干接班人。因此，2015年春节期间，书社举办了一场"亲子同乐会"。孩子、妈妈和奶奶齐上阵。当年三八妇女节时，舞蹈队婆媳孙三代组合的演出也闪亮登场，其中婆婆唱歌、媳妇背着孩子伴舞的《回娘家》节目，迎来了阵阵掌声。房红霞说："我们已走出了阵痛，迎来了惊喜。"

的确，真正的智慧来自于参与者共同体。当房红霞向我们咨询家庭阅读点图书流转方法时，我们就说："你们书社的骨干们一起讨论吧，你们一定会找到最好的方式。"

参考文献

［1］焦红星.房红霞的农家女书社［N］.邢台日报，2011-08-15（5）.

［2］谢丽华.两年后，农家女书社会是什么样儿？［EB/OL］.谢丽华的博客，（2007-09-07）［2017-03-12］. http://blog.sina.com.cn/s/blog_4b55b12a01000bio. html.

［3］杨毅松，马晓旭.农家女自办读书简报促村民致富［N］.河北工人报，2013-03-25（2）.

［4］房红霞.打造书香村庄，推进家庭小书架建设［EB/OL］.农家小女子博客，（2016-01-04）［2017-03-20］. http://blog.sina.com.cn/s/blog_4e2b43390102wfer. html.

［5］房红霞.阅读改变了我的生活［EB/OL］.农家小女子博客，（2011-03-10）［2017-03-26］. http://blog.sina.com.cn/s/blog_4e2b43390100r7sf. html.

［6］房红霞.感谢生活中的小惊喜［EB/OL］.农家小女子博客，（2011-11-26）［2017-03-27］. http://blog.sina.com.cn/s/blog_4e2b433901011t5x. html.

［7］房红霞.我为书社出谋划策［EB/OL］.农家小女子博客，（2012-02-23）［2017-03-28］. http://blog.sina.com.cn/s/blog_4e2b433901013wrj. html.

［8］房红霞.我县举行三八妇女节表彰大会［EB/OL］.农家小女子博客，（2012-03-02）［2017-03-30］. http://blog.sina.com.cn/s/blog_4e2b4339010144cs. html.

［9］房红霞.婆媳故事汇暨北永安农家女书社最美婆媳评选［EB/OL］.农家小女子博客，（2014-02-11）［2017-03-30］. http://blog.sina.com.cn/s/blog_4e2b43390101k75j. html.

作者：王子舟、邱璐、张晓芳、张歌，原载《山东图书馆学刊》2017年3期

第 **12** 篇

点亮乡村文化的小橘灯

——河南内黄县马上乡李石村微光书苑

1 微光书苑的往事

李翠利（1980—）创办的微光书苑位于河南省内黄县马上乡李石村。

内黄县地处河南北部平原，因黄河故道经过此处而得名，现隶属安阳市。从安阳往东 50 公里便到了内黄县城。马上乡在内黄县东北，东临河南省清丰县，该乡东部的沙河在古代即为黄河滩。李石村是马上乡最东面的一个村子，紧邻清丰县的范石村、董石村。

李石村中有个超市，微光书苑就在超市里。李翠利于 2005 年 11 月 3 日开办了这间超市。2008 年开始，她腾出一部分货架，摆上自家的书籍让乡亲们看，希望借此丰富乡亲们的文化生活。起初有人要借走货架上的书时，李翠利还真有点舍不得，总是一遍遍叮嘱借书人爱惜图书，避免遗失。不过，李翠利借书从一开始就是公益的，不收费用，无须任何证件，无论男女老幼均可免费借阅她货架上的图书。

2010 年前后，附近村庄每逢殡丧祭奠活动，就会有草台歌舞班子进行低俗演出，舞台就是一个打开的汽车集装箱，表演脱衣舞，这些让李翠利看不过去。李翠利觉得，低俗文化的流行是因为健康文化的缺失造成的。她不忍心自己生存、生长的家园变样、变味，于是开始下决心办好一个乡村图书室。办图书室要有足够的书籍，李翠利就到处买书，还骑着三轮车走街串巷收集旧图书（见

图1 2013年冬李翠利骑电动三轮收集图书①

图1）。钱紧了，母亲还拿出自己多年积攒的2000元让她买书。

2011年5月，她将自己的图书室正式命名为"微光书苑"。李翠利在图书室墙上专门贴上了一条标语"美好人生从阅读开始，让我们一起阅读吧"。为了扩大书源，李翠利在网上发出信息，求助社会爱心人士捐书。很快，上海市静安区检察官陈宗恺邮来精心挑选的120册书籍；经爱心人士牵线，上海的公益人士唐雪松也给她寄来了100本书（后来持续捐赠的书籍达两三吨）；内黄县作家协会主席王朝君、县文联主席焦国建等捐出了自己写的书；县妇联也积极协调，募集到包括儿童读物、女性健康、生活指南等方面的图书500余本送到微光书苑[1]。河南师范大学学生、"爱心家园"志愿者们，都先后给微光书苑募捐过图书。2013年国庆节前夕，李石村村委会将农家书屋也搬进了微光书苑，李翠利将超市进行扩建，为微光书苑专门辟出30平方米放置书柜、图书和阅览桌椅（见图2）。截至2014年，微光书苑藏书达3000余册，借阅量达2000人次[1]。

图2 2014年春微光书苑的内景②

① 图片来源：刘洋.一个人的"微光"，点亮一缕书香[N].河南日报，2015-04-27（6）.
② 图片来源：2017年5月11日微光书苑提供。

　　邻近小黄滩村农家超市的王菊花，也想在自己的超市里办一个图书室，李翠利马上伸出援手，将募捐来的图书分出 190 本书放进了王菊花的超市，"小黄滩微光书苑"就此诞生，不到半个月，借阅量就有 40 余次[1]。从此，李翠利的微光书苑分店就一个个地办起来了，有超市，有幼儿园，有诊所，有理发店等。微光书苑分店的发展，要有文献资源的支撑，李翠利继续四处写信访求书籍。2015年 1 月 8 日，她给文化部部长雒树刚写了一封求援信，没想到很快就有了回应。2015 年 2 月 6 日，文化部公共文化司司长张永新带队来到内黄县马上乡李石村的微光书苑进行调研[2]。此后，微光书苑的发展受到了政府部门和社会的关注，自身发展走上了快车道。

2　走访微光书苑的机缘

　　我们和李翠利相识是在 2015 年 7 月 11 日至 13 日北京的"民间图书馆论坛（2015）"上。这届论坛为了激活民间图书馆自身发展的活力，利用小微企业家捐助的资金开发出了"合万邦小微公益基金"项目，号召各地民间图书馆自行设计活动项目来申请这个基金的资助。当时李翠利就有所动心，但是由于时间紧迫等原因，她没有来得及提交申请。

　　2015 年 12 月 16 日，李翠利在广州参加中国图书馆年会时又碰到了王子舟，两人就微光书苑运行状况、未来适宜的合作项目进行了沟通与探讨。李翠利认为民间图书馆协会筹备组开发的"民间图书馆乡村家庭阅读点项目"比较适合自己所处的乡村环境。王子舟也觉得可行，并建议她积极申请。该项目旨在以乡村民间图书馆为"根据地"，在乡村挑选适宜的家庭（特别是有留守儿童的）建立家庭阅读点，使其成为乡村图书馆的"末梢神经"，每个家庭提供一个小书架，按其阅读人口、年龄、性别精准配置 100 册左右适宜读物。家庭阅读点的图书，不仅供自家阅读，还可以推荐给朋友、同学、邻居阅读，以家庭带动邻里，共同营造乡村的阅读环境和氛围，促进乡村阅读环境的改善。

　　2016 年 7 月 3 日，经过了近半年的摸底与准备，李翠利选出了本村与附近村庄的五个家庭，作为家庭阅读点，正式向民间图书馆协会筹备组提出了该项目的申请。民间图书馆协会筹备组批准该项目后，当年 9 月给这五个家庭阅读点选配了适宜的图书，每个家庭配备 120 册及一个小书架。

为了做好乡村家庭阅读点的工作，李翠利还拟定了《家庭阅读点项目告知书》《家庭阅读点运行守则》《家庭阅读点借阅须知》等分发给各家庭阅读点，阐述本项目的公益性质、主要宗旨、借阅方式、活动内容、评估方法等，并对每个家庭阅读点进行了运行指导。

七个月以后，为了解微光书苑"民间图书馆乡村家庭阅读点项目"的执行效果，民间图书馆协会筹备组决定派王子舟、邱璐、张晓芳三人前往河南省内黄县马上乡李石村进行回访调研，于是我们三人就有了这次走访微光书苑之行。2017 年 4 月 14 日 18：00 左右，我们乘坐高铁到了安阳站，然后打出租车经过一小时到了内黄县城，住进了李翠利事先为我们安排的锦龙宾馆。当晚李翠利与我们一起交谈至 22：30 方才离去。她安排次日自己开车，带我们依就近原则交叉走访微光书苑的合作店、阅读点。

4 月 15 日晨 7：30，李翠利接我们到街边小吃店吃早饭，之后开车走访微光书苑的合作店、阅读点。上午依次走访了马上乡赵信村周继斌的中国移动代理店、李运书的口腔诊所、大黄滩村王贵粉的小不点超市、小黄滩村王菊花的菊花超市、李石村陈桂花的家庭阅读点、濮阳市清丰县阳邵乡董石村陈淑芬的家庭阅读点、范石村聂战刚的理发店、霍町村白金明与卫巧凤夫妇的微光冷饮批发店，共计六个微光书苑的合作店、两个家庭阅读点。这些合作店、阅读点分散在李翠利所在的马上乡李石村周边，最远的半径距离大概也就是 5 公里。

中午，霍町村白金明与卫巧凤夫妇请我们在阳邵乡政府附近餐馆吃午饭。饭后继续走访，先去了马上乡李石村李振花的家庭阅读点，之后到村里李翠利的微光书苑进行考察，接着走访了本村李桃臣的家庭阅读点。最后一站是去内黄县城，拜见商务局副局长翟丽丽，由她带我们考察东庄镇西街村枣花香超市。

3　微光书苑的现状

为了方便叙述，先说我们 4 月 15 日下午在李石村微光书苑的考察情况，再倒叙一下我们一天中对 6 个微光书苑合作店、4 个家庭阅读点的考察情况。

李石村是省级贫困村，也是个民风古朴的村庄。我们大约是下午 14：00 到达村里微光书苑的。微光书苑门脸面朝南，与一般农村的超市无异（见图3），进门后，右边30平方米的空间是超市卖货的地方（后面还有一个更大的存货区以及家庭住房）；左边30平方米的空间属于微光书苑（后面还有一个十几平方米的空间），中间由低柜和捐

图3 李石村微光书苑的外景

赠的自助借还书机、电子书刊触摸屏摆成一排，作为空间分隔物。因是周六，李翠利的两个孩子都在，李翠利的父母也在。父亲李仁臣、母亲聂贵井话语不多，看上去就是十分朴实的老人，他们已经准备了水和水果招待我们。

微光书苑西面依墙排列着6个书柜，南面2个书柜，一共有8个书柜，其中有省文化厅捐赠的，也有乡政府配备农家书屋而现在用于微光书苑的。每个书柜里都摆满了书，据李翠利介绍，陈列出来的图书应该有3000余册。中间有一个阅览桌，配有十几把简易椅子。北面那个十几平方米的房间，里面放着一些书和一台工作用电脑，这里就是微光书苑要办的电子商务阅览室了。它没有门，与阅览室之间放着一块带架子的白板。白板既起着隔离作用，也起着教室黑板的作用。李翠利说，别小看这块白板，给孩子们上阅读课用它，孩子办板报用它，开展读书活动用它。每当孩子们将自己作品抄写在白板上，或站在白板前朗读自己的作品，他们都会有一种成就感。

李翠利父亲李仁臣告诉我们，这些书有李翠利买的，也有别人捐赠的，积累起来很不容易。他们老两口也出了不少力。他指着书柜上方"读者须知"等一排牌匾说，做这些牌匾等，他就用了卖小麦的2400元。2015年9月，国家图书馆给微光书苑捐赠了175箱图书（约4吨）。2017年2月15日，天津东方紫微文化传播有限公司和厦门信昇达物联科技股份有限公司专门给微光书苑捐来40余万元的数码设备，即一台东方紫微云借阅电子触摸屏，一批儿童早教机，这使得一个乡村图书

图 4　2013 年微光书苑里的"四点半学校"①

馆有了可观的数字资源与先进的数字阅读设备，仅此一点，就让十里八村的村民们感到新鲜、好奇。

微光书苑的读者群体比较大，附近村庄来办证的读者已有 100 余人，年借阅量平均保持在 3000 余人次。读者服务也十分有特色，那就是开放时间长。只要是超市开门，微光书苑就开放，每天都要有十四五个小时。下午村里的孩子们一放学，总爱到微光书苑里做作业、看书。2013 年 10 月，微光书苑还开发了小学生免费托管的服务，被记者戏称为"四点半学校"（见图 4）。李翠利安排孩子们做作业、看书、游戏，还给孩子们讲故事。人多的时候，每天有 20 多个孩子。只是后来有个孩子不慎被书柜门刮伤，家长也有微词，李翠利才不主动地免费托管孩子了，改为允许孩子们自由来看书、做作业。

微光书苑既是超市里的图书馆，也是图书馆里的超市。由于它渐渐有了影响，附近办超市的朋友也希望李翠利在他们的超市里办阅览空间，于是李翠利开始在朋友的超市里配备一两个书架，分送过去几百本书，办起了微光书苑的合作店。刚开始主要是超市来跟进办合作店，后来诊所、美容店、蛋糕店、幼儿园也申请加入李翠利的合作店行列。截至 2016 年，李翠利连买带募集，使"微光书苑"藏书总量达到了 5 万册，发展"零门槛"读书合作店 28 家，借书群众累计超过 10 万人次[3]。

但合作店数量一多，问题也跟着来了。有些合作店就是摆样子，起不到实际作用。甚至有的合作店主人背后还说："我们办合作店，荣誉却是李翠利的，我们都是给她干的。"对此李翠利很心焦，她对我们说，要关掉一些不发挥作用的合作店，不走扩张的路，要重质量。所以这次她带我们看几家合作店，想知道我们对此有什么意见。

---

① 图片来源：2017 年 1 月 20 日微光书苑提供。

4　微光书苑的合作店

4月15日上午8：00左右，我们走访的第一家合作店，是从内黄县城到李石村要经过的马上乡赵信村周继斌的中国移动代理店。该代理店主要经营手机通讯业务，同时还代卖中国福利彩票、中国体育彩票。店里营业面积有五十平方米左右，在最南端靠窗的角落有一个铁书架，上面整整齐齐摆放着四百多册书。店主周继斌是赵信村村党委会委员，忙于村务不在店里，她的爱人王玉红（1974—）在看店。王玉红告诉我们，她小学文化，因认字少，甚至都使生意受影响，她现在特别喜欢书。她的大儿子19岁了，不怎么爱看书，现在已经不上学了，在店里帮忙打理彩票业务；小儿子10岁，很爱看书，喜欢绘本等儿童读物。店里的书架、图书是2015年4月配起来的，到现在已有两年了。平时来店里的读者基本上是放学了的小学生，有几个爱看书的孩子来得很勤。店里的书可以外借，一本图书借阅册上，记着借阅者的姓名、书名、借还日期。书架上有些书虽然旧，但都是一些内容、品相较好的书，如1984年人民文学出版社出版的《家》《春》《秋》等。问及代理店经营状况，王玉红说，店面是自家的，没有房租支出，每月也能有两三千的收入，也挺好的。

第二家合作店是位于马上乡政府所在地李运书的口腔诊所。该诊所面积不大，有15平方米左右。医生李运书（1970—）毕业于安阳卫生学校，行医已有十几年了。他说农村缺不了看牙的诊所，村民平时不注意口腔卫生，也不重视防治，都是牙疼得止不住了，才来看牙，这时牙病也复杂了，不好治了。本来诊所的收费就比城里医院收费低，但是病人总是要我再低点，几十块钱都嫌贵，所以在乡村办口腔诊所也富不起来。口腔诊所一进门的左边墙角处有一个铁书架，上面放着三百多册书，其中以期刊为主。李运书说，病人在等候期间，通常喜欢看些杂志；有了这些书刊，大家坐在那里读书获得知识不说，屋子里也安静许多；除了看病的来看书，附近的小孩子也来借阅，但人次不多。我们仔细看了书架上的书刊，觉得旧书、旧刊有点多，还有政治类刊物也多，如中共河南省委主管主办的《党的生活》2014年第11期（上）就有4册，是捐赠来的，复本量大。

第三家合作店是大黄滩村王贵粉的小不点超市，名字叫"小不点超市"，但

图5 小不点超市合作店里的书架

里面可不小，空间面积至少有200平方米，货架上琳琅满目。超市主人王贵粉（1970—）虽然是小学文化，但爱好文学，偶尔还写点打油诗。王贵粉的丈夫是村主任，平时忙于村务，超市主要靠王贵粉来打理。她说自己有三个孩子，大儿子28岁，已经成家；二女儿26岁，也成家了；三女儿10岁，她在上学也最爱看书。2016年5月，两个书架摆满书后，小女儿经常带领小伙伴们来看书。尤其是周日，辅导班停课，来这里的孩子最多。我们看到，两个书架上大致有800册左右的书籍，其中以儿童读物为多，图画书占了三分之一（见图5）。借阅登记本上有借还记录，都是孩子们自己写的。

第四家合作店是小黄滩村的菊花超市。所谓"大黄滩村""小黄滩村"，就是表示这里曾为黄河故道的河滩。菊花超市面积有四十平方米左右，菊花超市的女主人王菊花（1975—）到洛阳看牡丹去了，只有她的丈夫黄俊立（1975—）在看守超市。夫妻俩是同学，都是初中毕业。他们有三个孩子，大女儿20岁，在沈阳上大学；二女儿10岁，读小学三年级；小儿子8岁，读小学一年级，我们来的时候，他正在电脑上打游戏。超市有两个书架，上面有700册书。董俊立说，平时来看书的也都是孩子们多些。书刊免费外借，有登记记录，都是孩子们借还时自己填写。他在外面做肥料生意，经常出差。超市里放书架、配图书，开展读书服务，这是一个公益行为，他十分认同。他自己在外做生意，经常开车往返郑州、安阳等地，路上时不时地免费搭载乘客，他是"安阳公益顺风车协会"的成员。每做完一次公益活动，他都会心里舒服、感到小有成就，他希望微光书苑合作店在菊花超市能长久办下去。

第五家合作店是范石村聂战刚的艺发轩（理发店）。范石村属于濮阳市清丰县阳邵乡，但离内黄县马上乡李石村仅有五六百米，比小黄滩村的距离还近。我们走访的中心是李石村微光书苑，因此李翠利带领我们从远到近一家一家地走访。我们到来时，艺发轩主人聂战刚（1989—）和他的妻子张晓丽（1988—）都在店里，他们夫妻已有两个孩子，大的男孩 6 岁，小的女儿 3 岁。聂战刚高中毕业后，在郑州学了四五年的理发，回村里开理发店有照顾家之利，平时忙起来，妻子张晓丽还能帮忙。张晓丽初中毕业，平时以带孩子为主。艺发轩临街，空间不大，仅有 20 平方米左右，进门靠窗的柜架上摆着两格的杂志，约有 200 多册，书籍也有几十本。杂志的出版时间都比较陈旧，如2010年的《幸福》等，没有新刊。张晓丽说，理发的顾客在排队时，会随手拿几本书刊在一旁阅读。平时自己的孩子也爱找书看。问起艺发轩的生意，张晓丽说房租不贵，他们的收入能够保障家庭生活。

　　第六家合作店是濮阳市清丰县阳邵乡霍町村微光冷饮批发店。2014 年办的，是比较早的一家合作店，也是规模最大的一个合作店。批发店里有五六十平方米空间，书架、阅览桌就占有 20 平方米。七架书"L"型排列，摆放着近 3000 册书。白金明（1963—）和卫巧凤（1960—）夫妇共同经营着这家批发店（见图 6）。丈夫高中毕业，妻子没有文化。家有三个女儿，大女儿 34 岁成家了，住得不远，平日有空也会帮助做批发生意。二女儿、小女儿也嫁人了，都过得挺好。店里的书基本上是李翠利送过来的，也有少量自己买的，书架也是各方凑起来的。许多书还是新书，社科、人文、自然、技术、生活等内容都有。附近有两个学校，一是阳邵一中，一是阳邵一小。每逢放学，学生们会三五成群地来这里看书。我们看了一下借还书登记本，上面的借书记录已经有上万人次了。除了借还登记本，还有捐书记录本、欠书记录本，后者记载着借书不还的信息，以备查考、索还。微

图 6　卫巧凤（左）、白金明（中）、李翠利（右）在微光冷饮批发店内合影

光冷饮批发店大门平时都是大敞的，从街上一眼就能看到一排排放满书籍的书架。卫巧凤说，他们家很聚人气，白天来看书的多，晚上她把音箱一放，门口就有一群妇女跳起了广场舞。

这6家微光书苑合作店的走访，都是李翠利带我们去的，她认为这几家是正常运行的。而运行不正常的，如不按管理方式运行或几乎不外借书籍的，虽然附近也有，她也没有带我们看。不过，从整体上看，这几个正常运行着的合作店也是质量高低不均衡。

走访过的3家超市合作店，基本上都是外店里住，超市与家庭连为一体。这样既有利于经营管理，也有利于图书的管理与开放，即平时都有人值守、书架开放的时间也长。村民来超市借阅书籍，给超市带来了人气，增加了营业额，同时超市植入公益的阅读空间，也提升了超市的文化品位与精神境界，让人感到超市信用可靠。另外，超市里配的书刊，以书为主，儿童读物多些；口腔诊所、理发店等街店里的配的书刊，杂志稍多些，这也吻合顾客排队等候时愿意浏览报刊的需求。

5 微光书苑的家庭阅读点

在走访合作店的同时，我们也就近走访了家庭阅读点。民间图书馆协会筹备组捐助的家庭阅读点落户5家，除了濮阳市清丰县阳邵乡陈庄村四排赵壮丽家的家庭阅读点因赵壮丽婆婆生病，一家人都去了医院以外，其他4个家庭阅读点家里都有人。

图7 马上乡李石村陈桂花家庭阅读点书架旁的孩子

我们走访的第一个家庭阅读点是马上乡李石村的陈桂花家（见图7）。陈桂花（1983—）初中毕业，丈夫刘晓飞（1981—）也是初中毕业，在外做农副产品流通。家有两个孩子，女儿刘琳嘉（2005—）在上小学六年级，儿子刘琳浩（2007—）在上小学三年级。阅读点书架摆在刘琳嘉的卧室里，书架上的书整整齐齐，墙上贴满了刘琳嘉的奖状。陈桂花对我们说，小书架搬进家来，两个孩子高兴极了。刘琳嘉爱看书，语文学习成绩也提高很快（我们注意到墙上有马上乡一小 2016 年秋季期末考试中给刘琳嘉的"语文进步奖"），作文满分 30 分，她总是得满分或 28 分以上。儿子刘琳浩也喜欢书。两个孩子经常带同学来借书，平时还去李翠利的微光书苑借书。李翠利说刘琳嘉在微光书苑还帮助搞活动，给其他小朋友讲童话故事，是个很热心的小读者。我们问刘琳嘉最近看的书是哪本，她抽出一本《岳飞传》，说挺喜欢的，还写了读后感呢。陈桂花说，她还种着五六十亩地，农活较多，孩子们懂事，自己看书，自我管理，借书记录都是自己填写。

第二个家庭阅读点是阳邵乡董石村的陈淑芳家。她家门口有棵高大的泡桐树，正盛开着簇簇粉花。陈淑芳（1981—）通过自学考试方式，2003 年毕业于河南师范大学汉语言文学专业本科，现在附近的范石村小学当老师。丈夫董利光（1982—）在外跑运输。家里有一个女儿叫董佳茹（2008—），在范石村小学读二年级。他们家的小书架放在客厅里，立在董佳茹学习的小桌旁。董佳茹很爱看书，她说小书架上的书看了快过一半了，有妈妈指导，她还在班里做过手抄报。平时同学、邻居的孩子们也找她借书看。我们注意到小书架旁的墙上贴着一个作息表，上面写着下午放学回家后董佳茹的作息时间：5：00-6：00 写作业，7：30-8：00 读书，8：00-8：30 练舞蹈，8：30-9：00 看课外书，9：30 准时睡觉。我们问她读过的书，哪些精彩，董佳茹忙不迭地挑起书来，左一本、右一本给我们讲喜欢的书（见图 8）。邻居有个小女孩叫董梦奥（2006—），是董佳茹的好朋友，在旁边静静地听着董佳茹的介绍。陈淑芳还拿出一个家庭阅读点活动的记录本，上面记载着某日、哪些孩子来家，大家在一起交流了什么想法，有了几点收获等。

图 8 董石村的陈淑芳家庭阅读点的董佳茹向我们推荐书

第三个家庭阅读点是马上乡李石村的李振花家。李

图9　李石村李振花家的李幽茹和她的阅读点小书架

振花（1978—）家的房子是2014年新盖的，院子里干干净净，房间里一尘不染。李振花平时在家种地，丈夫李献义（1978—）在内黄县建筑工地打工，早出晚归。家有两个孩子，女儿李幽茹（2002—）在马上一中上初三，儿子李雨硕（2007—）在马上一小上四年级。李幽茹现在住校，每周回来一次，每次返校都要带一些书去（见图9）。她的学校宿舍住着18个人，大家都爱看她带来的书。李振花告诉我们，俩孩子学习成绩在班里都名列前茅，幽茹还不偏科，今天刚出来体育成绩，她得了满分（总分70分）。上小学时，她做过庆祝"六一"活动的主持人、升旗手，2014年一上初中就被选为班长。说着，还把幽茹的一摞奖状拿出来。李幽茹是个亭亭玉立的女孩子，听着母亲的介绍，竟有些不好意思。就在我们交谈之中，还来了不少孩子。我们问邻居的男孩李宁（2004—，马上一中初二），平时来看书吗？李宁说，他常来，每周都来借一次书，还把借的书带到学校。

第四个家庭阅读点是马上乡李石村的李桃臣家。李桃臣（1951—）是个乡村医生，上了年纪后，儿子接了他的班，前面走访的口腔诊所的李运书，就是李桃臣的儿子。李运书有三个孩子，儿子李阳楠（1992—）已经结婚，平时在口腔诊所帮忙；大女儿李雪楠（1999—）在内黄县四中上高一，半个月回家一趟；小女儿李小雪（2005—）在小黄滩村马上一小读三年级，平时住在

图10　李小雪在家庭阅读点小书架前找书

家（见图 10）。我们来访时，李桃臣因迟迟等不到我们忙着下地干活去了，李阳楠的妻子杨利盼（1990—）和李小雪在家，杨利盼在宋村小学教数学，平时住校，周末回来。家庭阅读点的小书架就放在李小雪的房间里。小雪告诉我们，虽然自己学习成绩在班里数中游，但她很喜欢这些书，一般晚上睡前看看书。她平时也给同学、邻居借书，有登记记录。她还拿出了自己写的《小鸭学游泳》的读后感给我们看，字迹工工整整。走访期间，李小雪的几个小伙伴来找她，她们都说喜欢看小雪家的书。

原计划走访的第五个家庭阅读点是阳邵乡陈庄村的赵壮丽家，但因赵壮丽一家外出我们没有走访成。听李翠利介绍，赵壮丽（1983—）是个非常爱读书的人，以往经常骑着电动车到微光书苑借书。她丈夫陈占杰（1984—）是一个家庭小工厂经营者。家里有 3 个孩子，大女儿陈寒彤（2003—）上初中，二女儿陈佳彤（2005—）上五年级，小儿子陈岩（2007—）上三年级。赵壮丽经常给孩子们讲书里的故事，她还发明了一个"饥饿疗法"，即每次讲故事讲到关键时刻就停下来，说是要干农活去了，迫使孩子们不得不自己翻书，了解后续故事，慢慢地孩子们就开始大量阅读书籍了。

微光书苑有个微信群，所有合作店、阅读点的负责人都在群里。孩子们读书中有什么变化，有什么问题，家长都可以在微信中交流，或不时将孩子朗读书籍、念读后感的音频文件传到微信群里，供大家分享。

6　李翠利的家庭及其经历

李翠利一家六口人，三代同堂。父亲李仁臣（1952—）初中文化程度，是乡广播站的退休职工；母亲聂贵井（1952—）没有文化，在家务农；丈夫何东华（1975—）是中国移动内黄分公司的员工。家里有两个孩子正在上学，大的叫李博宇（2005—），男孩子，在上小学六年级；小的叫李宇涵（2007—），女孩子，在上小学四年级（见图 11）。

李翠利说，她们姐妹有三人。小时候因家里没有男孩子，乡里乡亲有人劝父亲过继个男孩儿。但是父亲是个有文化、开明的人，他说生男生女都一样，养女儿也一样养老。父亲在乡政府做一名小职员，因交通不便，不经常回家。但每次回家都会带回几本别人看过的杂志或报纸，这对于小小三姐妹来说，真是莫大的财富与奢侈。长大后，大姐毕业于郑州幼儿师范学校，二姐毕业于驻马店供销学校，两个姐姐现都在郑州工作。李翠利是家里的三妮儿，1995年初中毕业后上了两年职业高中，学的是纺织，1997年毕业后在内黄县意隆纺织有限责任公司做了两年纺织工。

图11　2015年夏李翠利一家的全家福①

2004年元月李翠利与何东华结了婚。结婚后，本应到丈夫家里过生活，但当时爷爷还健在，快80岁了，而且爷爷只有父亲这一个孩子，李翠利从小和爷爷生活在一起，很有感情。爷爷说，她要是去婆婆家住了，家里就没生气了。所以李翠利也就两头跑着住，后来在自己村里开了一个超市，就离爷爷近了，每周都能给爷爷洗洗脚。爷爷读过私塾，会写毛笔字，能讲许多历史故事，为人处世都有自己的价值判断。2009年，她的爷爷去世，时年81岁。

说起自己的父母，李翠利说他们都是忠厚之人，现在家里的农活主要靠老两口。不过父亲个性很强，母亲则性情温和。李翠利认为自己的性格随父亲，干什

---

① 图片来源：我市李翠利一家入选全国"最美家庭"候选家庭［EB/OL］. 安阳在线，（2015−04−28）［2017−05−10］. http://www.anyang.gov.cn/sitegroup/root/html/0000000036114236 0136385855fe2882/20150428091460093.html.

么事情是一股劲，不回头。

　　提到孩子，李翠利感到十分欣慰。2005 年儿子出生，正值杨利伟登天成功，家里就给他取了李博宇的名字，希望他能有像宇宙般博大的胸怀；待 2007 年女儿出生，他们又希望女儿是个有内涵的人，于是就取名叫李宇涵。博宇在马上乡第一小学读六年级，学习在班里属中等偏上，数学好，语文弱一些，但作文每次都能得个二十七八分，这和他喜欢阅读有关系。博宇爱看神话故事书，他是微光书苑的小小志愿者，主力成员之一。平时帮助整理图书，办理借阅手续，每逢搞读者活动，还忙着照相，给小朋友讲故事，带小朋友做游戏。李宇涵在马上一小读四年级，学习成绩在班里也是中等偏上。她爱看故事书，也是小小志愿者，能整理图书，收拾桌椅，办理借阅手续。两个孩子对妈妈的帮助很大，而且还有自己独立的见解。比如李翠利因办微光书苑获得了许多荣誉，但博宇就觉得没什么了不起的。有记者来家采访，遇到妈妈介绍情况稍微说不对，博宇就会马上纠正，生怕妈妈说得有水分。

　　在微光书苑的一角有个袋子，里面装着 18 本李翠利获得的各种证书，其中不乏县、市、省、国家级授予的各种荣誉称号，如 2014 年内黄县授予的"三八红旗手"，2015 年安阳市妇联授予的"第五届安阳市十大女杰"、安阳市政府授予的"感动安阳·2015 年度人物"，2016 年国家新闻出版广电总局授予的第二届全国"书香之家"、河南省政府授予的"五一劳动奖章"、中国图书馆年会授予的"2016 年中国图书馆榜样人物"等等。有人曾将建议李翠利将这些证书摆出来，李翠利婉拒，觉得那样有作秀的嫌疑。她说自己办微光书苑并不是想获得什么荣誉，而是为家乡的老百姓做点起好作用的事情，想让自己的生活更有意义。

　　为了使自己的生活更有意义，李翠利还有个爱好，那就是喜欢文学。她曾尝试着写过十几万字的小说，后来又练着写诗。每逢有了某种感觉、冲动，就会拿起笔来写首诗。她说她喜欢农家女余秀华（1976—）的诗，也喜欢诗人刘年（1974—）的诗，甚至喜欢那种非意识形态化的又略带点匪气的诗。2014 年 3 月李翠利在《安阳日报》上发表《田园，女人》（外一首）两篇诗歌。其中的《田园，女人》是这样写的：

田园	摇曳出丰收的浑圆
一幅水墨天成的画卷	一声朗笑
再添一点墨吧	席卷泥土的馨香
勾一个女人的身段	清脆地
一双大手	划过我的鼻尖
撑起一片晴天	戛然入卷
一对丰乳	你看 那个女人
润泽一方甘甜	在耕在锄 若隐还现[4]
还有那诱人的肥臀	

7 微光书苑的未来愿景

走访完微光书苑的 6 个合作店、4 个家庭阅读点，当天晚上我们在内黄县锦龙宾馆和李翠利又进行了一次深谈。当李翠利征求我们对微光书苑合作店、家庭阅读点的意见时，我们觉得合作店还应该继续办下去。理由是，合作店是微光书苑的一个创新形式，它是自然而然产生的，有它的合理性；无论是合作店、家庭阅读点，今后的方向都不宜于追求量的扩张，而应该追求质的提升；根据"小世界原理"以及"机车牵引原理"，眼下微光书苑的合作店、家庭阅读点的规模分别保持在 10 个以内为佳；合作店、阅读点的运行中，图书如何流转是个专业性较强的问题，这要花力气总结经验才能做好。

在与李翠利的聊天中，话题自然涉及了微光书苑未来发展的问题。李翠利说，微光书苑的未来发展与内黄县村级电子商务服务站点——"枣花香互联网＋便利店"建设有密切关联。"枣花香"是一个品牌名称，"互联网＋便利店"实际就是一个乡村超市，"枣花香"与"互联网＋便利店"结合，简单点可以叫作"枣花香超市"。李翠利说她现在已经与河南中联商贸物流有限公司签订协议，参与内黄县"枣花香超市"书架项目的建设。

4 月 15 日下午约 15：30，李翠利带领我们到内黄县城拜访了负责此项工程的内黄县商务局副局长翟丽丽。听翟丽丽介绍，内黄县已经被河南省确定为省级电子商务进农村综合示范县，省财政资金将连续三年支持内黄县，以建立完善县、乡、村三级物流配送机制，在全县建成电子商务公共服务中心和村级电子商务服务站点，使全县 532 个行政村做到村村有"枣花香超市"。政府将统一装修门店，配备电脑、货架；再由印有"枣花香·香万家"的物流车辆负责蔬菜和生鲜肉食的配送、快递的收发等，将电子商务、物流服务、智能化便民措施、网购平台等整合一起。而且未来"枣花香超市"的一大亮点，就是每个超市将按标准配置一个书架、500 册书，这样就会有 532 个"枣花香·微光书苑"了。如何配备书架、图书，内黄县商务局希望借鉴李翠利微光书苑的经验，因此也就出现了河南省中联商贸物流有限公司与李翠利签订合作协议的情节，即在李翠利的参与下，由"枣花香·香万家"物流车辆实现"枣花香超市"配书、换书的公交式运营。

为了让我们了解这一项目，翟丽丽还亲自开车引路前往东庄镇西街村，带我们考察西街村的"枣花香超市"。这个超市就是按照政府要求统一装修的试点，货架、电脑等都按标准配齐，货架上也在出售各种超市商品。超市的一个临街门口的里边，有一个书柜，里面有二三百册书，每册书上还贴有"枣花香·微光书苑"的条形码。在西街村"枣花香超市"里，我们和翟丽丽、李翠利就未来"枣花香·微光书苑"的运营、发展问题进行了讨论，中心议题是如何办成一个个"活"的超市书架，以及应该配备什么内容的书籍，如何进行图书流转，怎样让超市经营者具备书架管理与阅读推广素养等。我们建议"枣花香·微光书苑"先试点，再推广，切不可在 532 个行政村一下铺开。翟丽丽则表示欢迎图书馆界的专家、学者能参与"枣花香·微光书苑"的实践活动，替他们出谋划策，帮助解决存在的问题。

考察完西街村的"枣花香超市"，翟丽丽请我们在一个农家乐吃晚饭。回宾馆后，我们邀李翠利在客房里进行了这次深谈。

谈及她如何处理自己的微光书苑与县里"枣花香·微光书苑"关系的问题，李翠利说，微光书苑会配合内黄县商务局"枣花香超市"的商务服务站点工程，做好村村"枣花香·微光书苑"的发展工作，但微光书苑还是会保持自身的独立性，甚至在发展过程中，还会增加一些民俗的元素，如慢慢收藏内黄地方文献，形成乡土文献的特色馆藏等。前几天河南电视台的记者来采访，也曾问及微光书苑的未来打算，她告诉记者，她想把微光书苑建成一个集藏书、阅览、活动为一体的乡村文化中心，打造成一个乡村综合性文化实体会有些难度，但她会脚踏实地的一步一步去实现。

李翠利认为，全县"枣花香·微光书苑"成功与否，关键因素还在"枣花香超市"经营者是否为一个懂得书、有文化情怀的人，所以，她下一步的重要任务是寻找或培养有志于乡村图书馆事业的阅读推广人。有了一批事业骨干，无论是"枣花香·微光书苑"还是自己微光书苑的合作店，才能办得越来越好。微光书苑合作店最初的发展，就是各合作店经营者主动要求要做的，而那些做得好的，店主也都是对书籍有感情、对人有爱心的。这也说明，没有合格的阅读推广人，乡村图书馆事业、乡村阅读活动也不可能办得有声有色。

这天晚上，李翠利和我们聊了许久方才离去。16日清晨，我们告别了内黄县返回安阳市火车站。分别之际，李翠利与我们依依不舍。我们在心里为她、她的家庭及她的微光书苑默默地祝福。

李翠利对我们说，微光易灭，只能用心呵护。我们对李翠利说，微光虽弱，却也是一道光明。

参考文献

［1］尚丽娟，孙梦涛.李翠利：乡村超市里开办免费书苑［N］.安阳日报，2014-03-14（5）.

［2］安阳市文化广电新闻出版局社文科.文化部公共文化司调研组莅安调研微光书苑［EB/OL］.安阳市文化广电新闻出版局网站，（2015-02-10）［2017-05-10］.http：//aywh.anyang.gov.cn/xinxi lanmu/show.php?itemid=625.

［3］刘超.微光点亮"最美家庭"［N］.安阳日报，2016-05-29（3）.

［4］李翠利.田园，女人［N］.安阳日报，2014-03-07（7）.

作者：王子舟、邱璐、张晓芳，原载《山东图书馆学刊》2017年4期

第 13 篇

新乡贤对家乡文化的新贡献

——湖南城步县丹口镇下团村自强图书宬

1 自强图书宬的往事

杨光勋（1947—）创办的乡村民间图书馆"自强图书宬"，位于湖南省邵阳市城步苗族自治县丹口镇下团村（见图 1）。

城步苗族自治县地处湖南西南边陲的山区，南接广西，西邻贵州，古为楚和百越相交之地，是全国五个苗族自治县之一。境内多高山峻岭，溪流纵横，巫水、浔江、资水与渠水等皆发源于本县境内山中。由于是山区，经济发展落后，属于国家级贫困县。目前人口 27 万，苗族占一半，苗、汉、侗、瑶族栖息于此。历史上宋代抗金名将杨再兴、元代苗军元帅杨完者、明朝开国元勋蓝玉（苗族），皆出于城步县。城步县有六镇

图 1　丹口镇下团村的吊脚木楼民居

139

六乡，县政府所在地是儒林镇，镇名因元朝乡贤杨再成建"儒林书院"得名。从县城往西南走 12 公里左右，就到了自强图书宬所在的丹口镇下团村。

自强图书宬成立于 2003 年 8 月 19 日，由出生于下团村、时任湖南省邵阳市商务局干部的杨光勋出资创办，"自强图书宬"是杨光勋起的名。"宬"，《说文解字》言为"屋所容受也"[1]，后指称藏书室，明清时期用来指称收藏档案文书之所，如明清皇宫之内有收录实录秘典的"皇史宬"。从小酷爱读书的他，有一年回乡过春节，看到村里不仅十分贫困，而且因没有文化设施，村民老少不是打字牌就是搓麻将。"授人以鱼不如授人以渔"，为了改变村里的贫穷境遇，改变乡亲们的精神面貌，特别是让村里的孩子们能够日后有出息，杨光勋动了回家乡办图书馆的念头。

起初杨光勋想将图书馆设立在本村祖屋新铺里，但考虑位置有些偏僻，只好借用老村支书龚良治小卖部，在里面摆放了两个书柜和 300 册图书便开张了，由龚书记夫妇义务看管。一年之后，因场地小及房屋拆迁等原因，自强图书宬搬至下团小学空着的二楼教室，由隔壁的杨成善义务看管了七年，此时藏书已达 6000余册。2011 年冬，湖南省文化厅拨专款支持，由丹口镇人民政府与下团村村委会（出地皮）合建的镇文化站落成，2012 年 1 月 17 日，村镇两级安置自强图书宬迁入文化站的二楼，使用面积达 320 平方米。十年之内，自强图书宬三易其址，随着面积的不断增大，藏书也不断增多，达到了 35000 余册。

为了适应新场地的需要，杨光勋和其子女共凑资 1.2 万元，在长沙市定制三组书架，长途跋涉运至城步县再转运至下团村，然后请兄弟族人帮忙组装起来。杨光勋还雇请卡车、临时工将自己毕生积蓄的图书、书柜、书桌、沙发等打包搬运，从他所在邵阳的住所运至自强图书宬。此后年年不断添置图书，各界捐赠图书也不时飞入这个新的文化巢穴。

自强图书宬从创立之日起就是免费向读者开放的，是一个纯公益的图书馆。杨光勋曾用一段韵文来描述他的办馆方向："让婴幼少儿苗壮成长，助寒门子弟名题金榜；励落榜学生重塑自我，教有志青年创业他乡；帮壮年农民发家致富，希老年朋友身体健康；为各类学科提供线索，愿伟大祖国繁荣富强！"（见图 2）

自强图书宬因离镇政府近，离小学近，均在几百米范围之内，故每天都有读者来看书。周边二三十里的农民也有前来阅读的，附近学前儿童、中小学生更是常客。

图2　2013年底立在路边的自强图书宬的标牌①

2008年7月底，湖南日报报业集团下属"华声在线"网站的副总编辑王亚奇等一行人，冒酷暑来到自强图书宬，专门捐资一万元成立"华声助学基金"，并给自强图书宬捐助两箱图书[2]。从那以后，自强图书宬借助媒体报道与支持，声名不断远播。2008年9月3日，杨光勋在"华声在线"上发表了一个《国家公务员应率先"放下麻将，拿起书本！"》的倡议书，引起了网友们的热切关注。2009年，华声在线与《三湘都市报》联合爱心企业共同发起了"贫困儿童自强图书宬计划"，在贫困乡村小学援建名为"自强图书宬"图书室，从2011年到2013年，在湖南新晃县洞坪乡大坪坡村小、坳背村小、廖溪小学、贡溪乡田家小学、步头降乡天雷村小，平江县江洲学校，临澧县杉板乡中学、青坪小学等学校，分别援建了名为"自强图书宬"的图书室[3]。

2015年夏，来自美国、英国、加拿大的几位中国留学生在暑期实践中途径这里，在这个山清水秀、空气清新、民风淳朴的偏僻山区意外发现了自强图书宬，他们看到乡民们不但有书可读，而且有适合的读物，觉得非常不易，每人还为自强图书宬捐款200元人民币以示赞赏与支持。

---

① 图片来源：2017年11月4日自强图书宬提供。

2 走访自强图书宬的机缘

2013 年民间图书馆协会筹备组与杨光勋建立起通讯联系，当年 10 月民间图书馆协会筹备组的第四期《文化火种简报》还报道了自强图书宬聘请义工进行日常开放服务管理的好经验。2015 年 7 月 11 日至 13 日，光勋先生受邀到北京参加第二届民间图书馆论坛，我们得以正式见面。会后鱼雁传书，光勋先生盛邀我们到他那里一看，并建议民间图书馆协会筹备组进行一次全国民间图书馆的摸底，然后在此基础上进行一次国内民间图书馆的评估，选出十优百优，使大家学有榜样，赶有目标。2017 年 3 月第 17 期的《文化火种简报》再次登载了光勋先生有关自强图书宬活动的来信。

2017 年 10 月 21 日，全国图书馆学基础理论研讨会在湘潭大学召开。借到湖南湘潭开会之机，我们北京大学信息管理系师生三人决定先去湘西南城步县的自强图书宬进行走访，然后返湘潭大学参加会议。湖南图书馆副馆长邹序明得知我们的计划，积极呼应，他决定和本馆的段蓓虹（湖南省图书馆学会副秘书长），以湖南图书馆、湖南省图书馆学会的名义和我们同行，为自强图书宬捐赠书籍同时进行调研。

10 月 18 日中午，王子舟和张晓芳、张歌从北京乘飞机到邵阳市武冈机场。邹序明等开一辆商务别克车，行走四百公里到机场接上我们，然后驱车前往城步县丹口镇下团村。沿途我们和城步县迎接我们的主管文教的熊雪娥副县长汇合，在下午 15：30 左右到了丹口镇下团村。杨光勋先生身着苗服，带领几位也身着苗服、拿着乐器的村民在自强图书宬门前打着横幅迎候我们，一见我们到来，锣鼓响起，唢呐齐鸣，鞭炮燃放，大家拍手欢迎我们。这种民间隆重的阵势着实让我们吃了一惊，大出意料。我们举行了简短的省馆捐书仪式，邹序明将价值 11660.40 元的 462 册新书捐给了自强图书宬。之后，我们即开始参观自强图书宬，并与诸位义工、在馆读者进行访谈。

傍晚访谈结束，为了便于明日继续进行访谈，我们辞掉县里在县城安排的住所，就近住在了杨光勋的老宅新铺里客栈。新铺里客栈位于自强图书宬东南五百米左右的位置，在清朝曾是交通驿站。当时清政府从宝庆府至长安营，沿途五里立牌，十里建亭，二十里置驿站，四十里设团坊，六百里一加急，从丹口、下团，到太平、沉江渡沿河都建了交通服务处所。现在这里是一座有十几间房屋的苗族风格木质吊脚楼，有客房有雅间，依山傍水，清澈的丹口溪就从青山与木楼之间穿过。主人是杨光勋的弟弟杨光清。杨光清是苗族木叶吹歌非物质文化遗产的传承人，他带领我们参观了二楼农耕文化陈列室。在吃饭期间，杨光清、杨光勋还为我们表演了木叶吹歌、芦笙吹奏。杨光清介绍，演唱《挑担茶叶上北京》的湖南歌唱家何纪光，1969 年下放劳动时曾在一楼的小屋住了近两年，他在这里采集苗歌，丰富了自己的演唱技巧。

当晚杨光勋也住在自家老宅里。晚饭后他和我们一起散步，一起在木楼下围桌畅谈。19 日清晨，我们在客栈里用过早餐，又来到自强图书宬，与杨光勋、图书宬的义工们，以及村民进行座谈。19 日下午，我们踏上返程，乘坐湖南省馆商务别克车投宿邵阳。20 日中午抵达湘潭大学。

3　自强图书宬的现状

自强图书宬位于下团村中心道路的文化站东侧二楼部分。文化站是丹口镇与下团村合建的一座具有苗寨风格的楼房。从一楼南门进去，走廊过道就有一排书架，上面摆满了书籍，基本上是农家书屋转来的图书。这里的图书供读者随便借阅，可以外借带回家里。二楼有四个房间，最里面较大的一间是成人阅览室，里面铁质的书架摆满了书籍，其中不乏珍贵的工具书与整套丛书（见图 3）；靠外的是一间稍小的少儿阅览室，贴墙有一圈书架，摆满了教育部指定的必读图书及常用书籍，中间是阅览桌，我们去的时候，正好有几个小学生在那里安静地看书。外边也是一个成人阅览室，里面也

图 3　自强图书宬成人阅览室书架一角

有许多书籍。走廊角上有一间屋子，里面可以会客开会。狭长的走廊上贴墙摆放着一排长凳，廊角还有桌椅，供读者坐下来看书、交流。走廊过道上有书桌，这里是值班人员工作的地方，上面摆满了办公用品，读者签到记录等。墙上贴着杨光勋自制的转盘形的值班志愿者排班表。整个图书宬的使用面积约有 320 平方米，藏书数量约 5 万册。

自强图书宬的藏书主要来源于杨光勋的多年私人藏书。我们在书架上能发现不少 20 世纪八九十年代他从各地购买的图书，如一册宁希元等人编的《元人散曲选粹》（甘肃人民出版社，1985 年版），扉页上就写着"杨光勋 1985 年 12 月 15 日于北京荣宝斋"。杨光勋喜爱藏书，许多图书上还有他精心刻制的藏书章，其中一枚方章环周宽边刻有阴文，上下文为"贫者因书而富""富者因书而贵"，左右文为"知识改变命运""知识就是力量"，中间刻有阳文"清俸买来手自校 / 子孙读之知圣道 / 有书快读谕后人 / 不读鬻失为不孝"。前两句借用的是唐代杜暹在其藏书卷末所题旧文一、二句，后两句改造杜暹第三句"鬻及借人为不孝"[4]并扩充而成。几万册藏书均按"中国图书馆分类法"（简称"中图法"）的大类分类排架，书架上有"中图法"大类的架标，不过架上的图书乱架的不少，显然平时缺少整架工作。

二楼的图书由于品质较高，故所有图书都不外借，读者只能来这里看。下团村本来不大，是丹口镇所在地，村镇人口不多，加起来才有一千多人，而自强图书宬处于下团村中心，与全村村民的生活半径不到 500 米，离丹口镇初级中学（有一至九年级）大门也就五六十米，所以人们来这里阅览也还方便。读者入馆时，先要到成人阅览室墙上孔子像前肃立，以虔诚之心礼敬这位大成至圣先师后，才可以随便阅读。

自强图书宬的开放时间是 9：00 至 18：00，全年 365 天，天天开放，这在民间图书馆中十分罕见。而能够保障全年天天开放的运行机制，就是有十几名义工每天轮流值班。这个运行模式的选择，也跟杨光勋在邵阳工作，退休后又常住长沙，不能平时参与管理有关。起初杨光勋聘请了一位热心人义务管理，不定期向读者免费开放。2011 年冬，他向村民发出了一则《关于招募义工的公告》，第一次叫了十六七个人来开会，听说上班没有工资，开着开着只剩一半人了。后来好不容易招到 11 人，逐渐又增至 16 名，都由图书馆发了义工证。轮到自己值班时，义工还佩戴"自强图书宬义工"红色袖章上岗。当时义工中年龄最大的 84 岁，最小的 41 岁，平均年龄 65 岁，其中还有一名五保户。义工们按照排班表（见图 4），每人每月值两天班，从此自强

图 4　墙上贴的义工排班红纸转轮牌

图书宬实现了一年 365 天的天天开放，且每天开放九小时。

十四年过去了，自强图书宬的办馆特色可以概括为三个方面：一是全年开放时间最长，使得村民们受益时间长；二是全为义工管理，运行成本最低，三是入馆礼敬孔子，让人在仪式感中建立对文化的崇敬。

4　杨光勋及其家人的支持

杨光勋，字孟爵，号扶城居士，苗族，1947 年出生于下团村新铺里贫苦的农民家庭。父母亲均是文盲，兄弟姐妹有五男二女，他在男丁中排行老大。1966 年 7 月从城步县第一中学高中毕业，那时因家庭贫穷，杨光勋想读书却买不起书。为了能借到别人的图书，他曾为家有书的人挖过土、背过柴。1968 年 7 月参加工作后，曾任过小学、中学教师和校长，以及县教育局干部。此时虽然参加了工作，杨光勋尚未摆脱家庭困境，为了借到书，还给别人做过煤球。当公社书记时，发现一农民家有一本《论语》，因为不让借走，他只得点着松槁照明连续抄了几个晚上。1976 年 10 月，杨光勋被保送入中央民族学院（现中央民族大学前身）学习，1978 年 2 月毕业。此后他担任过县委宣传部新闻干事、汀坪公社党委书记、丹口区公所副区长、县委办公室副主任。1983 年 12 月机构改革后担任中共城步县委副书记。1984 年 9 月通过成人高考，第二次进入中央民族大学深造，1986 年 7 月毕业回县委工作。1986 年 11 月调邵阳市人大常委会任民族委员会副主任、主任，

农业民族委员会主任，民族华侨外事委员会主任，并举家移居邵阳市。1996 年 1 月以后，杨光勋任邵阳市对外经济贸易委员会书记、主任兼市招商合作局局长，期间曾被选为邵阳市人大代表、市委候补委员、中共湖南省党代会代表。由于平时买书、藏书，家里的书籍越积越多，1999 年 12 月他被评为"邵阳市首届百名藏书户"。2001 年 1 月被文化部全国妇联授予"全国优秀读书家庭"称号。2017 年 1 月荣膺湖南省文明办颁发的"湖南好人"（助人为乐）称号。杨光勋于 2007 年 4 月退休，2009 年 9 月跟随儿子移居长沙至今。

回忆自己一生的成长历程，杨光勋说是读书改变了自己的命运。他父亲目不识丁，去世时没有给孩子们留下片纸只字，只留下一句掷地有声的话："你们要架势读书！"（"架势"在方言中为"用功"的意思）杨光勋认为，自己从一个农民的儿子成长为市直机关的中层干部，就是凭借努力读书。为了让家乡山区的孩子们也走上成才之路，杨光勋在退休之前决定把自己的藏书捐出来，办一个图书馆。他在夫人张玉英、长子杨博理、次子杨博智、女儿杨淑岚及媳婿的支持下，举全家之力，终于在 2003 年办成了自强图书宬。杨光勋的三个在外地工作的孩子后来也成了他坚强的后盾，要钱出钱，要力出力。每年清明时，子女们都会和父亲一起回到老家下团村，协助整理书籍（见图 5），慰问图书宬的义工，发动朋友来捐赠书籍，并积极探讨图书宬管理的新模式等[5]。

杨光勋秉承父训，从小要求三个孩子认真读书，孩子们在父亲的言传身教之

图 5　杨光勋在藏书书口写上下团村的名字

下都学有所成，女儿杨淑岚高考时还考取了邵阳市区当年的"文科状元"。现在杨博理、杨淑岚、杨博智都具有研究生学历，分别在政府部门、国有企业和主流媒体担任一定的领导职务，在各自的工作岗位上都干得有声有色。他的两位堂侄女也念到研究生学历。杨光勋经常

引用郑板桥教育孩子们的一句话："吃自己的饭，流自己的汗，靠天靠地靠父母，不是好汉。"[5] 2006 年春节前，杨光勋向孩子们发出电子邮件"今年春节不收礼，收礼只收《弟子规》"[5]，而且声明只要手抄稿，不要打印件。三个孩子只得唯命是从，带着认认真真抄写的《弟子规》来探望老人。

从 2007 年春节开始，杨光勋利用孩子们过年回家探亲团聚的时机建立起"围炉夜话"制度（家庭述职会议），即让孩子们分别陈述一年来的工作学习经历，自己进行讲评，然后由杨光勋老伴张玉英给优秀者颁奖。奖品是装有两百元的红包，奖项名称由杨光勋用毛笔亲笔题写。2007 年初，杨博理调入新的单位邵阳市委宣传部，正是韬光养晦的时候，他获得的是"藏器待时奖"，杨博理夫人把家庭事务打理得井井有条，得到长辈夸赞，获得的是"孝敬长辈奖"；女儿杨淑岚一年内考取了硕士研究生和高级经济师职称，获得的是"学力考霸奖"，女婿在大学实验室建设中得到上级高度认可，获得的是"业绩突出奖"；杨博智在报社实习，朴实勤勉，忘我工作，终被正式录用，获得的是"艰苦创业奖"，杨博智媳妇擅长做手工，获得"女红传承奖"。所有奖项名称每年都不一样，述职前父母都严格保密，直到最后才揭晓[5]。

据杨光勋讲，有时他也会冷不丁地考考孩子们的文才，调节一下家庭气氛。2010 年秋冬季节的某日，他与次子博智席间对饮，忽然停杯对博智说："我出个上联，你对个下联：三杯通大道……"博智略加思索应答："一壶定乾坤。"当时博智刚硕士研究生毕业进入湖南日报报业集团做记者。不久，长子博理从湖南省委党校学习归来，杨光勋设宴给他洗尘，满上酒杯时对博理说："我出个上联，你给对个下联：三杯通大道……"博理考虑七八秒答曰："一手掌乾坤。"之后，杨光勋嘱咐兄弟俩要保密，他还要考一下女儿杨淑岚。过大年"围炉夜话"时，他再次以此上联考女儿，没想到从普通员工一步一个脚印成长为集团高管的女儿仅想了片刻即响亮回答："一马走平川。"

2012 年春节，杨光勋写了一副对联送给三个孩子："忠孝传家久，诗书继世长"。2014 年春节他又亲笔写了一副对联送给孩子们："一等人忠臣孝子，二件事读书耕田"。作为东汉"关西夫子"杨震、抗金名将杨再兴的后裔，杨光勋常念南北杨家将世代忠良保家卫国的武功，以及杨震潜心兴学、清白传家之美德，他曾创作了一副对联以明己志："先祖筚路蓝缕拓疆辟土崇耕读武功护国，后贤开来继往经天纬地尚忠孝文治安邦。"[5] 他还利用业余时间自编了六言骈体文扫盲乡土教材《新全家宝》（团结出版社，2016 年 8 月版），该书 1981 年曾由湖南人民出版社初版，次年 7 月重印，发行总量达 53.5 万册。

5　自强图书宬的义工们

自强图书宬成立后，由于杨光勋长住千里之外的邵阳、长沙，图书馆平时的管理只能靠电话、电邮、短信、口信、视频、文件等遥控。虽然每年的清明节、中元节，他会照例回乡捐书，住上二三个月参与现场管理，但日常的运转只能靠下团村的亲朋好友来打理。不过，委托一两个人的长期管理也有许多不便之处，在图书馆服务上也有局限性，为此，杨光勋逐步实行起了义工管理制度。管理模式也渐渐发生了变化，即由原来的个人管理，改成义工协会群体轮流值日管理。2011 年冬他向村民发出了《关于招募义工的公告》，后有一些村民报名义务担任自强图书宬的义工。杨光勋亲自召开义工大会，拟定与通过了义工誓词："我志愿加入自强图书宬义工队伍，按时上班，遵守制度；执行规章，保守图书；讲究卫生，交班清楚；团结协作，互相帮助；放下麻将，带头阅读；不计报酬，真心付出；集体荣誉，共同爱护；但行好事，莫问前途！"[6] 他还为义工们确立了服务宗旨："视少儿如子孙；视青壮如大宾；视长辈如令尊；视读者如亲人。"[6]

图 6　和我们聊天的义工们

目前自强图书宬的义工一共有 18 名，其中终身义工 1 名，常年看护义工 1 名，轮班值日义工 16 名，每人每月值两天班。2017 年 10 月 18 日下午、19 日上午，我们走访自强图书宬时，见到了其中不少的义工（见图 6），并对其中的几位进行了访谈。

义工之一周杨斌（1969—）介绍说，他高考落榜后曾一度到外地闯荡过，但最终都因路子不对而碰壁。回家乡后他泡在自强图书戌，一面做义工一面根据自身兴趣自学中医知识。他认真钻研中草药，曾在图书戌里的《实用中药别名手册》（包锡生编，广东科技出版社，1997 年版）找到了专治骨伤的"催干子"的学名叫"无名异"。有空他还到大山里采草药，加工后卖出去。现在有两个孩子，女儿已经出嫁，儿子在长沙打工。2014 年起自己在家里开了个药店，一年也能收入五六万元。周杨斌讲，他研制出来的烫伤药"深山一口血"（苗药），效果很好，还有名为"三百根"的骨伤药，也有很好的药效。自强图书戌里还有一位义工叫杨成善（1955—），苗族，他高中毕业，教过小学、中学的英语。因身体瘦弱，做不了重活，也不能外出打工。从 2003 年开始就做义工了，也是爱看中医、草药方面的书，能治跌打损伤、胆肾结石等。有一次，一头耕牛骨折，经他妙手回春，半个月就让牛爬起来正常走路。他一有空也和周杨斌上山采药，也成了远近闻名的"土郎中"。

义工之二蓝明宪（1947—）介绍说，自己仅上过一年学，因此对读书人十分尊敬。老义工龚良治去世后，他接了班从 2011 年来做义工。他知道义工是没有报酬的，是无偿奉献。但自己一干就是七八年，风雨无阻。每轮到他值班，他都按点到老支书家小超市里拿上钥匙，9 点准时开门。在自强图书戌里打扫卫生，整理书籍。凡略带技术含量的活都是他主动做。他说自己出身不好，是地主子弟，从小就受人歧视。"文革"时杨光勋当干部，看到他会拉二胡，就让他参加了文艺宣传队，保护了他，后来还让他扛枪当上了基干民兵。杨光勋退休之际办图书馆，他很受感动，怀着感恩之心过来帮忙。蓝明宪表示，只要他身体行就会一直帮下去（见图 7）。

图 7　和我们座谈的义工杨成善（左一）和蓝明宪（右一）

杨光勋对每位义工都十分了解、关照，义工们对杨光勋也很佩服和尊敬，义工彼此之间相互尊重，互帮互助，可以说"创办人＋义工"的管理模式是自强图书㕓独特的运行机制。杨光勋称，可以毫不夸张地说，没有义工的无私奉献，就没有自强图书㕓今天的健康延续。如杨光勋的胞弟杨光清，他从自强图书㕓成立时起，就成了义工，除了值日，他负责记录各种历史资料，拍摄活动照片。自强图书㕓备有三个永久保存的本子：一是《劳务捐物芳名录（大事记）》，二是《善款捐赠芳名录》，三是《嘉宾留言》，都由杨光清保管。平时杨光清还注意抓拍义工们的感人镜头，如义工蓝支福值班，从来都是自带午餐茶水。冬天寒冷，食物易凉，蓝支福就把食物悬在火桶上方保温，而他就坐在火桶上，这一珍贵镜头被杨光清及时抓拍，形成了屁股底下有饭的奇趣画面。

2012 年 10 月的一天，73 岁的义工龚少奇（1939—）突然得病卧床不起。他担心今后难去图书㕓上班看守图书了，便从枕头底下摸出 20 元钱，递给前来探望他的义工们说："我不能上班了，请拿这 20 元帮给我买一面五星红旗插在自强图书㕓，表示我的心还在那里。"据说，在场者无不为之动容。而女义工曾绿平女士，轮到她 2012 年 12 月 28 日、29 日、30 日值班的日子，因工作、家务繁重，一时脱不开身，于是她花 30 元请了一位七十岁的"五保户"为她代班。近些年来，杨光勋长住长沙，自强图书㕓的日常管理全仗"二当家"蓝宗来（1943—），他认真负责，每天都要去检查义工上班情况，无论酷暑严寒都风雨无阻。

下团村有杨、蓝两大姓，杨姓占 48%，蓝姓占 47%，杂姓只占 5%。杨姓是东汉"关西夫子"杨震、抗金名将杨再兴的后裔，蓝姓是明代开国元勋蓝玉（苗族）的后裔，这里民风淳朴、信守公德。自强图书㕓的 18 名义工中，杨姓 7 人，蓝姓 5 人，他们的身上继承着先贤的血脉，在自强图书㕓义工群体里也占多数。

6 自强图书㕓的未来发展

按照杨光勋的说法，自强图书㕓的运行模式是"公家供地、私人创建、义工传承"。谈及未来的发展，杨光勋说，由于空间小，自强图书㕓的发展受到了限制。在他的呼吁下，镇、村两级政府在文化馆原有的二层基础上加盖了三层，并将南半侧二楼自强图书㕓之上的三层部分拨付给了自强图书㕓。我们来调研时，三层已经封顶。这样自强图书戒就可增加新的阅览、活动的空间了。杨光勋还打算利用图书戒一楼的场地开设"传统文化大学堂",播放传统文化和国学教育方面的视频课程,吸引更多的村民来学习传统文化。他比喻说,自强图书戒相当于高等教育,而"传统文化大学堂"相当于普及教育,二者互为补充,将相得益彰。

在两天走访之中,我们和湖南图书馆的邹序明副馆长、段蓓虹副秘书长都感觉到自强图书戒的发展目前也存在一些问题,比如义工群体因年龄偏大、文化水平不高,很难主动开展一些有内涵的阅读推广活动;义工们对图书馆业务的不熟悉也导致图书乱架现象较为严重。另外,图书馆因平时不注重各种数据的积累,在说明自身社会效益方面也有些乏力。对此,邹序明副馆长和我们在与杨光勋及其义工的座谈中,鉴于孩子们是主要读者群(见图 8),建议自强图书戒加强以下几方面的工作:一是激发附近丹口镇初级中学高年级学生的积极性,由该学校爱读书的孩子自愿组成读书会,来自强图书戒开展各种读书活动;二是自强图书戒应该对自身发展的作用进行自我评估,例如下团村有 180 户、1000 多人,常来看书的人有多少,他们和不常来看书的人有什么差异?还有,常来看书的学生,小升初的成绩如何,初升高的成绩如何?是否有明显的提高等。据了解,在自强图书戒看书的小读者有的已经考上了大学,但这些情况要有客观真实的数据、实例才能予以说明。

为了加强自强图书戒与临近的丹口镇初级中学的联系,我们表达了和自强图书戒、丹口镇初级中学合作进行"乡村图书馆、校园图书角、家庭书架网建设"项目的意愿。丹口镇初级中学校长何君鸿、党支部书记张兴国闻讯在 19 日上午来到自强图书戒,和我们沟通项目合作事宜。据何校长介绍,丹口镇初级中学是一个含小学、初中的学校,同时

图 8　少儿阅览室里看书的孩子们

又担负丹口少年宫的职责。全校1至9年级，共有482名学生，大部分是留守儿童，其中寄宿生160人。学校虽然有一个藏有11300册书籍的图书室，但学生们爱看的书不多。其次教室里也没有图书角，班级阅读风气不浓。他们对能在丹口镇初级中学做"乡村图书馆、校园图书角、家庭书架网建设"项目表示期待。杨光勋也觉得"乡村图书馆、校园图书角、家庭书架网建设"项目能够落地在自强图书宬和丹口镇初级中学，是自强图书宬发展的一个契机，这样可以把图书宬与学校紧密联系起来。

在告别自强图书宬之际，杨光勋说他要把自强图书宬"砌"成一所没有门槛围墙、免费进入且随到随学、还能世代相传的综合性民间大学。杨光勋请我们给自强图书宬题字留念。邹序明题曰"春风化雨，润物无声"，王子舟题曰"当代乡贤，文化愚公"，这权作为我们对自强图书宬和杨光勋的赞誉与期许吧。

参考文献

[1] 许慎. 说文解字［M］. 北京：中华书局，1963：150.

[2] 杨博智. 华声在线在城步"自强图书宬"成立助学基金［EB/OL］. 华声在线，（2008-08-03）［2017-10-22］. http://hunan.voc.com.cn/article/200808/200808030826054457.html.

[3] 三湘华声自强图书宬官网上线［EB/OL］. 自强图书宬官网，（2011-11-16）［2017-10-25］. http://utility.voc.com.cn/cms/view.php?tid-26311-cid-338.html.html.

[4] 周辉. 清波杂志：卷四［M］. 刘永翔，校注. 北京：中华书局，1994：134.

[5] 杨淑岚. 国学立身，诗书传家［EB/OL］. 湖南教育新闻网，（2015-08-12）［2017-10-28］. http://news.hnjy.com.cn/jjzh/128058.jhtml.

[6] 杨光勋. 自强图书宬简介［M］// 杨光勋. 自强图书宬系列文稿. 打印稿，2017：1-4.

作者：王子舟、张晓芳、张歌，原载《山东图书馆学刊》2018年1期

第14篇

乡村科技与文化的传播者

——辽宁庄河市大营镇四家村农民科技书屋

1 农民科技书屋的往事

辽宁省庄河市大营镇位于辽东半岛东部沿海地带，处于庄河市中东部大连至丹东的铁路线中间，东与青堆镇接壤。镇人民政府驻地是大营村大营屯，距大丹高速公路 20 公里。大营镇四家村坐落在千山余脉歇马山下，相传唐代名将薛仁贵率军征战时曾在歇马山安营扎寨。四家村北娄屯农民任福盛（1949—）创办的农民科技书屋就在紧靠庄岫铁路的一个农家院落里。这里属于海洋性季风气候，冬暖夏凉，和润怡人。

任福盛（见图1）是个喜爱读书的农民，2001 年时就已经积累了 3000 本书，周围的邻居们看到他家里书多，常到他家里翻阅、借书。据媒体报道，当时四家村北娄村地理位置较偏僻，交通闭塞，农民们长期靠种粮过日子。"村里有些小青年每年收完庄稼，变得无所事事。任福盛经与小青

图 1 农民科技书屋的创办人任福盛

年谈心后了解到这些青年农民不是不想富，而是不会富。于是他萌生了创办'农民科技书屋'的想法，让青年人的脑子先富起来，用知识这把金钥匙开启致富的大门。2005 年秋天，任福盛自费在家中办起了全镇第一个'农家科技书屋'。平日里，他与老伴省吃俭用，有钱就买书，就连过生日、过春节也要求子女以书为礼。"[1]截至 2010 年，任福盛为办农民科技书屋累计投入 2 万多元，藏书 1.2 万册。

起初，农民科技书屋藏书以科技方面内容为主，种植、养殖方面的书较多。书屋全天候开放，免费借阅。"青年农民任传林通过任老推荐的《科学养蚕》一书，学会了纸袋室内育苗养蚕新方法，使蚕茧产量成倍增加，年收入 3 万元以上；青年农民梁汉峰是个'大学漏'，一有空就往任老的'农民科技书屋'跑，通过书上的介绍，先后搞起了山养大骨鸡和棚栽大樱桃项目，成为远近闻名的致富能人……"[1]大棚户姜迎军说："自从有了这个农家书屋，种植草莓时遇到技术方面的问题，都会来这里查阅资料，解决了很多实际问题。"[2]

后来村屯里的孩子们也常来书屋，但是书屋里适合孩子们阅读的书籍较少，于是任福盛就设法增加少儿图书。通过购买和接受捐赠，书屋的少儿图书不断增加。2007 年，任福盛联系上了大连市少年儿童图书馆，主动加入了大连市少年儿童图书馆乡村图书流动站体系，成了该馆的"图书流动服务站"，少儿图书馆每年春秋两季为任福盛的书屋更新一次图书，每次 300 至 500 册。为此，农民科技书屋还专门设立了少儿图书专架，上面摆放着古今文学、寓言故事、科普读物等 3000余册图书，从此孩子们也爱来看书了。节假日时，学生最多的时候一下子会来 30多个。

随着媒体的报道，任福盛农民科技书屋的事迹逐渐传播开来。2016 年 8 月 25 日，庄河电视台的《说见说闻》节目专门介绍了任福盛农民科技书屋事迹①，任福盛在庄河市的知名度更为扩大，农民科技书屋也成为庄河市大营镇的一张文化名片。

2　走访农民科技书屋的机缘

2015 年 7 月，任福盛参加了北京亦庄召开的民间图书馆论坛，在那次会上我

---

① 　网上链接地址为：https://v.qq.com/x/page/c03239rgprm.html.

们得以相识。在这届民间图书馆论坛上，为了激活民间图书馆自身的活力与创新意识，开发社会基层社群阅读推广活动的潜能，以及解决乡村民间图书馆发展的困难，民间图书馆协会筹备组启动了"合万邦小微公益基金"，专门资助各地民间图书馆自我设计的小型创新项目。论坛结束后不久，任福盛即向民间图书馆协会筹备组提交了"农民科技书屋阅读环境改造项目（2015—2016）"的申请书。因为 2014 年秋，任福盛自筹 3 万余元，用空心砖、彩钢板建起 140 余平方米空架子房，用作新的书屋。由于资金匮乏，墙面没刮大白，顶棚也没吊，旧塑钢窗没有安装玻璃。任福盛想用这笔项目经费完善书屋的建设，并添置一些设施。该申请通过立项后，农民科技书屋获得了合万邦小微公益基金 1 万元人民币的资助。

2017 年初，"农民科技书屋阅读环境改造项目（2015—2016）"顺利完成，任福盛的农民科技书屋焕然一新地开始迎接读者。2017 年 11 月 15 日，王子舟到辽宁出差，民间图书馆协会筹备组利用此机会委托王子舟、张晓芳、张歌等三人顺道前往庄河市大营镇四家村北娄屯对农民科技书屋，以及对另一家乡村民间图书馆——青堆镇前炉村桃园屯桃园书社进行项目回访，同时对大营镇的农民科技书屋、青堆镇的桃园书社进行田野调查活动。行前的二十多天里，回访人员已经对农民科技书屋的相关资料进行了认真梳理、阅读。

11 月 16 日中午 11：53 时，我们回访小组成员乘火车到了青堆火车站，青堆镇文化站站长孙继邦开车与桃园书社的齐艳霞一起来接我们。中午在青堆镇吃饭后，便直接去了大营镇四家村北娄屯，考察任福盛的农民科技书屋，了解其运行情况。一路走的都是柏油路，路面新车也少，路两旁都是起伏的山坡。约 13：20时，我们到了任福盛家的院前，任福盛夫妻热情迎接我们。院子里新修起来的正房因台高而显得比较高大，台阶下拴有小狗，这就是农民科技书屋（见图 2）。书屋门口两边各挂着一个牌子，东边是"庄河市关工委农家书屋"，西边是"大连市少年儿童图书馆图书流动服务站"；院子东厢是牛圈、西厢是玉米仓，院外沟里养着一些鸡鹅，可谓一个典型的东北农家院落。进了农民科技书屋，阅览桌上已经摆好了水果，任福盛夫妻端茶倒水招待我们。我们仔细考察了农民科技书屋的情况，对任福盛夫妻进行约四个小时的访谈。

傍晚调研结束，任福盛叫来村里一位远房侄子的车送我们返回青堆镇桃园书社。我们与任福盛、桃园书社的孙宁、齐艳霞等在青堆镇一起吃了晚饭，顺便就乡村图书馆的话题又聊了一阵儿，然后就近住在桃园书社旁边的宏业假日宾馆。17日一早，开始了下一站的工作，即对桃园书社进行回访调研。

图2　农家院落里的农民科技书屋

3　农民科技书屋的现状

我们在回访中看到，任福盛家的正房里有五间屋子，进门后正中间的屋子是前厅后厨，东面连通的两间为农民科技书屋（里面是书库，外面是阅览室），西面有两间，里间是储物间（里面还存放着一些打包的书），外间是卧室。书屋的面积有40平方米，摆着12个书架，有的是自己焊的铁书架，有的是公共图书馆赠送的木书架（见图3），架上图书约有5000册（其中大连市少年儿童图书馆流动图书专架上有1000册）；靠门的地方有4张

图3　农民科技书屋里的书架

阅读书桌、8 把椅子。目前书屋可以一次性容纳 15 个读者同时阅读。阅览桌旁还有报架，上面夹着当地的报纸。

自从 2007 年与大连市少年儿童图书馆合作以来，农民科技书屋有了定期更新的儿童图书，以前每半年能更新 300 册，现在随着少儿图书馆调配书数量的增加，每半年更新的书达到了 1000 册。2016 年，庄河市图书馆也捐助过来 1000 册书。新书多了，孩子们也就愿意来借书看了。任福盛在向我们介绍读者服务工作时，还专门搬出两个纸箱，里面盛满了读者借书卡（纸条），每个借书卡上有读者姓名、住址、年龄、电话，以及书名、书价、借书日期、还书日期等，都是读者自己填写，两箱子共攒有一万张左右。任福盛告诉我们，北娄屯只有百余人，有些熟人借书，他也不要求登记借书卡，但不认识的邻村或外地读者第一次借书，他要求交 50 元押金。有一次还发生过这样一件事情，有一个学生借书时用了别人的姓名、手机号，借走了大连儿童图书馆的 15 本书，不过后来也找到了。学生把书送回书屋并道歉，任福盛也没有告诉他的老师或家长，这名学生后来甚至还把家里的书拿来送给书屋。今年以来，由于手机阅读逐渐流行，平日里借书的学生也比往年少了，但在寒暑假，来看书的学生还挺多。

为了方便读者阅读，让更多的读者分享书中的知识，从 2016 年 8 月 4 日起，任福盛在距自家书屋五公里以外的大营镇周边乡村设立了两个阅读点，一个是庄河市大营镇新房村唐希洪家，一个是仙人洞镇冰峪村解德有家。唐希洪爱看治病养生方面的书，解德有是个兽医，喜欢种植养殖类书籍。他们热心公益事业，平时常来书屋看书。他俩现在被选为阅读点的负责人，由农民科技书屋每次提供 50 至 100 本左右的图书，并印制读书卡，放在负责人家中，每年调换两次图书。任福盛说，他还要在大营镇物色其他人来做阅读点的负责人，如苗家村的孙福青，也是个合适人选，自己家里有上百本书、一个书柜，还是个热心人。目前还有一些村暂无合适人选，因此还没有办法设立阅读点。

除了借阅书籍，任福盛还尽量挖掘农民科技书屋的潜力，开发新的延伸服务项目。2009 年春天，任福盛以农民科技书屋为平台，组建了以 6 名青年致富能手为骨干的"四家村农民科技服务合作社"，后来村镇领导觉得名称叫得有些大，遂改名为"四家村农民科技互助协会"，这个互助协会已在庄河市民政局注册，任

图4 书架上种植、养殖方面的新书

福盛亲任会长。协会的宗旨就是通过传播科技信息来帮助农民解决生产中的难题，引导乡亲们致富。协会的成立对农民科技书屋的发展也起到了促进作用，不仅使书屋增加了读者，而且给农民致富提供了技术保障。现在互助协会成员已经达到了40余人，常来书屋看书的徐福军、高衍学、任传家等，都已经成为四家村的致富能手。许多会员已经掌握了大棚种植致富本领，有的种樱桃，有的种蓝莓，有的种草莓。目前四家村的种植大棚，大樱桃有40多个，蓝莓有20多个，草莓也接近20个。樱桃种植能手梁汉峰，因未考上大学而获得"大学漏"的雅号，他平时爱到书屋看种植、养殖方面的书（见图4），仔细钻研樱桃栽培技术。他的棚栽大樱桃长得好，销路好。2016年梁汉峰打理的30多个樱桃大棚一共收入200万元，他因此成了远近闻名的致富能手。

通过实地走访，我们感到任福盛的农民科技书屋在发展中有三个优点：一是能与公共图书馆（即大连市少年儿童图书馆）进行业务合作，实现新书补充制度化、常态化，同时也为公共图书馆在延伸服务上提供了积极作为的机会与条件（2011年大连少儿馆建成分馆70个、流通站50个），这是一个十分有效的好经验；二是通过建设家庭流动阅读点，可以使自己的农民科技书屋长出"腿脚"，将知识服务延伸到其他村老百姓的家庭里去，使得更多的百姓能够学习到新知识；三是能主动通过成立农民科技互助协会，深化书屋的服务，使书屋的服务进入到生产、致富层面，这也使得书屋的知识服务职能得到充分发挥，社会效益实现良好的体现。

4 任福盛及其家庭

任福盛今年69岁，兄弟有八人，他排行老六。小学是在本村王碑小学念的，中学上的是庄河十二中，中学离家几十里路，任福盛只好每周回家背一次干粮回校吃。1968 年 3 月，他中学没有毕业就参了军，进入野战军 16 军，1969 年在部队入党。1973 年复员，进入了庄河镁矿厂当工人。这期间结了婚，妻子叫王月花（1952—），初中毕业生，当

图 5　任福盛与妻子王月花在书屋里留影

过十年的小学教师（见图 5）。他们养育了三个孩子，一女两男。1979 年任福盛回四家村当农民，家也在村里扎下来了。任福盛先后当过村民组长、村关工委常务副主任、党小组长等。他从小就爱看书，在部队时就爱看书，回到农村以后也四处找书看，还到镇职校借过书。职校校长说，你家里书也不少了，不如办一个书屋，大家一起看书。于是在 2005 年秋就在家里办起了农民科技书屋。书屋成立那几年，读者很多。有时搞个活动，一下就来三十多个学生。一到周末，书屋里就会来许多人，经常看书的学生中有几个后来还考上了大学。

　　最近一两年，手机普及了，读屏流行了，来看书的孩子们也少一些了，不过总还是有人来借书。学生们因写作业、写作文的需要，还常来书屋借阅书籍。有一次任福盛辅导一个孩子写作文，辅导结束后孩子奇怪地问任福盛："我爸是农民，你也是农民，你咋就比我爸懂得多？"任福盛答："这不就是看书看的吗？你从小看书不就好了。"除了孩子以外，成人们来看书，主要还是借阅一些种植养殖方面的，喜欢来这里查资料。农民科技书屋开放不定时，家里有人就能随时接待读者。有时候读者来家发现没人，就直接去田里找任福盛或妻子回来开门。

　　聊起家里的收入情况，任福盛跟我们说，现在种地收入不行，家里虽然有十几亩地，但不能维持生计，所以平时他还要养几头牛还有一些鸡鹅等。2016 年卖了三个牛崽，收入 1.5 万元，收入还不错；今年一头大牛下崽难产死了，只卖了一个牛崽，收入才 5000 元。不过，家里十几亩地也可以补贴家用。妻子也还常到

外面做帮工，也能有些收入，总之家庭收入能够保障全家的生活。特别是孩子们也不时地给家里汇款，如今年大牛死了，二儿媳听说了就给家里汇来 2 千元。

任福盛的三个子女都很有出息，现均已成家，日子过得安稳。两个儿子在外地，离家远，平时只能过春节回来一趟；女儿在庄河市工作，离得近，二十天或一个月总会回家来探望一下。孩子们都很支持任福盛办农民科技书屋，认为这是一件好事。

5 农民科技书屋的未来发展

谈起未来农民科技书屋发展的话题，任福盛说只要身体还好，他就要一直坚持把书屋办好。2012 年体检时发现自己的血脂、血压有些高，他就专门找治疗"三高"（高血压、高血脂、高血糖）的书看，通过饮食调整，半年以后就把血脂、血压降下来了。从那以后，任福盛还经常给村民们推荐各种健康保健的书籍。今年开始，任福盛发现自己的左耳朵稍微有些背，不过这没有大碍。他说，不到自己老得不能动，书屋就会一直坚持办下去。

对于农民科技书屋的下一步发展，任福盛说他有以下几点考虑：

第一，要发展好家庭阅读点。即有可能的话，在大营镇的五个村里建起家庭阅读点，以方便村民们就近阅读。阅读点建设最主要的难点是负责人的选择，没有合适的人，就不能着急建阅读点。阅读点负责人的选择标准是：爱读书、懂得多；有公益心、热情好客。现在已经有两个阅读点了，今后成熟一个建一个。

第二，发挥好书屋的延伸功能。首先书屋可以在科学种田方面发挥积极的作用，如种植养殖技术的掌握，还是离不开读书。现在庄河市农业生产中种植业发展较快，有桃树、蓝莓、大樱桃、黑果花椒、红花山楂等等，非常需要先进的种植技术的指导。其次，除了为农民致富服务外，还可以借助书屋为村民日常生活服务，如村屯里的村民间发生一些纠纷（包括儿女因赡养老人闹纠纷），他就借助法律知识从中说和调解，避免矛盾激化。任福盛说过："你帮俺爬过一个坡，俺帮你跃过一个坎。邻里关系好了，村风也好了。"[3]

第三，在寒暑假搞好阅读活动。为了吸引孩子们在寒暑假、节假日里来书屋看书，今后书屋还要举办一些阅读活动，例如演讲比赛等。先在寒暑假里试着举办一次，看看效果如何。如果效果好，再开发一些阅读活动，如组织故事会，吸收文艺秧歌队参与，在农闲时举办文艺晚会等，以此丰富农民的业余生活。每次活动再给优胜者发点奖品，这样也可以调动读者参与阅读活动的积极性。

第四，争取到政府与社会的支持。现在与大连市少年儿童图书馆合作了近十年，保证书屋每年都有新书周转轮换。以后还要依靠政府的图书馆，把实用性较强的书流通到书屋中。另外还要争取到镇政府的支持，希望镇政府为书屋的活动打气加油。任福盛表示过几天就去找镇文化站，希望能在书屋墙上做条通墙大标语："在阅读中成长，在阅读中提高，在阅读中寻找文明的密码。"这三句话也是科技书屋的宗旨。

在和任福盛夫妇告别的时候，任福盛说，十年来政府给了他许多荣誉，如2011年被庄河市委评为优秀党小组长标兵，2017年获"全省2015—2016年度优秀农家书屋管理员"称号，2017年得了辽宁省的"最佳藏书人"奖，媒体也多次报道他的事迹，但是"我办书屋，不是为了名利，就是当作乐趣。我要是小时候就有这么多书看，我也不是现在这个样子了。所以办好书屋，服务下一代，真的是意义很大"。妻子王月花说："我们只要身体行，就要坚持下去。"

参考文献

［1］于新祥，张仁兵.山村致富"播火人"［EB/OL］.庄河市人民政府网站，（2010-03-19）［2017-11-23］. http://www.dlzh.gov.cn/gov/zwgk/06/256164_499972.htm?COLLCC=628532381&.

［2］佚名.任福盛的农家书屋［EB/OL］.庄河市人民政府网站，（2017-03-16）［2017-11-23］.http://www.dlzh.gov.cn/zhdyz/zhdyz/jjjl/122889_1789614.htm?COLLCC=625486925&.

［3］孙福青，张祥.大连庄河大营镇农民互助协会好处多［EB/OL］.庄河市人民政府网站，（2012-03-12）［2017-11-27］. http://www.dlzh.gov.cn/gov/zwgk/08/357043_793085.htm? COLLCC=3795197401&.

作者：王子舟、张晓芳、张歌，原载《山东图书馆学刊》2018年2期

第15篇

感召群众的乡村公共阅读空间

——辽宁庄河市青堆镇前炉村桃园书社

1 桃园书社的往事

辽宁省庄河市青堆镇位于大营镇东南20公里处。这里北依山峦，南滨黄海，因从海上远望呈现一片青色，唐朝以前称作"青口"，后又根据犹如一片青色石堆而在贞观年间改称为"青堆"。青堆镇中心北200米的地方有个前炉村，孙宁（1940—）创办的桃园书社就在前炉村的桃园屯（见图1）。

桃园书社正式开放于2008年7月1日。取名"桃园"者，一是因为所在地为桃园屯，二是从教育事业上退休的孙宁，希望自己的书社能"桃李满天下"。桃园书社最初的2000册书，都是孙宁平时积累下来的，这些书中不乏农业种植养殖以及农业科技方面的内容，如滑子蘑的种植、草莓的栽培、林蛙的养殖等，因为孙宁做过青堆镇职业技术学校的校长，他了解农民的知识需求。他自己

图1　前炉村的桃园屯的桃园书社

还用退休金订阅了一批报刊，有《半月谈》《新农业》《处事与做人》《农家女》《咬文嚼字》等等[1]。书社的读者一部分是当地农民和镇上的外来务工人员，另一部分是中小学生。每天都有来看书的，少则三两人，多则十五六人。孙宁几乎每天都守候在书社里，整理、修补书籍，记录借书信息，给读者释疑解惑，还不时地义务教授孩子们日语、二胡、葫芦丝等知识和技能[2]。

孙宁的桃园书社还有一个好帮手，名字叫齐艳霞（1968—），她来自阜新市彰武县农民家庭，自幼家境贫寒。22 岁结婚后与丈夫白手起家，但丈夫多病，生活一直很拮据。2005 年初，齐艳霞离开家乡来到青堆镇打工，在孙宁家里做家政服务员，主要是照顾孙宁卧病在床的老伴。书社成立后，爱读书的她和孙宁一起打理桃园书社的事务，每天也是忙里忙外，并很快学会上网、打字、复印等技能，成为书社的"主力队员"。除了书社里的借阅服务，齐艳霞从媒体上看到许多贫困地区的村民缺少衣物，于是产生办一个爱心捐助站的想法。在孙宁的支持下，2011 年 7 月桃园书社又成立了"思琪爱心捐助站"，主要收集别人捐赠的旧衣物，然后无偿捐给需要帮助的人。截至 2012 年 3 月，捐助站收集到捐助衣物近 4000 件，齐艳霞将其分发或用自己微薄的收入寄给了需要帮助的人们，其中帮助的当地困难户就有 20 多家[3]。2012 年 5 月 31 日，在庄河市慈善总会的支持下，桃园书社义工站正式成立，有 26 名爱心人士报名成为首批义工站的义工。

看到桃园书社藏书量少，齐艳霞还曾在博客上发布消息帮助募集。2013 年 5 月 24 日，《大连晚报》记者对桃园书社进行了报道，并号召社会各界为桃园书社捐书。桃园书社的事迹一时间引起社会关注，仅三天时间里，大连市民就踊跃捐书 4300 多本。捐书者年纪大的已过八旬，小的才 3 岁，当地名作家高玉宝还捐出 200 册自己的藏书，他在自己创作的一本书上还给孙宁写了几句赠言。孙宁收到这批书后，专门用毛笔写了几轴感谢条幅送给大连晚报社[4]。接下来的几天，孙宁集中整理这批赠书。他在一本《怎样看化验单》的书里，意外发现夹着两张民国三十八年（1949）8 月 13 日的"结婚证书"，证书上人名为孙志信（男，30 岁）、张皓莹（女，23 岁），结婚地点在北平。孙宁赶紧通过《大连晚报》将此信息发布出来，希望能尽快找到失主。第二天，住在医院里的 98 岁的大连机车车辆有限公司退休的高级工程师孙志信，在报纸上看到了这一消息，很快与报社取得了

图2　2014年桃园书社里的一次剪纸课①

联系，最终顺利拿到了这两张结婚证书。原来他早已忘掉结婚证放在何处了，女儿代他捐书时，把这本夹带结婚证的书不慎也捐了出去。

经过社会各界的帮助，截至2014年，桃园书社各类藏书已有8000余册，订阅报刊30余种，还有一台电脑可以连接远程教育工程的网络，收看教学视频。为了进一步吸引读者来桃园书社，孙宁和齐艳霞策划、组织了丰富多彩的教育文化活动，包括业余辅导（有日语课和语文、数学、英语课等）、剪纸课、书法课、家长课堂、暑期支教、参观学习等，一个个活动慢慢地、自发地生成出来（见图2、图3）。2012年8月至12月的每周日，书社还举办了以传统文化为主题的思想教育讲座，由孙宁、齐艳霞、王玉发、朱英家等四人主讲。2015年7月，老读者、书社义工丛树盛为小读者们开设了双钩字班和剪纸班，参

图3　2016年3月6日读书会"讲故事活动"②

①②　图片来源：桃园书社提供。

加学习的读者最小有 4 岁、最大有 14 岁。2016 年 3 月 30 日，桃园书社还举办了一场青堆镇文化研讨会，20 多位传统文化爱好者聚集一起，讨论青堆历史文化特色，为开发旅游文化出谋划策。4 月 28 日至 5 月 4 日，书社成功举办了"首届青堆镇民间文化艺术作品展"，吸引了不少人前来参观。6 月，书社发起了亲子活动，组织学生及其家长去庄河北站做志愿服务。2016 年和 2017 年，书社组织了两次赴大连理工大学的参观活动和大学生暑期支教活动。2017 年 7 月 24 日至 31 日的支教活动由桃园书社义工站和青堆镇妇联联合发起，邀请辽宁师范大学、大连工业大学、辽宁对外经贸学院的四名大学生和一名研究生，为 60 名青堆的孩子（其中一半是留守儿童）上了 33 节课，包括古诗词、趣味数学、趣味英语、手工制作、绘画、音乐、舞蹈、安全知识、儿童防性侵等，让孩子们学到了知识，也开阔了视野[5]。

2　走访桃园书社的机缘

我们和孙宁、齐艳霞相识是在 2015 年 7 月北京亦庄召开的民间图书馆论坛上。当年 9 月，齐艳霞向民间图书馆协会筹备组提交了"乡村文化驿站"项目的申请书，该申请通过立项后获得了合万邦小微公益基金 1 万元人民币资助。"乡村文化驿站"项目是以民间图书馆"桃园书社"为平台，通过多种学习、文化活动，如开办辅导班、培训班、故事会、研讨会等，促进少儿和家长及中老年读者的文化素养的提高。其中面向 5 至 18 岁的少儿及其家长每周日举办的辅导班或培训班，涉及国学、书法、美术、阅读、写作、剪纸等主题内容；针对中老年读者，则主要举办一些阅读、写作（主要是古诗词的学习、创作）的培训班。"乡村文化驿站"项目实施时间为 2015 年 12 月至 2016 年 12 月。2017 年初，在合万邦小微公益基金项目的验收中，"乡村文化驿站"项目以内容丰富、成效显著，受到了好评。

2017 年 11 月 15 日，王子舟到辽宁出差，民间图书馆协会筹备组利用此机会委托王子舟、张晓芳、张歌等三人，顺道前往庄河市青堆镇前炉村桃园屯，对桃园书社承担的"乡村文化驿站"项目进行回访。行前的二十多天里，回访人员已经对桃园书社的相关资料进行了认真梳理。11 月 16 日中午 11：53 时，我们回访小组三人乘火车到了青堆火车站，青堆镇文化站站长孙继邦开车与齐艳霞一起来接站。我们去桃园书社拜见孙宁老师，然后邀请孙老师和大家在青堆镇上的面馆一起吃中午饭。饭后我们先去了大营镇四家村北娄屯，考察任福盛的农民科技书屋，了解其运行情况。晚上返回桃园书社，与任福盛、孙宁、齐艳霞等一起吃晚饭。饭后我们就近住在桃园书社附近的宏业假日宾馆，当天晚上在宾馆对齐艳霞做了两个多小时的访谈。

11月17日一大早，我们在镇上吃完早饭，步行至桃园书社，再对孙宁、齐艳霞进行访谈。期间搭文化站站长孙继邦的车，去了一趟青堆镇中心小学，考察桃园书社在那里设立的班级图书角流动点，并与该校的校长见了面，商谈在该校开展校园图书角项目的后续工作，双方达成了合作意向。中午我们与孙宁、齐艳霞等到镇上一起吃饭。

受孙宁的安排，17日下午13：30，我们回到桃园书社，参与书社全年优秀阅读读者的发奖活动。奖品很特别，不是一张奖状或一个奖品，而是何殿甲《赠周恩来文》的一张横轴书法作品的复制件。从14：00到15：00，先后有七个学生优秀读者、六个成人优秀读者陆续前来领奖。学生优秀小读者们有的是自己走过来的，也有家长骑车送过来的，我们借机和这些获奖学生及其家长进行了交流，从他们的言谈中加深对桃园书社的了解。后来几位成人优秀读者来领奖时，我们专门和他们一起进行了座谈，了解他们自身的生活经历以及到桃园书社借阅书刊的情况。下午16：40，我们告别桃园书社的孙宁、齐艳霞，搭乘桃园书社义工站一位义工的车到青堆火车站，乘坐18：03的火车离开了青堆，途径沈阳返回北京。

3　桃园书社的现状

桃园书社位于贯穿青堆镇的201国道路边，一排四间的平房顶上竖有"桃园书社"四个隶体大字的牌匾，蓝底黑字，是一位学生家长主动花钱制作、上门安装的一块爱心牌匾。正墙上一左一右绘着"夕阳高照"和"心系三农"两个方印。这是孙宁租的临街房屋，进行为客厅兼报刊阅览室，左一小间住人，右一间为藏书及阅览室（见图4），里面还有一间库房兼作存书室。两个阅览室里都有桌子，每个阅览室能坐下十来个人。书社目前藏有12000册图书、2000多张视频光盘，订阅有50余种报纸杂志，还有电脑、打印机、复印机各一台。图书大致按主题排架。

图书来源由孙宁自藏、社会捐赠、大连市少年儿童图书馆配送几部分组成。其中大连市少年儿童图书馆配送的书是专架陈列，共有 400 多册。大连市少年儿童图书馆已将桃园书社发展为自己的乡镇图书流动点，一年两次来进行新书更换，每次送来新书三四百种，以保障图书的定期更新。

图 4　桃园书社里阅览室近景

目前桃园书社的读者主要是学龄儿童和闲居老人。每周一至周五下午学校放学后，就有中小学生来书屋看书、借书（见图 5），周六、周日以及寒暑假里，孩子们就更多了。桃园书社在暑假举办的活动丰富，参与的孩子一多，场地容不下，齐艳霞只好到附近的职校去借教室。好在近两年职校因招不到生源，处于停办状态，可以无偿借其教室使用，现在的职校一间教室里还放着许多桃园书社的书。至于老人、外来务工的读者，总体上数量不多，但是他们常来书社看书，形成了书社比较稳定的读者群，所以书社日常开放中，来看书的老人和孩子几乎一样多。

为了做好老年读者、外来务工人员的阅读服务，孙宁每年自费订阅了大家喜爱的报刊，报纸保持每年 5 份，杂志有《红旗文稿》《纵横》《国学》《满族文学》《华夏文化》《海燕》《诗刊》《长白山诗刊》《中华诗词》《民间对联故事》《咬文嚼字》《退休生活》《老同志之友》等，关工委还赠

图 5　来桃园书社借阅书籍的五年级学生读者孔鑫玙

送了一份《中国火炬》。有些杂志是长年订阅的，如《咬文嚼字》，孩子们也喜欢；有的杂志要是发现看的人不多，隔年就调换一种。这些杂志就放在中厅一进门右边的书架上，由于新刊多，所以每天都有读者来看。

除了提供书刊免费借阅，桃园书社还做过一些实用信息推送服务。2011 年 9 月起，孙宁自费编印了一份小报《书社月讯》，每月发行一期，每期印 100 份，该小报通过"政策信息""爱心平台""诗歌园地""就业指南""时代红娘""慈善榜"等栏目免费发放给当地村民百姓，很受群众的欢迎。为了活跃基层文化氛围，孙宁还在 2012 年组织了一个 20 多人的"银童梦创作团队"，成员中最大的 83 岁，最小 3 岁。他们各有所长，或能写诗词，或会书法，或会画画，或可表演节目。其中搞诗词创作的，后来作品还发表在国家级的报纸上。而孙宁则辅导青年人学日语，以便他们通过劳务输出到日本打工时能用得上，现已有寇雪、常春玉等十名日语学员在日本工作或上学。

随着社会各界的捐赠，桃园书社的藏书越来越多。2016 年，桃园书社发起了家庭"爱心小书架"和校园"爱心图书角"项目，即精选书社里的图书，分批送到教室里和孩子的书桌上。5 月 22 日，家庭"爱心小书架"项目启动，齐艳霞将活动倡议发布在两个"希望家园"的家长群中，立刻得到了积极响应，青堆镇内外共有 40 个家庭参与。每个家庭自备小书架（有的家庭参与书社的 DIY 活动，用纸箱等材料自制小书架），家长和孩子一起来书社自选 30 至 40 册书，两个月读完后到书社换书。项目要求家长和孩子共读书籍，写出读书笔记，年底参加评选。这次活动有 600 册图书漂流到了"爱心小书架"的家庭。当年底，桃园书社举办了爱心小书架读书交流表彰会，评选出若干"优秀小读者""最佳小读者"和"书香之家"获得者，给他们颁发了奖状和奖品。另外，2016 年 11 月 28 日，齐艳霞整理出 810 册图书，在青堆镇中心小学建立了校园"爱心图书角"。该校共 6 个年级 18 个班，图书按一至三年级每班 50 册、四至六年级每班 40 册进行分配。每班选 2 名图书管理员，负责借阅登记和收取读书卡。半年举行一次评奖，由桃园书社对评选出的"优秀小读者""优秀管理员"和"优秀阅读集体"给予奖励。这些用于小学校园图书角项目的图书，主要是由大连海昌财富义工站、小小少年亲子公益组织以及大连的一些爱心人士捐赠的。

我们这次来桃园书社回访，孙宁还给我们安排了任务，即让我们参加桃园书社 2017 年度优秀读者奖品颁发仪式，借以增加获奖者的荣誉感。11 月 17 日下午 14：00 时开始，王子舟和孙宁、齐艳霞分别给桃园书社的学生优秀读者、成人优秀读者发了奖品。如前所述，奖品是何殿甲《赠周恩来文》的一张横幅书法复制品。这幅书法作品的来源有故事，1913 年，何殿甲的孙子何履桢与同窗好友周恩来一起就读于奉天省东关模范两等小学校，周恩来常到何家做客，何殿甲甚为欣赏周恩来。周恩来南下到他家辞别时，何殿甲写下临别赠言送与周恩来，全文曰：

> 能为非常之人，必有非常之才；有非常之才，始成非常之业。彼季子刺骨，后为六国相；司马题桥，终能乘高车；班超投笔，果封万户侯；张良坚忍，卒成汉世业。如四君者，岂不毅然大丈夫哉！自古及今，英雄豪杰不大困者不大享，能冒险者方出险，此定理也。况吾人读书，虽不敢言囊称饶裕，亦不如家索清贫，衣食有资，备金不用，正男子有为之日，学生造诣之时，较诸挂角读书、牧豕听经、凿壁偷光、映雪读书，当何如也？义孙周生，与小孙有朋友之义，同堂为学，南北距五千里之遥，开班萃一堂之上，善则相劝，过则相规，交非浮泛，谊切同胞。今值南旋，洒泪而别。后会之期，在何时也！吾无黄金万镒、锱铢千提，馈赆周生；仅具片语，以作记念云尔[6]。

1991 年，辽宁省庄河市老书法家孙俊昌（1922—）将《赠周恩来文》书写为一个横幅给了孙宁。前两天孙宁花钱将其复印成若干份，用以作为给优秀读者的奖品。孙宁说，这个比奖状强，对孩子有教育意义。获奖的学生有小学生韩雪、孔鑫玙、王思懿、韩鑫淼、张福洋，从三年级到六年级都有；初中生则有王雅棋、王宸（见图 6）。成人读者有退休建筑工程师丛树盛，他爱好剪纸和双钩字；大连众鑫食品加工厂装卸队长张广龙，他是从黑龙江来这里打工的；村民刘福义，已经写了好几本民间故事书；诗词爱好者陈国夫，他从小喜欢诗词，受孙宁鼓励将自己的诗作投稿在报上得以发表。说起来他们都是桃园书社的常客，不但来这里看书，时间长了还变成了书社的义工，如丛树盛就免费在桃园书社办剪纸培训班，教孩子们剪纸。

图6 孙宁（右一）、获奖读者王宸（右二）、齐艳霞（左一）、王子舟（左二）一起合影

4 桃园书社的义工站

义工站是在孙宁的支持下，由齐艳霞在 2011 年 7 月发起成立的，最初叫"思琪爱心捐助站"。齐艳霞收集社会捐赠的衣物，自费寄给北京"儿童村"和四川、甘肃等贫困地区，同时也发放给本地的贫困家庭和残疾人。2012 年 5 月 31 日，爱心捐助站更名为"庄河市慈善总会桃园书社义工站"，并正式挂牌成立，首批召集爱心义工 26 人，由齐艳霞任站长进行管理，同时还扩大了公益慈善活动的范围，增加了扶贫、牵手助学、爱心课堂等项目。

尤其是桃园书社义工站牵手助学项目，现在已经有了品牌效应，越来越多的爱心人士参与到了牵手助学项目，捐助经费或担任义工。桃园书社义工站联合庄河城关街道新兴义工站，通过庄河民间慈善联盟，牵手大连精英企业联合发展会、大连正清和健康管理公司、大连丽宫女王美容院、大连熊猫血爱心团队、青堆镇关工委等企业和社会组织 20 多家，走访并资助贫困学生，有时也为贫困小学捐赠教学用品。牵手助学项目目前已经进入了规模化、常态化发展阶段。在活动过程中，由爱心人士构成的捐助方看到齐艳霞提供的资助对象情况真实可靠，而且还能及时提供走访回馈信息，于是更愿意针对性地为这些被资助孩子提供长期助学金。"大连91－乐途"爱心公益团队就与桃园书社义工站开展了长达三年的合作，该团队的队长陈光，是一位家具企业家，第一次跟随熊猫血爱心团队来到青堆，就结识了齐艳霞。陈光委托齐艳霞寻访资助对象，而齐艳霞则通过学校获得贫困生名单，然后跟随学校挨家走访，将走访情况报给陈光的公益团队，该团队每八人或十人集资来资助一个孩子，每学期内按月给被资助孩子的卡上打钱，标准是初中生200元、高中生300元、大学生400元。陈光负责每月收钱、打钱，齐艳霞则负责信息反馈等协调工作。至今为止，牵手助学项目中获得长期资助的学生已有88人，加上一次性资助的对象，总计约200人。而从义工站的整体爱心活动来计，截至2015年，有600余位爱心人士参与了捐赠活动，共捐助衣物10万余件，仅邮寄费就支出了6000多元；转赠助学金和教学物资近10万元，这些活动受到了社会各界的关注[7]。最近桃园书社义工站正联合大连海昌财富义工站运作农业扶贫项目，使贫困家庭增加收入。义工团队目前也已发展至150人。

2015年1月20日，桃园书社义工站的牵手助学项目获大连市慈善总会颁发的"优秀项目奖"；2016年12月24日，又获庄河市慈善总会颁发的"最佳慈善服务项目奖"，同时桃园书社获"突出贡献集体奖"。齐艳霞也多次获得"优秀慈善义工""五星级慈善义工"等荣誉称号，如2015年获大连慈善总会颁发的"杰出贡献银星奖"，2016年她与孙宁均获庄河市慈善总会颁发的"金星奖"。齐艳霞的工作得到了政府和民间的双重认可。作为青堆镇异乡人的齐艳霞，她越来越多地得到了当地人的喜爱。镇上一名捐款不留名的阿姨对她说："我就相信你。"有人感慨道："青堆多几个齐艳霞就好了"，甚至有群众背后称齐艳霞为"牵手观音"。2016年，齐艳霞这个外乡人还被选举为青堆镇的妇联副主席，协助镇上的妇女儿童之家开展活动。齐艳霞说，她初来青堆是因为喜欢这里的文化，越住越喜欢，也越住越了解，也越来越融入了当地。她还说，特别感恩桃园书社创办人孙宁老师搭建的爱心平台和他一直的支持和参与，感谢各级政府的关注支持，感谢义工们和社会各界爱心人士的付出和陪伴。

5 孙宁和齐艳霞的公益经历

孙宁是满族舒穆禄氏人，他说远祖母为叶赫那拉氏，她有四个孩子，康熙二十六年（1687）带领两个儿子及亲戚从北京城移居岫岩（当时庄河归岫岩管辖）。1940年5月，孙宁出生于伪满辖城庄河县，1949年上小学念书。他因特别爱看书，心无旁骛，在家里排行又是老二，得一外号"二懒"。14岁时，小学仅上了五年半就因父亲病逝而肄业，此后全靠自学成才。

从1954年起，孙宁成为农业社社员，先后担任记工员、扫盲教师、畜禽防疫员、大白旗乡财粮委员、团委委员。1958年4月，县里为普及小学教育公开招聘教师，小学肄业的孙宁与初中、高中毕业生同场报考，竟然通过了考试而成为12名录用者之一，实习一年后正式入职，按师范毕业生的待遇每月领取25元的工资，从此开始了他三十多年的教师生涯，先后在青堆公社柯屯小学、海滨小学、高岭乡新华小学、高岭中心小学、庄河二十二中学、高岭公社教育组、丹东市中小学教材编写组担任教师、主任、教研员、语文编写组组长等。1980年，孙宁又在高岭满族乡先后任文化站长、高岭满族乡教育助理兼职业技术学校校长。任职期间多次被评为省、市、县先进工作者。1999年退居二线时，一名在庄河工作的学生得知此信息，立即聘请他担任其公司广告报编辑，且工资不菲，但他却毫不犹豫选择留在职校做督导员。2000年底由于合乡并镇，高岭职校并入青堆职校，孙宁虽然已办退休手续，但在职校书记的挽留下，继续担任义务教师，任中专班班主任、日语教师，并协助年轻校长的工作。

孙宁热心公益事业，从20世纪60年代起就帮扶过于凤琴、寇红军等多名孤儿、贫困学生。1992年他参与了团中央"希望工程"项目，成为一名志愿者，先后对广东、陕西、江苏、黑龙江、吉林的八名贫困青年给予了多年帮扶，使他们改变人生命运，因此，他被评为省、市民族团结先进个人。2004年，因老伴罹患脑梗，多处医治无效，他只得离校回家陪护。2005年起，他继续免费为几个贫困学生做校外辅导，免费教授日语，还曾帮助45名失学儿童升学就业。退休在家的这些年，时常有一些曾到职业技校听过课的村民来孙宁家里请教一些农业上的问题，正好又赶上国家提倡发展农村文化事业，在全国各地建立"农家书屋"。

孙宁便产生了一个想法：自己家里有藏书，拿出来不就可以办成农民看书学习的现成书屋吗？于是，他和老伴商量后，拿出了退休金，在镇里临街的地界租了四间平房，把自己的上千本藏书全都搬了进去，成立了桃园书社，于 2008 年 7 月 1 日正式挂牌。桃

图 7　孙宁在整理新到的报纸

园书社不但借书、看书一分钱不收，孙宁还买了台电脑，免费替读者上网查资料、提供复印打印服务[2]。

除了公益慈善情怀，因孙宁有几十年的教学经验，文化水平高、外语能力强（曾跟随辽宁人民广播电台早上日语课学日语，后又在大连外国语学院日语函授班学了 3 年），使得桃园书社以他为核心聚集了一批渴求知识的热心读者，他们都十分尊敬孙宁，一直叫他孙老师（见图 7）。

齐艳霞，1968 年 9 月出生于辽宁省阜新市彰武县哈尔套镇的一个农民家庭，自幼家境贫寒。小学就读于彰武县哈尔套镇柳树小学，初中、高中就读于哈尔套镇中学（今已撤并到县城）。1990 年初结婚，丈夫是邻近丰田乡的农民。两人育有一子，今年 26 岁，目前在青堆从事网络销售。说起在桃园书社做义工，还有一段曲折的经历。齐艳霞是个不甘平庸的人，1998 年 8 月曾给《新农业杂志》编辑部写信，希望获得有关农业函授大学的信息，她意外地收到了孙宁老师的回信。在信中孙宁向她推荐了中国农业大学和中国农民大学，后来他们断断续续通过几次信。齐艳霞虽然报名参加了一所函授大学，但因丈夫多病等各种原因未能完成两年的学业。2005 年正月，她与老公去大连打工，图谋发展，途径庄河市青堆镇时下车来看望孙宁，此时孙宁正退休在家，他不善理家务，还要照顾卧病在床的老伴，显得很吃力，齐艳霞见状即决定留下来照顾孙宁老两口。后

经与丈夫商量，他们举家迁来青堆，齐艳霞从事家政在孙宁家照顾二老，丈夫则作为外来务工人员在海产品加工厂工作，孩子也随着转学过来念书。

没想到齐艳霞来到青堆镇一待就是 13 年，她这个外乡人也渐渐成了当地人。除了照顾孙宁夫妻，她还要打理桃园书社的事务。齐艳霞说她从小就喜欢书，她初来青堆时，孙宁在老街的住家里有一个书房，两个书架上摆满了书。照顾孙宁夫妇生活之余，她就在书房看书学习。后来孙宁提议创办桃园书社，齐艳霞高兴地表示自愿义务参与书社管理。除了每年年底回老家探亲十来天，其余时间她都在桃园书社，一天到晚地忙碌（见图 8）。2011 年，齐艳霞在《农民科技培训》杂志发表"耕读感言"说，读书使她改变了生活态度，性格变得开朗、乐观、豁达，更懂得了什么是感恩、博爱和自强不息[8]。

图8　齐艳霞在桃园书社里

齐艳霞小时候常看到父母关心、帮助他人，因此她也助人为乐。她看到垃圾箱中丢弃的旧衣物还可以穿，又从网上得知北京有个收容无人照料儿童的太阳村需要衣物，遂征得孙宁的支持，在桃园书社成立了"思琪爱心捐助站"，募集旧衣帽、鞋子等生活用品，自付邮资寄往北京的太阳村，乃至四川、甘肃等地，最远还寄送到了西藏洛隆县孜托镇尼亚村。刚开始，她从每月600元的工资里拿出100元做邮资，随着邮资渐长，压力也变大。后来有爱心人士主动承担邮资，才减轻了邮费负担。除了外寄，齐艳霞还将募到的衣物捐赠给当地的低保户、贫困户、残疾家庭等[3]。

高中毕业的齐艳霞，有着较好的阅读写作水平，她能辅导孩子们写作业、写作文，在书社里免费开办中国传统文化讲座。孙宁对齐艳霞也夸赞有加，说她的长处是写作，能在《农家女》杂志上发表文章；有的老年人写诗歌，还来找她看看韵脚、平仄对不对。

6　桃园书社未来发展之路

桃园书社主要的活动内容有图书借阅、编辑简讯、读者活动、募捐衣物和牵手助学等五大项。作为一个民间图书馆，桃园书社除了书刊借阅、读者活动等图书馆服务外，还开展了一系列的爱心慈善活动，即自身走出了一个"书社＋义工站"的发展模式。它既是一个基层文化教育平台，也是一个慈善公益平台。这种发展模式是慢慢、自然而然地形成的，而不是事先预设出来的。这种契合当地社会环境、文化氛围的自我发展，显示出了一个民间图书馆的生命活力与其自身本色。

据孙宁介绍，桃园书社在成立之初确立的服务职责是：立足本村，面向全镇，服务周边，兼顾乡邻，升学辅导，技能培训，就业指导，健康顾问，提供信息，义务惠民。在近十年的发展中，有媒体称其为农民的"知识加油站"，打工者的"精神家园"，学生们的"校外辅导站"[9]。在取得社会认可的同时，孙宁与齐艳霞也付出了艰辛的心血。近两三年以来，桃园书社的运行每年都要投入近2万元，其中费用较大的一笔是房租。2008年时年租金还是3000元，以后逐渐上涨至2016年的7000元。近年政府和社会对书社也有帮助，如2015年青堆镇政府找企业家补助了桃园书社房租5000元；2015年春，北京吉普大连锋华车队捐赠7300元；2016年3月，庄河市慈善总会捐赠桃园书社房租7000元。孙宁说现在自己每月退休金有4000多块钱，在大连地区也算是高退休金了，目前还能承担起书社的正常运行费用。而齐艳霞从书社成立至今，一直身负三重重任：一是作为家政服务员要照顾好孙宁卧病在床的老伴及孙宁的起居生活；二是作为乡村阅读推广人要管理好桃园书社的图书，组织开展好读者活动；三是作为乡村公益慈善对接人，要牵手爱心慈善团队做好扶贫助学工作。从未来发展的角度来看，桃园书社的经费来源、人力资源还不成问题。

今后桃园书社的建设，也有一个良好的机遇，那就是随着青堆镇推进特色小镇建设进程，桃园书社未来会在馆舍等硬件条件上发生一些变化。我们来青堆镇时，镇文化站站长孙继邦告诉我们，前几年镇上建政府办公楼，把老电影院、文化站都拆了，现在文化站也只是镇政府楼里的一间办公室而已。青堆镇是一个文化古镇，有老街，有滨海，适宜于打造成庄河市的特色小镇，届时文化站也是要列入建设之中的。孙宁告诉我们，镇党委书记告诉他，待新的文化站建起来，镇上会拨出一些空间给桃园书社，包括阅览室、老年活动室等，这样桃园书社就会告别租房的日子，走上与政府合作发展的道路，即政府出让空间，孙宁与齐艳霞负责运行。另外，目前职校因招不到学生，楼房处于闲置状态。孙宁希望有爱心企业家将其买下，给齐艳霞办敬老院，这样也使得书社的慈善事业有了发展的依托。因为齐艳霞在2010年《农家女》杂志上发表过一篇文章，表达出"办一所特色养老院"的想法，既能给予老年人晚年幸福，又减轻其儿女负担，还能为社会提供就业机会。她甚至这样设想她的养老院特色：要给老人建立"健康档案"，支持老人"黄昏恋"，提供"临终关怀"业务等[10]。

在我们这次的调研活动中，齐艳霞就桃园书社的发展谈了自己的看法，她准备在2016年发起的校园"爱心图书角"和家庭"爱心小书架"项目的基础上，开发"图书漂流项目"，即联合庄河市的另几家民间图书馆相互流通图书。听了齐艳霞的设想，我们提出桃园书社可以向民间图书馆协会筹备组申请"乡村图书馆、校园图书角、家庭书架网建设"项目，即以桃园书社为依托，购买优质书籍以及书架，为齐艳霞在青堆镇中心小学建立的"爱心图书角"补充新书，改善小学生的阅读条件，然后给项目中涌现出来的优秀小读者奖励家庭小书架和书籍。齐艳霞听了我们的项目十分高兴，当即带我们去了青堆镇中心小学，考察那里的班级图书角现状，并与学校领导会面，初步达成了补充该校校园图书角的协议。

在我们回访桃园书社的两天里，我们还听到孙宁和齐艳霞都分别提到了这样一件事，即办桃园书社这些年，孙宁和齐艳霞得到了众多乡邻们的默默支持，平时总有小学生的家长或附近的村民给他送东西，有蔬菜、水果、米面、猪肉等，说是顺路给他俩捎来点。有时送东西的人忙，不进书社里面，把东西放在门口就走了。还有人时不时地邀请他们吃饭，或多做一份饭菜亲自送来。孙宁说，以往他没有留心，从去年开始记录，他统计了一下，在2016年的一年中，276天里都有村民给他送东西。现在孙宁去菜场买菜，许多卖菜的都不肯收孙宁的钱，有的说"我下次再去你那里借书就行了"，所以孙宁只好找不熟悉不认识的菜摊去买菜。一次傍晚孙宁去镇上交电话费，收费员说："孙老师今晚留下来吃饭吧，今天包饺子。"孙宁说，这些人这些话都让他感到十分温暖。孙宁和齐艳霞讲的这些内容，我们在这次回访中就有体会，即 16 日晚上我们和孙宁、齐艳霞在镇上一家饭馆吃饭，饭后王子舟去结账，老板娘死活不要钱，说是饭馆免费招待我们，因为她的公公就是桃园书社的老义工丛树盛。

孙宁和齐艳霞一样，也获得了诸多政府给予的荣誉奖励，他曾被评为"市优秀共产党员""青堆好人""市关心下一代先进工作者""省文明建设先进个人""帮青致富先进个人""优秀五老义工"等。2017 年 5 月，孙宁老伴去世，他也年到 78 岁。当我们问孙宁老师岁数越来越大，干不动了怎么办时，孙宁说："这不是还有齐艳霞嘛！只要有人在，桃园书社的事业一定得持续下去。"听到孙宁这样说，齐艳霞则表示，她这个外乡人已经把青堆镇当作自己的第二故乡了，她会一直在这里把公益事业做下去。

在这次走访调研中，我们无意发现齐艳霞在一份工作总结里写有这样一段话，这或许就是她的心声："我选择了一个没有薪资、没有节假日、没有退休的事业，而且会钟爱一生，无怨无悔——愿将事业做爱子，却看名利如浮云。"

参考文献

［1］庄河退休老校长建农家书屋免费向农民开放［EB/OL］.中国新闻出版网，（2010-02-21）［2017-11-10］. http：//www.chinaxwcb.com/2010-02/21/content_189350. htm.

［2］祝福，张雅，张瑜，等.古稀退休教师自办"桃园书社"整 5 年［N］.大连晚报，2013-05-24（A6）.

［3］侯有传，许国忧.保姆齐艳霞和她的爱心捐助站［EB/OL］.庄河市政府网，（2012-04-09）［2017-11-20］. http：//www.dlzh.gov.cn/gov/zwgk/06/256164_807218. htm?COLLCC=315243986&.

［4］祝福，张雅，张瑜，等.作家高玉宝赠书 200 册，一老人 851 本藏书全捐出［N］.大连晚报，2013-05-31（B9）.

［5］刘永斌，于越，李佳鹤.60 个农村孩子看到"不一样的世界"［EB/OL］.大连天健网，

（2017-08-03）［2017-11-20］. http：//dalian.runsky.com/2017-08/03/content_5732190. htm.

［6］何殿甲赠给少年周恩来的诗与文［EB/OL］. 搜狐网，（2017-05-07）［2017-12-08］. http：//www.sohu.com/a/138763547_794506.

［7］齐艳霞. 慈善伴我成长［EB/OL］. 参考网，（2016-01-24）［2017-11-22］. http：//www.fx361.com/page/2016/0124/862196.shtml.

［8］齐艳霞. 耕读感言［J］. 农民科技培训，2011（10）：49.

［9］齐艳霞，许国忱.“桃园书室”香古镇［EB/OL］. 庄河市人民政府网，（2012-05-14）［2017-11-23］. http：//www.dlzh.gov.cn/gov/zwgk/06/256164_819361. htm?COLLCC=1772269424&.

［10］齐艳霞. 我想办一所特色养老院［J］. 农家女，2010（7）：38.

作者：王子舟、张晓芳、张歌，原载《山东图书馆学刊》2018 年 3 期

第 16 篇

小小图书室牵动山村阅读大天地

——广西天等县天丽路鹿溪公益图书室

1　鹿溪公益图书室的创办经过

陈秀洪（1976— ）创办的鹿溪公益图书室在广西壮族自治区天等县天丽路63号。

广西天等县是国家级贫困县，也是国家扶贫开发工作重点县。据当地人说，"天等"是壮语音译，意思为"石头竖立"，此处山峰林立，土地贫瘠，石漠化面积占比达44.7%，有"八山一水一分田"之说。该县总人口40万人，壮族人口占到了98.7%，民族风俗历史悠久、浓郁。在天等县委县政府驻地的建筑上，可以看到书写着这样的大标语：天等不等天，苦干不苦熬。

鹿溪公益图书室成立于2009年11月，12月正式免费开放。最初地址在新兴街，名称为"鹿溪青少年阅读天地"，2010年，因活动内容不断扩大，又改称"鹿溪青少年公益文化发展中心"。命名"鹿溪"，即希望孩子们像小鹿喝水那样汲取知识。它是由陈秀洪等几位关注贫困山区青少年弱势群体（包括孤儿、留守儿童和贫困学生等）发展的民间人士发起创办的，纯属民间草根公益机构。当时鹿溪公益图书室只有六七百册书，可读者借阅十分踊跃（见图1）。陈秀洪联系社会各界，多方募集图书，还到大街上发放宣传单，倡议爱心人士一起参与援建图书室。在社会各界尤其是心平公益基金会和朱贝、徐虹、黄有琼等100多名人士的爱心资助下，截至2012年，鹿溪公益图书室获捐及自购的藏书达到了5000多册，来书屋看书的

图1　2010年留守儿童在简陋的鹿溪公益图书室看书①

孩子达到了1000多人，办理借书证有700多人[1]。

除了免费开放、图书借阅，鹿溪公益图书室经常举办各种阅读推广活动，涉及内容有主题读书会、征文征画成果展、城乡小读者联谊、暑期快乐英语学习等。由于人手不够，2010年8月31日，鹿溪公益图书室面向社会招募公益志愿者，天等县高级中学、天等县民族中学有数十名高中生、初中生等来做志愿者。有了志愿者的加入，鹿溪公益图书室又向山区乡村拓展出了一些延伸服务活动：一是到偏僻的龙茗镇东南小学西北村烟屯教学点等地建立爱心流动图书角；二是到东平乡大山深处的三合麻风病康复村探访、慰问老人；三是为中学生志愿者中的孤儿及其他贫困生募集奖学金、文具等。截至2017年6月，鹿溪公益图书室已在200多个山村建立了学校班级图书角或社区图书角；探访麻风病康复村七十多次，每次都为老人们送去粮油或生活用品；捐助志愿者中的孤儿及其他贫困生约150人，其中许多学生志愿者后来考上了大学。

随着鹿溪公益图书室活动的开展，服务范围的扩大，受益人数的增多，社会媒体也开始关注起了这个民间公益组织。早在2010年9月30日，崇左市的《左江日报》就刊出了该爱心公益图书室的配图报道；10月31日，当地电视台跟踪报道了鹿溪公益图书室开展"同一蓝天，携手成长"关注孤儿成长的交流联谊活动；2011年2月底，广西人民广播电台对留守儿童的精神家园爱心书签义卖活动进行了广播；6月，《今日天等》刊出了鹿溪公益图书室倡导少年儿童关爱麻风康复老人的公益行动……[2]鹿溪公益图书室暨鹿溪青少年公益文化发展中心的工作也引

---

①　图片来源：黄丽兰．留守儿童的精神家园［EB/OL］．崇左新闻网，（2010-12-28）［2017-11-29］．http://www.gxcznews.com/td/tdxxw/2217.shtml.

起了社会组织的关注，从 2010 年起，国内外的一些基金会、慈善组织，如中国青少年发展基金会、小天使行动基金、心平公益基金会、海外中国教育基金会、根与翼学生服务中心、美国青树教育基金会等也伸出援手，与鹿溪公益图书室合作开展各种阅读推广、公益慈善项目。

2　走访鹿溪公益图书室的机缘

早在 2010 年前，民间图书馆协会筹备组的邱璐与陈秀洪就相识在公益阅读活动中。2011 年 6 月，陈秀洪受邀参加北戴河的首届民间图书馆论坛。2015 年 7 月，她再次被邀到北京参加第二届民间图书馆论坛，在论坛上还做了《让阅读行动起来》的主题发言，讲述了自己推广阅读的经验，与代表们分享开展公益项目"小小故事会"的体会（见图 2）。从 2014 年开始，陈秀洪通过民间图书馆协会筹备组申请青树教育基金会的小型阅读推广公益项目，并先后三次获得批准。

在 2015 年第二届民间图书馆论坛上，主办方设立了"合万邦小微公益基金"，专门资助各地民间图书馆小型创新项目。当年 8 月，陈秀洪向民间图书馆协会筹备组提交了"流动图书站点协建及少儿阅读兴趣促进项目（2015—2016）"的申请。9 月，其申请通过立项并获得了合万邦小微公益基金 1 万元人民币的资助。该项目实施时间为 2016 年 1 月至 12 月，面向的群体是山村留守少儿学校的学生和麻风病康复村的孤苦老人，其宗旨是利用阅读资源，激发山村少儿及村民阅读兴趣，也为麻风病康复村的老人传播知识。具体内容包括：（1）以鹿溪公益图书室为根据地，开展免费借阅服务和阅读推

图 2　2015 年陈秀洪在"小小故事会"上给村屯孩子讲故事①

---

① 图片来源：2017 年 12 月 1 日鹿溪公益图书室提供。

广活动，引发家长和老师对少儿阅读的重视；（2）多方募集图书，送书下乡或进校，协助缺乏图书的村屯或学校建立图书角，并定期充实更换图书；（3）发展、培养大学生和中学生志愿者到协助建立的图书角所在村屯开展少儿阅读促进活动，如故事会、诗会、童话剧、绕口令、文字游戏、歌舞、谜语、手语童谣等，丰富山村少儿及村民的精神文化生活；（4）培养各村屯流动图书角的小管理员，延长图书角图书的寿命，持续促进村屯少儿的阅读兴趣[3]。

鹿溪公益图书室的"流动图书站点协建及少儿阅读兴趣促进项目（2015—2016）"结项后，2017年9月，广西壮族自治区图书馆学会邀请王子舟年末到广西钦州市参加广西壮族自治区图书馆学会2017年年会暨第35次科学讨论会。作为民间图书馆协会筹备组成员，王子舟想顺路对鹿溪公益图书室进行回访。广西图书馆副馆长彭松林听说这一消息，认为有机会了解本地社会力量办图书馆的情况也很有价值，当即决定在会后一同前往天等县共同参与调研。

广西图书馆学会年会安排在11月30日至12月1日两天。11月30日上午，王子舟在广西壮族自治区图书馆学会2017年年会完成了大会演讲任务。午饭后，广西图书馆副馆长彭松林和王子舟一起乘车从钦州市赶往天等县。钦州市到天等县有近300公里的路程，途径崇左市。山区里一路有雨，时大时小。车行近四个小时，在17：30我们抵达了天等县城，与天等县图书馆馆长黄超见了面，安排好住处，即邀请陈秀洪一起共进晚餐，餐后专门到天丽路63号考察了鹿溪公益图书室的情况。晚上，王子舟又邀陈秀洪在宾馆的客房里聊了近三个小时，然后送她回鹿溪公益图书室。第二天，即12月1日上午8：00时，我们一起再到鹿溪公益图书室进行调研，期间彭松林去天等县图书馆进行工作考察，王子舟则在鹿溪公益图书室对陈秀洪进行访谈。中午，我们与黄超、陈秀洪一起进餐，餐后告别他们驱车返回南宁市。

3 鹿溪公益图书室的现状

鹿溪公益图书室是一个临街的二层房屋，一层是个免费借阅的小型民间图书馆，二层是陈秀洪生活起居的地方和爱心仓库。图书室门外，停着一辆带遮篷的三轮电动车，这是陈秀洪组织学生志愿者下乡搞阅读活动、公益活动的"大篷车"，车篷上写着"润心志愿者团队／传播知识／滋润心灵／汇聚爱心"等大字（见图3）。

鹿溪公益图书室附近，有两个幼儿园和民族小学，它所在的位置也算得上是学区地段了。

图3　停在鹿溪公益图书室门前的送书"大篷车"

走进一楼图书室，但见两间屋子，里间大，外间小，合起来约有50平方米。每间屋里挨墙的四周都摆着装满书的书架。图书的排架，基本上是按主题分类的，有图画书（主要是绘本）、故事书、家庭教育、文学（分少儿、成人）、历史、地理、军事等等，数量有7000册。里间有个简陋的书桌，外间也有个小课桌，两间阅览室各有几把椅子和十几个小塑料凳，还有支架黑板等一些简单教具，这就是鹿溪公益图书室（见图4）；二楼也有两间屋子，无门的小间是储物间，里面放着一些书刊、爱心衣物，大间是陈秀洪的卧室。

鹿溪公益图书室一般在下午学校放学时段或节假日免费向社会开放，读者主要是附近中小学的孩子们。陈秀洪曾经请外教比尔夫妇来到这里，给孩子们办英语体验营活动，请心理专家广西社会心理学会秘书长曹钧盛来给孩子们上青春期心理辅导课。另外，图书室经常推出孩子们的阅读活动作品展，如画展、手抄报展；还不定期公布好书推荐信息，

图4　鹿溪公益图书室一楼外间近景

每月展出一期，投稿者也为当地中小学生。

除了图书室的"阵地服务"，陈秀洪还以图书室为基地开展了许多"延伸服务"。如到中学以及山区村屯小学或居民社区创建图书角等，将它们发展为自己的流动图书站点。图书角项目的具体做法是，由陈秀洪募集或购买适合儿童阅读的图书，然后招募贫困学生组成志愿者团队到中小学及乡下去办流动图书站点。学生志愿者的公益付出，与其贫困助学奖学金的发放结合起来，以使他们在献爱心的劳动中获得爱心人士的资助。目前鹿溪公益图书室在天等县协建了 87 个高中班级图书角，其中天等县高级中学有 72 个，民族高中有 15 个；在乡镇村屯小学、幼儿园创办的班级图书角有 100 多个；在村屯小卖部或村民家里办的图书角也有几十个。仅在 2015 年度，学生志愿者们在乡镇 41 个村屯流动图书站点就组织举办了 12 场画展及手抄报展，还有 6 场书签展，写了 20 多张黑板报，并在县城开展了 2 场少儿阅读推广活动，包括故事会、诗会、绕口令、童话剧、歌舞、谜语竞猜等[3]。

陈秀洪组织学生志愿者下乡到流动图书站点搞活动，还会与公益慈善活动相结合。他们不畏山路崎岖遥远，每月至少一次去没水没电的麻风病康复村图书站点，给几位孤苦老人带去新报纸和图书以补充图书角。他们给老人读报、讲故事、表演文艺节目。这些学生志愿者，通过自己在学校或街头演讲募捐所得经费，给老人买来一些食品和生活用品。来到麻风病康复村，还为老人洗脚、洗衣、剪指甲、砍柴、做饭、打扫房间，以能减轻老人的体力负担，改善老人的生活环境[3]。

形式多样的山村阅读活动较好地激发了山村儿童（主要为留守儿童）的阅读兴趣，而这些参与活动的学生志愿者，在起初的阅读活动中，有的害羞紧张、词不达意，后来逐步变得落落大方，表述也清晰起来，甚至能演能舞。还有的做事混乱无序，到后来变得井井有条。在服务当地儿童和群众的公益活动中，学生志愿者们的社会责任感得到提升，胆量、耐挫性、表达水平、协作能力、吃苦耐劳精神等都得到不同程度的提高，大家还在项目活动中收获了友谊、温暖和快乐。

岁月如梭，光阴似箭。鹿溪公益图书室捐助过的学生志愿者走了一批又来了一批，前后已有 200 余人。他们中来自天等高中的志愿者占到 80%，其余主要来自于民族高中，80% 的志愿者都考上了大学。天等高中女生杨美明就是鹿溪公益图书室的一名学生志愿者，她从小是孤儿，念高中时寄宿学校，品学兼优，积极参与鹿溪公益图书室的各项公益活动。陈秀洪根据她实际参与活动的工作量，连续三年给她一定的奖学金资助。2017 年高考时，杨美明以天等县文科第一名的成绩考入了东北师范大学中文系。此前那些上了大学的学生志愿者们，到了大学也不忘记继续为鹿溪公益图书室出力，如在南宁上大学的原志愿者们，在参加广西公益界的会议时，主动找南宁红太阳公益组织来为鹿溪公益图书室募捐图书，一次就捐赠 1070 册图书，这些图书也都是这些原志愿者们精心挑选、打包托运来的。

4　陈秀洪的公益之路

陈秀洪是广东省湛江市徐闻县人，家里兄妹三人，有两个哥哥。1997 年至 2000 年，她在武汉华中农业大学读涉外英语专业。大专毕业后，又通过自学考试学习了英语文学专业，并于 2002 年考试通过了所有专业课课程。

2002 年 1 月至 2003 年 3 月，陈秀洪先后在天英文化公司英语培训部、云南师宗县儿童福利院做过英语教师兼翻译及行政管理等工作。在云南师宗县儿童福利院的三个月工作，是她第一次接触贫困孤儿慈善救助的事业。陈秀洪说，她上高中时，最要好的同学就是一个孤儿，所以对孤儿有着天然的怜惜感和亲近感。2003 年 8 至 2004 年 7 月，她被广州羊城科技专修学院聘为英语教师。2004 年 11 月—2006 年 6 月，她又去了河南驻马店市泌阳县的乔妈妈儿童关爱中心当教师兼图书管理员，这是她第二次参与贫困孤儿救助工作。

2007 年 2 月至 2008 年 8 月，陈秀洪在阳光儿童村、世界宣明会桂黔区域办事处做过教师、资讯助理。2008 年 9 月，她辞职离开南宁，来到天等县天等镇荣华村，在荣华小学杂草丛生的一栋废弃的旧楼里和两位同事创

图 5　2017 年 12 月 1 日陈秀洪在鹿溪公益图书室门前

办了天等县孤儿关爱中心。陈秀洪在天等县孤儿关爱中心做了半年左右的副院长，负责儿童工作督导及社工学生在中心的实践活动，组织儿童成长教育和课业提高活动，撰写及翻译孤儿成长报告以及起草各类文书文件，同时还兼管财务、采购、仓库管理等。后来因教育理念和中心其他负责人不同而辞职，又因看到天等县乡村孩子缺少阅读读物和有效的阅读兴趣倡导活动，遂于 2009 年在天等县城较偏僻的新兴街用 3000 多元租了一间屋子，将自己仅剩的 1000 多元钱拿到南宁书摊买来适合孩子们阅读的书籍，创办起鹿溪青少年阅读天地（后改名为鹿溪公益图书室）。

为了充实图书室的图书量，陈秀洪通过多方渠道联系社会各界募集图书，自己也经常给别人打杂工，帮别人翻译，用换来的报酬到南宁广西大学附近的旧书店或者唐人文化园旧书报摊位（这里书摊多，书也便宜，选择余地大）挑选孩子们爱读的新书，一扎就是一整天，在烈日下或寒风中蹲着逐本挑选，一天下来头昏眼花。每次乘长途车到南宁，再倒公交车走一个多小时。运气好的时候，能够一元一册地买到一些崭新的、内容较好的图书。从南宁市托运图书回天等县的路途中，她经常是汗流浃背地拖着书袋。一次因劳累过度而体力不支，装满书的麻袋砸落在自己脚上，疼痛不已，忍着泪水，蹲在地上好久才能站起来。如果恰好赶上朋友驾车往返南宁市与天等县之间，陈秀洪便可搭顺风车去旧书市场买书，一次多买一些拉回来。如今鹿溪公益图书室加上流动图书站点的图书已达 7 万多册，其中有一半以上是她一本一本从旧书市场淘回来的，卖旧书的摊主也认识了这位身材纤弱的公益女士。

在把自己全部精力、所有经费投入到慈善公益事业的同时，陈秀洪自己过的却是极其简朴的生活。她平时穿的都是廉价的衣服，一日三餐粗茶淡饭，至于女性喜爱的化妆品之类的物品，也离她的生活较远。

5 鹿溪公益图书室的未来发展

相比国内其他民间图书馆而言，鹿溪公益图书室有两方面经验较有特色。其一，通过阅读活动，能够将扶贫助学与公益志愿者紧密结合，实现了阅读推广与人才培养双见效；其二，图书室的阵地服务与延伸服务紧密结合，尤其是村屯小学、村民社区流动图书点的建立，为边远山区的孩子们创造了阅读条件，实现了小小公益图书室牵动山村阅读大天地的效应。

当然，鹿溪公益图书室的发展还面临着诸多困难，在探讨鹿溪公益图书室的未来发展时，陈秀洪对我们表示，走公益之路是她人生的旅途，不过眼下主要想解决两个问题：

第一，争取能尽快在政府民政部门注册为民办非企业单位。这几年在国家政策的鼓励下，许多民间图书馆都在本地成功注册为民办非企业单位。有了法人身份，便为他们积极开展各种阅读活动提供了方便，如承接政府购买公共文化服务的项目，申请 NGO 组织的公益项目等。鹿溪公益图书室成立八年来，由于没有合法身份，许多公益组织的捐款不能正常接收，合作项目不能顺利签约，这也导致自身运营经费面临不足局面。如现有房租在逐年涨价，2017 年的年租金已经达到 6500 元，而截至 2017 年 10 月底，当年的捐赠收入为 31640.14 元，其中近 2 万元是专款专用的助学奖学金和麻风病康复村的敬老费用，再交了房租，几乎没有多少钱能用来购书、组织学生志愿者外出做阅读推广活动了。

从这两年开始，为了维持鹿溪公益图书室的正常运行乃至自身的生计，陈秀洪不得不随时接点朋友提供的零活，如到南宁市做些口译工作和文案工作等。虽然能挣得一点生活费，但是她一走，鹿溪公益图书室就要关门。因为原来两个经常帮忙的成人志愿者，一位到乡下工作去了，另一位家里有三个小孩要照顾，也脱身不得。而学生志愿者每天要上学，也不能全天在图书室里负责开放借阅工作，况且学生志愿者在阅读辅导能力方面还有一定的欠缺。也有人曾经劝过陈秀洪，说她如今已年过四十，应该为自己找一个收入相对稳定的职业，以便老有所居、所养。陈秀洪笑笑说，她也不是没考虑过，但就是舍不得这些孩子与这份事业。她说，如果成了民办非企业单位，今后可加大项目资金募捐图书的力度和增加募集渠道，就能持续下乡协建山区村屯图书角和开展少儿阅读活动。

第二，继续发展图书室的志愿者，将贫困中小学生的助学奖学金资助与图书室志愿者活动有机结合起来。按照志愿者工作量发放奖学金，一方面有效地资助了贫困学生，实现扶贫助学；另一方面还锻炼了贫困学生，既锻炼体力与毅力，还培养团结协作的能力，他们通过献爱心的劳动来获得奖励，荣誉感就更强。记得在 2012 年，陈秀洪带领天等县城 4 所初高中的 30 多个学生志愿者为三合麻风康复村修建卫生厕所，并多次前去为麻风康复村老人读报、洗床单被套、洗脚、

图6 图书室学生志愿者给麻风康复村老人读报①

洗衣服，甚至帮助做饭、干农活（见图6）。这一活动获得了中国青少年发展基金会小天使行动基金的奖励，陈秀洪还带领天等的中小学生志愿者代表，两次受邀前往北京与北戴河接受表彰。受到表彰的孩子们中就有奖学金资助对象，他们非常有荣誉感和成就感。

每年秋季开学是招募新学生志愿者以补充图书室人手的时机，招募到新人后就要对志愿者加强技能、勇气及协作度的培训，使其具备号召村民、宣传儿童阅读益处、上台主持阅读节目的能力。陈秀洪对我们说，社会上有些企业家或慈善人士，在一对一资助贫困学生时，要求找媒体给他们做宣传报道，甚至要把被资助学生的个人和家居照片刊登出来，这对被资助对象会造成一定的感情伤害，因为难以启齿的破裂家庭背景和破旧困窘的家居处境被公布出来，会让被资助学生感觉特别难堪自卑，在同学中抬不起头来。中国传统文化也有"善欲人见，不是真善"的说法，所以，凡是有这样要求的助学合作意向，她都谢绝了，这也是近几年鹿溪公益图书室得到助学奖学金捐助越来越少的一个原因吧。但是，对那些持之以恒多年资助鹿溪公益图书室贫困学生志愿者的公益人士，陈秀洪则做到了账目清晰、内容公开、反馈及时。为了让助学捐款人真实了解资助情况，有时过春节她都不回老家，要在天等县山区做被资助学生的家访，然后写成材料提交给助学捐款人。

在这次鹿溪公益图书室的调研中，11月30日晚上、12月1日中午的两次进餐，都是天等县图书馆馆长黄超招待，陈秀洪也在场。吃饭期间，我们建议鹿溪公益图书室以后要加强与天等县图书馆的合作，因为二者在合作中可以做到优势互补，即县图书馆可以为陈秀洪提供阅读活动的场地、交通工具以及其他社会资源，而陈秀洪可以发挥其组织阅读活动的专业特长，以及聘请资深领读者或辅导员来参

---

① 图片来源：2017年12月1日鹿溪公益图书室提供。

与县图书馆的阅读推广活动，提升活动质量与效能。黄超和陈秀洪都表示这是双赢的举措。另外我们还建议陈秀洪不仅要多方开发阅读领域、社会公益领域的社会资源，也要善于开发当地的各种社会资源，包括人脉关系等等，这样有助于她这个外乡人融入天等县社区生活，慢慢变得如鱼得水。

在辞别鹿溪公益图书室时，陈秀洪送给我们几枚学生志愿者们精心手工制作的书签（见图7），我们不知道这是出自哪几位孩子的创作，但是书签上展示出的善良心灵以及美好愿望，却是值得我们永久保存的。

图7　学生志愿者们精心手工制作的书签

参考文献

［1］黄丽兰.记热心公益事业的陈秀洪［EB/OL］.崇左新闻网，（2012-03-18）［2017-11-27］.http：//www.gxcznews.com.cn/xwzx/shxw/2012/03/84854.shtml.

［2］鹿溪青少年公益文化发展中心简介［EB/OL］.鹿溪青少年公益发展中心，（2012-02-17）［2017-11-27］.http：//lxyouthcenter.blog.163.com/blog/static/175473053201211 73209588/.

［3］民间图书馆公益阅读项目：广西崇左市天等县"鹿溪公益图书室"：流动图书站点协建及少儿阅读兴趣促进项目（2015—2016）［EB/OL］.文化火种寻找之旅，（2017-07-13）［2017-12-08］.http：//www.mjtsg.org/project/33/p44.html.

作者：王子舟、彭松林，原载《山东图书馆学刊》2018年4期

第17篇

乡村妇女编出的文化"同心结"

——山西省汾阳市三泉镇仁道村农家女书社

1 仁道村农家女书社往事

山西省汾阳市为县级市，地处山西腹地，东濒汾河水，西傍吕梁山。有学者认为，"牧童遥指杏花村"里的杏花村就在汾阳市东北方向15公里处。这里如今已成闻名遐迩的汾酒产地。三泉镇仁道村位于汾阳市西南方向10公里处，在307省道东侧，交通方便，因人们推崇"仁义道德"，以其省称得村名。仁道村现有耕地1700亩，240余户、1100余人，村民以种地和打工为生。

2007年，为了革除打麻将之风，活跃乡村文化，李玲聪（1961—）组织村里妇女成立了以往只有男人参加的威风锣鼓队，经常在村里古戏台前排练演出。妇女们有了自己的公共空间与活动，打麻将的少了，讲闲话的也没了，腰腿疼的也减少了。接着大家群策群力又相继成立了舞蹈队、地秧歌队、卡拉OK队、老年健身队、京剧会友队，还经常自编自演节目。仁道村的妇女们连续两年代表镇党委参加县里组织的比赛，每次都得到了好的名次。她们表演的地秧歌受到市民俗学研究者的重视，被录像并刻成光盘保留下来。2009年，在她们的影响下，周围3公里范围内的村庄，有4个行政村组织起了各种文艺团体，一时成为当地农民的佳话[1]。

花开两朵各表一枝。2009年5月经三泉乡副镇长任淑宏的介绍，李玲聪结识了栗家庄村农家女书社负责人王树霞、《农家女》记者郑巧和崔钰，于是订了全年的《农家女》。每当《农家女》新杂志到了村里，70% 的姐妹们开始轮流地看。后来，李玲聪在王树霞和任淑宏的介绍下，开着自家车，带上姐妹们去栗家庄村农家女书社、田村农家女书社进行观摩。北京农家女文化发展中心召开农家女书社年终交流会时，李玲聪前往北京参加了会议，她成了仁道村第一位去北京的女性。会后，李玲聪一回到村里，即着手组织村里的妇女筹备成立农家女书社[2]。

2012 年 4 月 9 日，仁道村农家女书社正式成立（见图 1），这是李玲聪联合村里妇女向北京农家女文化发展中心申请获批办起来的，也是北京农家女文化发展中心在德意志银行的大力支持下，在国内建起来的第 55 个农家女书社。书社面积不大，只有 54 平方米，位于仁道村旧庙旁的一个窑洞里。书社初创时有图书三千余册，包括政治经济、文学历史、卫生健康、农业科技等类，还有一些报刊。书社有管理机构和管理人员，有明确的借阅制度，定时开放、定时活动。同年 6 月，村里按上级文化部门的指示成立村农家书屋时，也将农家书屋合在了农家女书社。

图 1　2012 年 4 月 9 日仁道村妇女们在农家女书社门前合影①

---

① 图片来源：第 55 个农家女书社在山西汾阳成立［EB/OL］. 农家女书社的博客，（2012-04-17）［2018-05-07］. http://blog.sina.com.cn/s/blog_50e898a3010133so.html.

图 2　2014 年 12 月在广州第五届全国百位女村官论坛上发言的李玲聪①

农家女书社除了平时开展阅读活动，还组织自己的锣鼓队、舞蹈队、地秧歌队、老年健身队等，多次代表乡镇参加市里的一系列活动，各种奖项挂满了书社墙壁。此外，书社每年组织几位妇女去北京参加学习和培训，让妇女们走出家门学习电脑培训、服务技能等。据李玲聪介绍，截至 2017 年，书社先后组织各类活动 20 多次，固定的直接受益人近 500 人，间接受益人超过 1000 人。

2014 年 12 月 10 日至 12 月 12 日，由北京农家女文化发展中心和广州绿芽乡村妇女发展基金会共同举办的第五届全国百位女村官论坛在广州召开，时任仁道村村委会副主任的李玲聪受邀参加这次会议，并在大会上发言，讲述了农家女书社参与村庄治理的经验与方法（见图 2）。她说，因为书社的活动都是健康向上的，自然能得到村民的积极响应[3]。

2　走访仁道村农家女书社的机缘

李玲聪和我们相识是通过房红霞，2017 年 4 月，李玲聪通过北京农家女文化发展中心项目管理员房红霞，了解到河北省内丘县北永安村农家女书社办的"民间图书馆乡村家庭阅读点项目"很受村民的欢迎，便马上与本村农家女书社骨干们商议，于 5 月 7 日正式向民间图书馆协会筹备组提出了该项目的申请。同时对本村住户经过摸底与准备，选出了赵丽玲、高昌瑞、高寿海、李培明、郝强、靳玉杰六个家庭作为家庭阅读点，希望民间图书馆协会筹备组能够给予支持。这一申请很快获得了批准。

2017 年 6 月 22 日，民间图书馆协会筹备组发出的图书和小书架到了仁道村农家女书社，给家庭阅读点每家配两个小书架、120 册书。总计 12 个书架（1296 元），720 册图书（实洋 9669.60 元），连服务费、运费等，共计 12079.08 元。

---

①　图片来源：书社姐妹在女村官论坛的风采 [EB/OL]. 农家女书社的博客，（2014-12-18）[2018-05-07]. http://blog.sina.com.cn/s/blog_50e898a30102v8fd.html.

李玲聪收到图书、书架的当天即组织农家女书社成员以及六个阅读点家庭开会。书社分别与阅读点家庭签订了项目运行协议,制定出各种保管、借阅的规章制度,然后做出不定期搞一次集体阅读活动(如集体朗诵、绘画比赛)的规划。农家女书社里的退休教师武玉梅、幼儿园老师靳丽红、书社宣传队长王爱莲等,主动请缨志愿担任家庭阅读点的辅导老师,她们表示每个周末到各个阅读点家庭辅导学生看书、写读后感。

据李玲聪报来的项目运行总结内容可知,截至 2017 年底,农家女书社组织阅读点家庭的孩子们举办过多次读书会(见图 3),包括一次绘画比赛,两次普通话培训,如 11 月 5 日下午,阅读点家庭的孩子们聚集在农家女书社举行绘画比赛,黄河小学教师贺海玲及三位辅导老师还自备了奖品发给优胜者;11 月 10 日,农家女书社又组织阅读点家庭的孩子举办古诗词朗诵会。阅读点家庭的家长们说,有了家庭小书架后,孩子们有书可看,读书积极性可高了,讲普通话、朗诵诗词的胆子也比以前大了。

图 3　2017 年 7 月 14 日农家女书社组织家庭阅读点读书会①

鉴于家庭阅读点项目取得的成效,所以,当李玲聪 2017 年 11 月再度申请仁道小学校园图书角项目时,民间图书馆协会筹备组也顺利地给予了批准,并争取到了田家炳基金会、胡承渝、区权、孙裕萱和贾素枝夫妇、Peter Y. 和 Josephine S. Lo 夫妇的捐助经费,用来购买仁道小学图书角的图书与书架。民间图书馆协会筹备组为该小学的六个年级每个教室配置一个书架、50 册书,合有书架 6 个(654 元)、

① 图片来源:2017 年 7 月 21 日仁道村农家女书社提供。

图书 300 册（实洋 4273.64 元），加运费等共计 5606.32 元。2018 年 3 月 23 日发货，4 月初运抵仁道村。

2018 年 5 月 12 日至 14 日，为了解"民间图书馆乡村家庭阅读点项目"的具体运行情况，以及参加仁道村小学校园图书角项目启动仪式，民间图书馆协会筹备组派王子舟、邱璐二人前往汾阳市三泉镇仁道村进行回访和调研。

3　农家女书社和家庭阅读点

2018 年 5 月 12 日 20：40，王子舟、邱璐乘坐火车到了汾阳火车站。汾阳火车站距离市区有 20 多公里，出站后打出租车（50 元）到了康华宾馆，次日一早打出租车前往 10 公里外的仁道村。在村里文化活动中心与李玲聪见面后，她先带我们看了农家女书社。

农家女书社几年前已由仁道村旧庙旁的窑洞里迁到了仁道村小学校的一间教室内，与村文化活动中心只有一墙之隔。院墙上有门，从文化活动中心可直接穿行过来。书社面积有 40 平方米，西北面依墙有一排书柜，里面摆满了书籍，大约有 3000 册（见图 4）。中间有两张桌子当作阅览桌，东面黑板、讲台处是开展培训、活动的场地。李玲聪告诉我们，由于书社成立以来，图书没有增长也没有更换，许多书大家都看过了，加之现在手机微信的流行，人们很少来书社看书，不像以前那样热闹了。

李玲聪说，书社在阅读量下降之后，姐妹们觉得不能没有作为，既然大家自发成立起来一个村里的文化平台，就要让这个平台发挥积极作用。为了凝聚妇女们的积极性，2015 年 9 月 24 日，农家女书社成功注册为"汾阳市三

图 4　仁道村农家女书社室内一角

泉农家女书社协会",农家女书社从此有了社会团体法人的身份。2016 年 10 月 16 日，她们利用这个法人身份在北京农家女文化发展中心的帮助下，得到了招商局慈善基金会（CMCF）"幸福家园乡村社区支持计划"项目的资助，正式挂牌成立了"仁道村老年人日间照料中心"。老年人日间照料中心就在文化活动中心的两孔窑洞里，每天上午都会有村里上了年纪的老人到照料中心来，大家一起说话、看报、打牌等。中午，老年人日间照料中心还管老人们一顿午餐（每位老人每天交 2 元，一个月 60 元）。下午四五点以后，老人们各自回家。2017 年 3 月 8 日，汾阳市妇联嘉奖"仁道村老年人日间照料中心"为"优秀巾帼志愿服务集体"。

李玲聪说，书社是和书打交道的，来看书的人少了，大家更要积极创新，促进村民的阅读。引进家庭阅读点项目，把阅读推送到农民家里，并且以少儿为主要阅读人口，这就是书社的一个创新。

为了让我们对项目有深入的了解，上午 9：00，在李玲聪和农家女书社其他几位骨干的陪同下，我们开始走访家庭阅读点，依次走访了仁道村的赵丽玲、高昌瑞、高寿海、李培明、郝强、靳玉杰六个家庭。5 月 13 日正好是周日，孩子们大多在家里。

第一家是赵丽玲家。赵丽玲（37 岁）和丈夫刘五保（46 岁）有两个女儿一个儿子，大女儿刘烨鑫（16 岁）已上初三，二女儿赵烨佳（13 岁）上初一，小儿子赵刘键（10 岁）上小学二年级。赵丽玲的父母和他们住在一起，赵丽玲父亲是农家女书社京剧票友队成员，更是村里公认的能工巧匠。他家现住的房子就是他亲自设计施工建造的。双层楼房，一层是半下沉，里面是窑洞结构，外面大玻璃面墙，冬暖夏凉且采光还好。我们去时，刘五保在外地打工，赵烨佳、赵刘键正好在家。他俩很腼腆，但问到小书架时，他们都点头说他们非常喜欢（见图 5），每个人都看好些书了，还拿出他们写的一本读后感让我们看。李玲聪

图 5　站在小书架前的赵烨佳（右）和赵刘键（左）

图 6　高晗（左）和高世丞（右）在自家小书架前留影

说，农家女书社分配图书时，每家配一个笔记本，供孩子们写读后感用。孩子的姥爷识文断字，他对我们说，以前没有读书机会和条件，没想到现在一下变得这么好，真是想不到啊。

第二家是高昌瑞家。高昌瑞（37岁）和妻子韩海芬（36岁）有两个孩子，大女儿高晗（12岁）上六年级，小儿子高世丞（7岁）上一年级（见图6）。高昌瑞白天到焦化厂打工，晚上回家，韩海芬在家照顾孩子。韩海芬说，家里有了小书架和120册适合这两个孩子年龄段看的书后，两个孩子没事就看书。高晗的学习成绩越来越好，今年已经通过了小升初的考试，考进了汾阳市最好的初中学校东关实验中学，1600名考生只录取300名。我们在和高晗交谈的过程中，问到家里的书是否还借给附近或同班的同学，高晗说借，并拿出了一个借阅记录让我们看，上面记载了借书人的姓名、借书时间、还书时间、书名、类别、数量，还对图书保持不破损、不丢失的承诺签字。韩海芬告诉我们，她丈夫也很鼓励孩子读书，孩子的两个姑姑都是大学生。

第三家是高寿海家。高寿海（42岁）和妻子李海贤（31岁）有一儿一女，高寿海在外面开大车搞运输，李海贤在家做农活、照顾孩子，儿子高健（11岁）上五年级，女儿高卉（6岁）上一年级。高健不似前两家同伴那样羞涩，他挺大方，交谈一会儿，就要给我们朗诵亲近母语研究院编《全阅读（小学四年级）》里《谁也不许偷走太阳》的一段文字。他口齿清楚，字正腔圆，普通话说得很好。李海贤说，高健在班里平时也爱发言，每逢农家女书社组织读书会，他都会主动准备朗诵，相对而言，高卉则腼腆多了。我们一进院子，就发现水泥道上有粉笔画的图案，问是不是高卉画的，她点点头。让她向我们推荐几本她看过并喜欢的绘本，高卉很快就从小书架上找出四五本，并呈梅花状展示给我们看（见图7）。

第四家是李培明家。李培明（47岁）和妻子张英丽（46岁）有一儿一女，儿子在太原打工，做厨师，已经结婚生子，一年回来一两次，小女儿李黎馨（9岁）

上二年级。李黎馨将两个家庭小书架，在客厅门口一边摆了一个。张丽英告诉我们，李黎馨很喜欢小书架上的书，放学回来就看，农家女书社的辅导员还来家里辅导她阅读。只是自己太忙了，因为丈夫刚得了一场大病出院，身体虚弱，不能干活，只能休息，外面的农活和家务都靠她一人。李

图7　高卉向大家展示自己喜欢的绘本

玲聪插话说，近几年里，村里有好些中青年村民患大病，有的是心梗（如李培明），有的是脑瘤，还有的是子宫癌等。她们农家女书社为这些患病返贫的家庭没少募捐。在这种情况下，李黎馨很懂事，她爱读书，学习用功，还很听家长、老师的话，当着我们面，还向我们推荐她喜欢的书（见图8）。我们告别时，特向李培明表示了早日康复的祝愿。

第五家是郝强家。郝强（34岁）和妻子赵丽玲（35岁）有三个女儿，大女儿郝芯逸（10岁）上二年级，二女儿郝桉逸（8岁）、三女儿郝茹逸（8岁）是双胞胎，都在上一年级。郝强在汾阳市里打工，做厨师，每天很晚才回来，赵丽玲独自做点农活，在家照顾孩子。郝芯逸告诉我们，她已经看完小书架上三分之一的书了。在她带动下，两个妹妹也爱看书。我们问她妈妈看的书多还是她看的书多，芯逸说她比妈妈看得多，而且还能给妹妹们讲故事，说着还拿出一本《雨后天·问银河》，朗诵了其中的儿童诗《我想》（见图9）。

第六家是靳玉杰家。靳玉杰（35岁）和妻子任婧晓（33岁）有一女一子，女儿靳雅倩（12岁）上六年级，通过了小升初中考试，

图8　李黎馨（左）在小书架旁向邱璐（右）推荐她喜欢的书籍

图9　郝芯逸（右1）朗读儿童诗《我想》

考入汾阳市东关中学；儿子靳昊福（6岁）上一年级。靳玉杰夫妻俩平时住在汾阳市里，丈夫开公交车，妻子在小超市里打工。孩子们双休日到城里，其他时间住在仁道村，每天上学放学由靳玉杰的母亲王爱莲来照顾。我们去时，恰好两个孩子去了汾阳，靳雅倩今天有舞蹈培训课要上，

靳昊福晚上才能回来，我们在靳玉杰家只好跟孩子的奶奶王爱莲了解小书架的运行情况。王爱莲本身就是农家女书社家庭阅读点项目的志愿辅导员，所以每天督促、辅导两个孩子读书是她重要的职责。王爱莲说，自从有了小书架，孩子们放学后也不在外面疯跑了，经常躲在家里看书。

走访完家庭阅读点已经是12：30，我们回到仁道村老年人日间照料中心吃午饭，饭后到仁道小学教师宿舍休息。下午15：30，我们在老年人日间照料中心与农家女书社的骨干武玉梅、王爱莲、靳丽红、王玉花、秦俊梅等座谈农家女书社和家庭阅读点的运行问题。17：00李玲聪派儿子开车送我们返回汾阳市区。我们安排次日上午再到仁道村考察小学校园图书角建设项目。

4　仁道村小学校园图书角建设

仁道村仁道小学建于2014年，服务仁道村1200多口人，学校占地面积4000多平方米，没有教学楼，都是平房教室，没有独立的图书室，有一个电教室。学校现有五个教学班，一个学前班，共有学生54人，教师8人，没有寄宿生，都是走读生。每个年级一个班级，学生具体情况如下：六年级11人（男4人，女7人），五年级5人（男4人，女1人），没有四年级，三年级4人（男1人，女3人），二年级9人（男3人，女6人），一年级11人（男4人，女7人），学前班14人（男6人，女8人）。

由于每个班级人数不多，民间图书馆学会筹备组给每个班级各配一个小书架，50册书，总共300册，人均5.6册书。而且每个年级配的书不同，按照年级分级配

书，以保障适合孩子们阅读，以及升学后继续有新书可读。仁道小学大部分学生因家庭收入低，买不起课外读物，有的家庭因病返贫，甚至负担不起孩子上学的费用。以前学校里可阅读的图书数量只有几十册，学校每周开展两次阅读活动时使用的图书，多数是学校给学生买的，少数是学生自己买了带到学校。新图书角的落成使这种局面有了改观。

5 月 14 日上午 8：30，我们按约定来到了仁道村仁道小学，见到了校长王玉萍后，先请校长在捐赠书单、接收单上签字盖章，然后在校长的带领下到教室里考察六个班级的班级图书角，了解孩子们的阅读状况。我们在六年级教室里了解到，同学们很喜欢这些书，其中一名同学还向我们推荐他最近看过的常新港写的《少年黑卡》，说这本书讲男孩风和他的狗伙伴耐特的故事，情节很生动。我们问同学们平时图书是怎么管理的，有位同学拿出借阅记录本说，同学们轮流做图书角义务管理员，同学借书还书都有记录。

在五年级教室里，同学们告诉我们，他们每人已经看了五六册书。当我们让同学们找出自己看过的一册书时，同学们纷纷快速地从小书架上找了出来并展示给我们，有的还能简单地说出书里讲的什么故事。来到二年级教室，我们让同学们挑出一册自己喜爱的书，很快大家就从小书架上各拿出一册。当我们问大家喜欢这些书吗，大家举起手中的书异口同声喊道"喜——欢——"（见图 10）。三年级孩子们看过的书，数量上与五年级大致相等，也是人均五六册。只有一年级、学前班的孩子们，看过的书略少一些，但学前班的老师靳丽红是农家女书社家庭阅读点的义务辅导员，善于给孩子们讲绘本故事，所以学前班的孩子们也很喜欢看书，每位小朋友也刚看过了好几册。

考察完班级图书角，我们到小操场参加学校举行的图书角捐赠仪式。9：00 仪式正式开始，先是仁道村威风锣鼓队的威风锣鼓表演，一色红装的女村民，锣鼓

图 10　二年级同学选出自己看过的书高举起来向我们推荐

声铿锵齐顿（见图11）。接着校长王玉萍、农家女书社李玲聪，以及捐赠方代表、村支书等先后致辞，之后有个简单的捐书仪式，王子舟代表捐赠方向学校捐赠图书。再下来就是学生朗诵、家长致答谢词，最后一个节目是老年健身队的助兴表演，老年健身队人均65岁，最大的78岁，她们在骄阳下，不畏炎热，表演得整齐有劲，脸上绽放着笑容。

图11　捐赠仪式上妇女表扬威风锣鼓

　　10：10捐赠仪式结束，同学们簇拥项目小旗合影留念（见图12），我们到教师办公室开始和校长、七位老师们座谈，交流阅读推广的想法。仁道小学教师都很年轻，平均30岁左右。在座谈中，王子舟讲了如何将阅读推广活动常态化、持续化的一些想法，表示民间图书馆协会筹备组还将以办乡村教师读写培训营、几年后补充新书等方式来持续支持仁道小学图书角项目。邱璐则根据多年阅读推广经验，提出了诸多有效的阅读活动新方式，如每班学生少，语文课、阅读课便于关注到每位学生，课桌也可以改变排列形态，对列排、弧形排等，适合于对读、竞赛等；图书角墙上目前还缺乏装饰，可以发动孩子们自己设计来装点教室里的图书角，并起个别致的名字；在阅读辅导中，注重培养一二年级的孩子多读，三四年级的孩子能讲，五六年级的孩子会写。教师们也就搞好阅读活动提出了自己的一些想法。

图12　同学们在捐赠仪式结束后在项目小旗上签名并合影

座谈在一个小时后结束，我们11：30坐出租车告别仁道村前往汾阳火车站，乘坐 K7832 次列车（13：01 开）到太原站（14：22 到），然后再到太原南站乘坐高铁返回北京。

5　李玲聪等谈农家女书社的发展

李玲聪小时在娘家村的南垣小学读书，高中读的是三泉高中，在读书期间是个勤奋好学的学生，参加高考失利后，因家贫无力补习再考。她记得当时为了生计，父亲有次把自己常年用的铜烟袋、烟盒卖了换了三元钱。从那以后，李玲聪开始在乡镇小学以及附近村小代课，结婚后来到仁道村。她在外打工前后加起来有十年（其中任教有五年），担任村委副主任七年（包括农家女书社社长七年），做妇女工作也有十几年，现在继续做仁道村村委副主任，分管文化、妇女、卫生等工作，也是汾阳市三泉农家女书社协会的法定代表人、仁道村老年人日间照料中心的负责人。李玲聪的丈夫原是煤矿工人，现已退休，每月有 2000 元的退休金，外出打工能挣 4000 元。他们有一儿一女，儿子是山西省财经学校大专毕业，现在汾阳市精神病医院担任会计；女儿中专毕业，现在杭州打工。儿女都已有了自己的家庭和事业。女儿很懂事，13日母亲节时，还专门给李玲聪用微信发了红包，让母亲买点自己喜欢的东西。李玲聪的婆婆现在和他们住在一起，李玲聪说，她婆婆待她太好了，结婚36年来，一直和他们生活在一起，为他们这个家庭操心费力，这也使得她有精力来做村里的事，以及创办农家女书社。

经过两天的接触，特别是13日下午与农家女书社的座谈会，李玲聪与农家女书社的骨干们向我们叙述了她们对未来农家女书社发展的一些想法：

（1）乡村穷，但文化不能穷。李玲聪对仁道村的现状有个分析，她说村里目前的经济还较落后，以前有个洗煤厂也关闭了，砖厂也停产了，村里有超市、小卖部，两座庙宇，一个村级卫生所，一所学校，还有就是农家女书社（农家书屋也并在书社里）。近年来由于政策的变化，仁道村负外债一百多万。而且村里许多户人家因病返贫，如仁道村老年人日间照料中心和仁道村小学聘请的保安兼保洁工赵连寿，他是退伍军人，前些年得了结肠梗阻，住院时只有200元，农家女书社发动全村捐款救济他，最后才渡过难关。尽管村里还比较贫穷，但村两委和村民特别注重下一代人的培养，本村出了硕士生4名，本科生7名，大专生更多。2014年，村两委为仁道小学盖了新的校舍，教学条件大大改观。村里的贫困状况因受物质条件局限无法一时改变，但精神面貌可以先做到改变。仁道村应该是个有活力、有温情、有文化内涵的村庄，让生活在这里的人们有认同感、归属感。

（2）建好自组织"平台"以便多做项目。要想在村里做事，必须要有"平台"，李玲聪认为农家女书社就是村里姐妹们做事的一个"平台"。在13日下午座谈时，书社骨干、家庭阅读点辅导员王爱莲告诉我们，书社的姐妹们常年相处，感情很深，大家在二十六七岁时还曾在一起商议过，去昔阳县大寨参观，然后组织起来做些事，那个时候八姐九妹的，心气很高。所以，成立农家女书社，村里的姐妹们纷纷支持，一呼百应（见图13）。现在又成立了农家女书社协会，组织机构更加健全、规范，有了会计、出纳等，农家女书社可以向社会上的公益组织申请资助，开展各种有益于乡村建设的活动。农家女书社向招商局慈善基金会（CMCF）申请的"仁道村老年人日间照料中心"就曾获得了52000元人民币的资助。农家女书社的骨干们认为，以后与 NGO 组织合作，多多申请公益项目，是农家女书社的主要任务之一。

图 13 农家女书社骨干（从左至右：靳丽红、王玉花、武玉梅、秦俊梅、王爱莲）和王子舟、邱璐（右一）合影

（3）"平台"做事要从实际出发，形成特色。李玲聪与农家女书社的骨干们还认为，姐妹们依托书社这个"平台"做事，应该结合实际，多做些力所能及的。投入成本高的，很难维持长期运行；投入成本低的，有利于持续坚持。例如，文艺、健身方面的活动，几乎没有什么成本，但妇女姐妹们积极参与，热情高涨。2007 年姐妹们就组织成立威风锣鼓队，以前威风锣鼓都是男人们的项目，没想到妇女们也表演得淋漓尽致。还有舞蹈队、地秧歌队、老年健身队等等，妇女都爱参与。这些文艺活动既健身又提高审美能力，同时还产生互助团结的向心力。时间长了，就成为仁道村农家女书社的一个特色项目，形成仁道村文化发展的一道风景线。现在受书社文艺活动的影响，文化活动中心古戏台前的空地上，清晨5：30 至 6：30 都有村民来做健身活动，每天平均 40 人，其中很多人是农家女书社的成员。

（4）"平台"要在阅读方面深耕细作。"平台"称"农家女书社"，那么推动阅读就是其主要任务。农家女书社要把家庭阅读点项目、仁道小学校园图书角项目结合起来、联动起来搞活动。去年书社将阅读点家庭的孩子、家长、辅导员组织起来，在农家女书社开展了多场活动，有朗诵会、绘画比赛等。在活动中，村里的老年健身队成员、老年日间照料中心的老年人，还有许多学校学生也赶来参加活动，书社内外都挤满了家长和年轻的媳妇们。孩子们在活动中提升了表达的勇气和能力，得到了观众的掌声。农家女书社还为优胜者发了奖状。今后书社还要将阅读活动深入开展下去，同时考虑一下形式与内容的创新，如带孩子们到野外写生、采风，观察大自然与农业生产等。

对于书社的这些想法，我们也表示认可。我们也认为，捧着一本书在一个安静的角落认真看，这是阅读；设定一个主题组织孩子们走出教室，到田野里或村头上观察、调研，再查阅资料解决自己的疑问，这也是阅读。读书和讲座、故事会、朗诵会、谜语竞猜、田野采风等等主题活动结合起来，更能够激发孩子们的好奇心、主动性，让孩子们在活动中获取知识，增长才干，培养出阅读的兴趣。在告别仁道村时，王子舟、邱璐向农家女书社骨干们表示，民间图书馆协会筹备组将继续关注仁道村农家女书社的发展，为书社的阅读推广活动提供帮助。我们衷心祈愿，仁道村农家女书社这个妇女姐妹们亲手编织出来的文化"同心结"能绽放出新的风采。

参考文献

［1］李玲聪. 我的理想［EB/OL］. 农家女的家的博客,（2010-03-25）［2018-05-07］. http://blog.sina.com.cn/s/blog_65d102c70100h9na. html.

［2］致《农家女》杂志的一封信［EB/OL］. 农家女的家的博客,（2010-03-25）［2018-05-07］. http://blog.sina.com.cn/s/blog_65d102c70100h9na. html.

［3］书社姐妹在女村官论坛的风采［EB/OL］. 农家女书社的博客,（2014-12-18）［2018-05-07］. http://blog.sina.com.cn/s/blog_50e898a30102v8fd. html.

作者：王子舟、邱璐，原载《山东图书馆学刊》2018 年 5 期

第 18 篇

民间文献专家的乡土耕耘

——江苏省东海县牛山街道湖西村樊氏图书馆

1 樊氏图书馆的往事

江苏省东海县临近黄海，属于苏北地区，北与山东临沭县交界。经济发展以农业为主，全县有 123 万人口，85% 左右的人口在农村[1]。该地资源丰富，不仅盛产稻谷，还盛产水晶，近年来已发展为世界天然水晶原料集散地，成了闻名中外的"水晶之都"。牛山街道湖西村位于东海县城西侧，过去叫作白石岭，后因紧邻西双湖水库西岸而得现名。樊氏图书馆就坐落在湖西村一个洁净的农家院落里。

起初樊振（1972—）、周加侠（1972—）夫妇创办的樊氏图书馆位于县城。1996 年，他们将自己单位宿舍里家传的和夫妻二人多年收藏的图书对外开放，与人共享，有意恢复祖上曾经办过的"樊家书屋"。樊振高祖父樊兴远于光绪三十三年（1907）在家乡白石岭办过一个面向乡民开放的乡村书屋，名字就叫"樊家书屋"。该书屋曾作过当地基督教的耶稣堂，后来又做过中共白塔区委文件的保存地以及中共在敌占区"苏鲁交通线"的秘密站点（见图 1）。后历经战争、政治运动，这个书屋也荡然无存，如今仅留下纸张泛黄的十几册线装书和一部 1924 年版的《圣经》。1998 年 5 月 25 日，随着藏书的增多，樊振夫妇将自己的"樊家书屋"改名为"樊氏图书馆"，周末和节假日（其他时间预约）免费向社会开放。2007 年 6 月，夫妇俩贷款买下位于东海县城北辰社区一栋三层近 300 平方米的住房，并将图书馆迁入其中[2]。此后，樊氏图书馆逐渐走入媒体视野，当地多家报刊、网站开始报道樊振夫妇的办馆事迹。

图 1　2014 年樊振拍摄的樊家书屋（白石岭耶稣堂）旧址 ①

樊振于 2006 年 9 月加入中国农工民主党后，一直致力于农工党史资料的收集、整理、研究。樊氏图书馆藏书以政党文献、地方文献、宗教文献为主，截至 2014 年底，樊振已利用馆藏文献，编纂出版了图书《邓演达年谱会集》（中国言实出版社 2010 年版）、《中国农工民主党历史研究（1927—1930）》（华文出版社 2014 年版）等多部著作，发表相关文章十几篇。此时馆藏图书也达到了 3 万余册，光盘 5000 余张，另有线装书 200 余册，手稿 100 余件。为改善阅读环境和更好地服务于民，樊振在家乡东海县西双湖西畔的白石岭自然村宅基地上，投资近 30 万元，建造了一座三层小楼作新馆址。新馆占地 0.6 亩，建筑面积 450 平方米[3]。2015 年初，樊振夫妇将图书馆迁至白石岭即现在湖西村的新馆址，5 月 29 日，湖西村樊氏图书馆开始面向社会开放。

湖西村有村民 679 户，人口 3247 人[4]。2015 年乔迁之后的樊氏图书馆，成为当地村民尤其是孩子们的公共知识空间，每逢周末、节假日，这里人来人往。加之近年来国家倡导阅读、推进公共文化服务体系建设，新闻媒体对樊氏图书馆的关注度也越来越高。2016 年 1 月 8 日，樊氏图书馆挂牌成为江苏省首个公共图书馆分馆的民间图书馆"东海县公共图书馆樊氏分馆"；2016 年 2 月 27 日，又挂

---

① 图片来源：2018 年 10 月 8 日樊氏图书馆提供。

牌成为全国首个专题收藏中国农工民主党创始人邓演达 ① 文献的机构"邓演达文献馆"（邓演达烈士之妹邓仪端题写馆名，农工党连云港市委、惠州邓演达纪念园管理处、广东邓演达研究会共同授牌）。2016 年 4 月 20 日，中央电视台"新闻联播"和"新闻直播间"相继播出了介绍东海县樊氏图书馆的专题节目《诗书传家，滋养精神家园》《樊氏图书馆：诗书传家，润物无声》[5-6]。在此报道播出的前后几个月内，中央级报刊《团结报》《人民政协报》《光明日报》《前进论坛》等也对樊氏图书馆进行了相关报道。一时间，樊氏图书馆声名鹊起，成为东海县乃至全国知名的一家民间图书馆，成为连云港市、东海县全民阅读的一张文化名片。省市党政相关部门负责人先后多批次来樊氏图书馆进行视察，国家图书馆、首都图书馆等行业代表也专门派人前来考察。

在樊氏图书馆的发展过程中，政府相关部门也曾给予过积极支持，如 2016 年 7 月，连云港市文物、民政、中共党史部门批准樊氏图书馆（邓演达文献馆）为市级革命遗址和纪念设施[7]。2018 年连云港市委统战部提供 10 万元资金的支持，完成了"邓演达文献馆"的升级改造工程；东海县图书馆在将樊氏图书馆纳入其分馆时，赠予了图书馆使用过的 10 张条桌、17 把木椅。几年来，省市县乃至国家对樊氏图书馆的工作给予了肯定，樊振也因此获得了不少荣誉奖项，如第二届全国"书香之家"（2016）、全国"最美志愿者"（2018）、江苏省道德模范提名奖（2017）、江苏好人（2017）、江苏"最美志愿者"（2018）、连云港市全民阅读促进工作先进个人（2016）、"十佳港城最美领读人"（2016）、"优秀共产党员"（2016）等 20 多个荣誉称号。

2 走访樊氏图书馆的机缘

我们和樊氏图书馆结缘是在八年前。2010 年 12 月，我们所办的"文化火种

---

① 邓演达（1895—1931），字择生，出生于广东惠阳。早年参加同盟会和辛亥革命。保定军校毕业。1924 年任黄埔军校训练部副主任兼学生总队长，1926 年起任黄埔军校教育长、国民革命军总司令部政治部主任兼武汉行营主任、湖北省政务委员会主席、国民党中央执行委员、国民党中央政治委员会委员兼国民党中央农民部部长、国民党中央军事委员会总政治部主任等职。1927 年"四一二"后流亡欧洲。1930 年回国后，建立中国国民党临时行动委员会（即中国农工民主党前身），任总干事。1931 年 8 月在上海被国民党当局逮捕，11 月在南京被秘密杀害。著作编为《邓演达先生遗著》。参考：夏征农，陈至立 . 大辞海·中国近现代史卷［M］. 熊月之，等编著 . 上海：上海辞书出版社，2013：536.

寻找之旅"网站根据新闻媒体的报道材料,收录了樊氏图书馆。从那以后,我们和樊振建立起了通讯联系,并定期给樊氏图书馆寄送《文化火种简报》。

2015年7月11日至13日,第二届"民间图书馆论坛"在北京亦庄召开,樊振受邀前来参加会议。后来樊振还加入了民间图书馆的"公书林之友"微信群,成为民间图书馆队伍中的热心成员。2015年10月24日,民间图书馆协会筹备组负责人王子舟为祝贺樊氏图书馆落成于东海县牛山街道西双湖西畔的湖西村新址,专门为樊氏图书馆题字。

为了深入了解樊氏图书馆的办馆经历、馆藏资源、运行机制、服务效能,以及认识樊氏图书馆的办馆特色,2018年9月下旬,民间图书馆筹备组临时决定利用"国庆节"长假造访樊氏图书馆,和樊振商量时,他当即表示期待与欢迎。10月4日上午,民间图书馆筹备组派王子舟、邱璐,以及北京大学信息管理系两名博士生志愿者张晓芳、张歌,乘坐K1613次列车(10:28开)从北京前往江苏省东海县。晚22:33到东海县站时,樊振和周加侠夫妇已在车站出站口等候一个多小时。老朋友相见,十分高兴。为了方便休息与次日去牛山街道湖西村好打车,当晚我们就住进火车站广场对面预定的七天连锁酒店。

10月5日上午8:00,我们一行在酒店吃过早饭,打出租车前往牛山街道湖西村樊氏图书馆。行程大约有十五六分钟,就到了樊氏图书馆(见图2),樊振夫妇及父母出来迎接。在我们参观图书馆的过程中,樊振的部分好友因事先有闻也陆续来到,于是我们和大家就乡村阅读主题进行了一次座谈。座谈结束前,石湖乡廖磻村的农民马如飞说,他在樊振夫妇的感召下在本村办了一

图2 2018年10月5日樊氏图书馆外景

个如飞书屋，面向留守儿童服务，欢迎我们去考察并提出一些建议，而且距离湖西村也只有十五六分钟的车程。在马如飞的邀请下，我们前往廖磡村，考察了如飞书屋的环境以及运行状况。如飞书屋是一个融乡村图书室、留守儿童之家、百姓大戏班三者一体的乡村公共文化空间，颇有特色，但其图书主要是原有农家书屋工程配置的，儿童读物的数量少，可读性也较差。我们在现场考察中即表示以后争取善款，尽量能给如飞书屋提供一些资助，以改善其阅读条件。12：00 左右，我们返回牛山街道湖西村，在村里的农家乐进餐。餐后又对樊振进行访谈，一直到晚饭前结束。当晚和马如飞夫妇等一起在石湖乡老街坊酒店进餐，餐后回县城七天连锁酒店休息。

次日上午，我们又来到樊氏图书馆拜见了住在隔壁的樊振父母，对樊振的父亲进行了访谈，之后和樊振夫妇就今后图书馆打算进行了探讨。时值中午，我们辞别樊振父母，告别樊氏图书馆，踏上返程，下午乘坐 1552 次列车（16：48 开）到徐州，从徐州转乘复兴号 G160 次列车（19：38 开）回北京南站。

3　樊氏图书馆的现状与特色

10 月 5 日早上天气晴朗，我们来到湖西村。走到樊氏图书馆的院门时，但见大门宽敞，有一块金属质白底黑字竖牌匾，上面工工整整写着"东海樊氏图书馆"七个宋体大字。门墙两侧以及门楣上爬满了绿色的植物，给人以清新文雅的感觉。一进院子，就闻到了丹桂的清香。院门与楼门正对，在一条直线上。路两边栽种的是各式各样的花木，有桃树、梨树、石榴树、樱桃树、香椿树、红梅、蜡梅、绿萼梅等，樊振介绍说，院子里光木本植物就有 50 多种，里面还长着一株国家二级保护植物野黄豆。他说，每年从春到秋，院子里会被各种鲜花装点得生机盎然，过几天，菊花脑就要开放了，金黄的小花会散满小院两侧。

樊氏图书馆坐北朝南，是一个三层灰白色楼房。楼门两侧挂着几块不锈钢牌匾，其中最为醒目的"樊氏图书馆"牌匾，上行是一个红色"樊"的篆字（来源于春秋早期青铜器"樊君盆"上的铭文），中行是宋体"樊氏图书馆"五个正字，下行是英文"Fan's Library, 1998"，它们组合在一起，透露出馆主有着传承古今、兼收中西的办馆旨趣。图书馆一楼的开放区主要是图书阅览室，面积 60 平方米，里面陈列着 4 个放满书籍的普通金属书架、7 个金属的密集书架，摆放着 10 张条桌和 20 把左右的木椅，可同时容纳 40 余人。这里是读者看书与樊振指导读者阅读的场所（见图 3）。图书馆二楼的开放区有一个小型会议圆桌，配有大屏幕一体机，这里可以召开座谈会和读书会。二楼西侧就是邓演达文献馆的展陈室，室内的墙上排列着邓演达生平事迹的相关图片，展柜里陈列着珍贵的资料，包括与邓演达有关的民国时期原始文献、重要的研究著作等。图书馆三楼主要是文献储藏区，几间房里堆满了有待整理的书籍。

图 3　2016 年 4 月樊振在图书阅览室向读者推荐新书①

据樊振介绍，樊氏图书馆藏书量（加上县城家里的）已有 10 万册（件），主要来源是自己购买和社会捐助、政府奖励。早年自己购买的多，其中以人文书籍为主，不乏《大藏经》等大型丛书。近一两年捐助的图书开始多起来，如 2016 年 4 月中国传媒大学李杰群教授捐赠了自己主编的《非语言交际概论》（2003 年）等 21 册社科图书；生活在香港的邓演达儿媳林丽玲，专门买了 19 册港版儿童书寄了过来；2016 年 6 月上海市农工党史专家李庆海捐赠了 5 箱图书，其中有成套的《新华月报》、《前进》（农工党党刊）；2016 年 7 月农工党连云港市委向樊氏图书馆捐赠价值 6 万元的图书 1500 册；2017 年 5 月南京琅琊路小学等几个小学的教师、学生家长专程送来 963 册少儿图书；2017 年 6 月彭雪枫烈士之子彭小枫还寄

① 图片来源：2018 年 10 月 10 日樊氏图书馆提供。

来有关彭雪枫的一批书籍；2018年4月，樊振被评为"十佳阅读推广人"时，江苏省奖励了码洋6250元的图书。目前，樊氏图书馆馆藏资源基本上形成了五大主题板块：邓演达及政党史专题文献、东海县地方文献、宗教文化文献、文史哲及科普文献、少儿读物（见图4）。

图4　樊氏图书馆书架上地方文献近景

在图书馆服务方面，由于樊振夫妇还在县城工作，樊氏图书馆通常在周末、节假日从早到晚，全天开放。开放日中，平均每天都会有二三十名读者前来看书，孩子占7成，其中多为留守儿童，他们父母多在新加坡、韩国、日本等国家打工，平时回来次数有限。图书馆里有饮水机，读者可以自己取用。在樊氏图书馆借书，不需要缴纳押金，也不需要办理借阅手续。樊振说："书就是用来读的。图书不流通，它的价值就不会体现出来。少些繁文缛节，书就能流动起来。"他介绍说，小孩子借书，一般看完了都会还回来；只有个别成人，借走书后不还回来。最近几个月，为了培养读者的诚信意识，以及了解外借情况，图书馆设立了读者借书登记本。读者借书，一般也是自己办理借书登记。平常日子或时间里，图书馆要是有读者来借书，住在隔壁的樊振父母就会来开门接待读者。

除了开馆服务以外，樊氏图书馆还提供咨询服务。樊振有樊氏图书馆博客（目前访客达到了58万多人），还开通了微信公众平台，建立了多个QQ群、微信群。隔三岔五就有读者通过这些网络平台找到他，请他帮助解决一些问题，其中不乏北京高校的师生、各地民主党派人士等。查到读者急需的资料，还要复印或下载，通过邮寄或电脑进行远程传递。2010年，广东惠州在建设邓演达纪念园过程中，樊振提供的邓演达相关文物的全国分布情况以及相关文献资料为其征集文物、编写陈列大纲提供了重要参考。他还顺便捐赠了1949年前出版的《邓演达先生遗稿》等书籍，丰富了邓演达纪念园的馆藏。2016年8月9日，中国人民大学2015级博士生洪略为写作中国农工民主党主题的博士论文，慕名从北京来到樊氏图书馆（邓演达文献馆）查阅资料，樊振热情地接待了他。事后洪略说："在东海短短两天的收获是巨大的，樊老师无私地向我提供了大量有价值的文献资料，翻箱倒柜整整一下午，还安排在家共同吃了两顿饭，分文不收。这种精神在物欲横流的当下实在是难能可贵。离开东海的时候很踏实，觉得自己的论文有着落了。"[8]

樊氏图书馆不仅收藏书，还时常向外捐赠书，如向农工党中央捐赠珍稀文献，向上海龙华烈士陵园等内地、港台和海外 30 余家机构及专家学者赠送历史文献资料 2000 余种，向国家图书馆、中共中央党史研究室、农工党各省级组织等赠送图书 6000 余册、光盘 4000 余张[9]。

4　读者与村民眼中的樊氏图书馆

我们早上 8∶30 来到樊氏图书馆时，已有四五名小读者早早地来到了这里（见图 5）。图书馆前庭院里躺着一辆蓝色的小自行车，9 岁的樊铭伟告诉我们，这是他的车。他一边玩着手中的彩色模型，一边告诉我们，他很喜欢放假就跑来图书馆玩，这里不仅有书看，还有各种玩具，因为住得有些远，等不及父母送的他就自己骑着车过来了。有两位上五年级的女孩苏安琪和樊媛吉，她们各自找了一本喜欢的书做着摘录笔记，告诉我们今天是来这里完成老师布置的读书笔记作业的。樊媛吉还带着她弟弟来，小男孩害羞地告诉我们他叫樊景天，上一年级，觉得图书馆里的书有"一点点好看"。还有一个二年级的女孩樊梦涵，她 9 点钟要去上舞蹈课，这段空档时间妈妈便把她送到樊氏图书馆，让她在这里看书或做游戏。

图 5　孩子们上午早早来到樊氏图书馆安静地看书

　　樊氏图书馆可谓孩子们的一方乐土。国庆节长假前几天里，到馆登记簿上每天都记有 10 余个小朋友来到樊氏图书馆。我们与他们聊天的过程中发现，小读者们一般会由爷爷奶奶或父母送到图书馆来看书，个别的会自己过来。一个戴着眼镜的二年级小男孩说，他就住在对面，天天可以过来，有时候还会把住得比较远的朋友带过来一起看书和玩耍。一位家长说，她经常带孩子过来看书，孩子看书的时候她也会在这里翻翻书架上的书，有时还会借走看。

　　在民间图书馆筹备组与樊振及其朋友在二楼座谈的时候，来自悠贝亲子图书馆的一位志愿者在一楼阅览室给小读者们讲故事。由于樊氏图书馆平时开展活动较少，孩子们对这样的阅读活动感到很新奇，一开始沉默、腼腆的孩子随着互动的展开逐渐活泼起来。孩子们脸上的笑，是那天上午最美的注脚。中午的时候，又有家长开电动车送两个孩子来图书馆，到了图书馆院门前，还跟樊振夫妇热情打招呼（见图 6）。樊振说："小孩子没有午休的概念，吃完饭就来了，所以我们去吃饭了，图书馆就开着，有时候还'委托'小读者看门呢。"樊振说，孩子早来早开门，晚走晚关门，有时还没到开门的时间，只要有一个小读者来了，也不会让他等待，

图 6　中午家长送孩子来到樊氏图书馆门前

这就是民间图书馆有别于公共图书馆的灵活性。

　　10 月 5 日下午，我们和樊振座谈时，恰好东海县牛山街道湖西小学校长张强也在场，闲聊中了解到，湖西小学就在樊氏图书馆西北 500 余米处，骑自行车也就两三分钟路程。小学是个完小，每个年级两个班，约有 70 人，六个年级共有 400 人。张强说他到北京参观过中关村二小，还记得二小校长当时说过的话，即每个小学所处的地方都有各自独特的地方资源，小学校长要学会充分利用。张强觉得樊氏图书馆就是湖西小学的独特地方资源。他把樊氏图书馆作为学生的第二

课堂基地，每到周末，就让孩子们到樊氏图书馆来看书，一个月后让学生们自己上报去樊氏图书馆的次数与阅读了哪些书，然后根据上报情况，结合同学们周五下午四五点钟参加校图书馆"快乐周末"阅读活动的表现，评出当月的"阅读之星"。樊氏图书馆还为小学开展的征文、演讲等阅读活动提供了大力支持。学校还多次聘请樊振给孩子们做讲座，讲怎样读书。张强还提及已经和樊振合作，学校图书馆和樊氏图书馆各出一部分书，共同打造了学校的走廊书吧。

5 馆长樊振及其家人团队

有了爱书人，才有图书馆。樊氏图书馆的创办人樊振夫妇就是爱书人。

樊振，1972 年 5 月 23 日出生于白石岭。在白石岭念的小学，到牛山乡西双湖中学读的初中。1990 年 3 月，参军入伍来到南京地区的某陆军部队当坦克兵。那时虽然离开了学校，但他读书、学习之念不减，每月都会用部队发的 20 元津贴去买书。连队里安排他养猪，喂猪之余也手不释卷。由于好学，后来被连队选拔当了文书。樊振的父亲提到，一次樊振给家里写信说牙齿不整齐想治牙，家里寄过去 300 元钱。谁知牙没治，复员回家的时候还往家里带回了两大箱书。1993 年樊振转业到了东海县公路管理站工作，他利用业余时间通过自学考试取得南京艺术学院书法专科的大专学历，之后又读了中央党校法律函授本科、扬州大学成人高考的农学本科，还曾上过广东省岭东佛学院初级、中级班，重庆佛学院的高级班，以及江苏省委宣传部在连云港市办的思想政治工作者培训班。后来调入东海县委党史办（与政府地方志办公室合为一体）工作，是农工党党员、共产党党员，兼任东海县政协常委、连云港市政协委员，农工党连云港市"七大""八大"及江苏省"十一大"代表，兼任农工党连云港市委委员、市委党史研究室主任等职。

1995 年腊月，樊振和周加侠喜结连理。周加侠与樊振同龄，也是一个酷爱读书的人。小学和初中先后就读于种马场小学和牛山乡西双湖中学。上完初中考上了无锡商业学校，毕业后回到东海县，先在东海县五交化公司工作，后又调至乡镇交通管理所、县运输管理所工作。靠自学获得江苏省委党校干部函授学院经济管理大专、中央广播电视大学会计学大专、中央党校函授学院行政管理本科等学历，有经济师职称，现为中国图书馆学会会员、连云港市图书馆学会会员。樊振、周加侠夫妇的女儿已经大学毕业，正在县城家里复习考研。樊振和周加侠平时节衣缩食，余钱都用来买书，《全唐诗》《中国历史地图集》等价值不菲的书，都陆续购回了家里。2015 年 5 月 7 日晚上，樊振在网上看到拍卖一张 1928 年手绘东海县地图，起拍价 100 元，樊振非常喜爱。但开拍前，周加侠就已经跟他约定，价钱超过 500 块就放弃。但随着价格攀升，最终还是食言，以 1250 元的高价拍得了这张地图。

樊振的父母住在与樊氏图书馆一墙之隔的西侧三层楼房里，他们也是知书达理的人。因为樊家有读书的传统，樊振祖辈们都倡导读书，至今樊家族谱里，还列有"乐耕耘，勤读书"之家训。高祖父樊兴远办过"樊家书屋"，祖父樊常声仅念过两年半的冬学，但通过读书、自学做到了信用站的会计，而且写得一手好字，经常给左邻右舍写春联等。父亲樊继荣（1948—）读过三年半小学，后因 20 世纪 60 年代初的大饥荒而辍学，他也喜欢书法，勤学苦练，不仅能读书看报，也写得一手好字，当了乡里红白理事会的会员。樊振小时候上学用的课本，都是父亲给包好书皮，上面写着工整的毛笔字书名。樊振和弟弟樊廷（1978—）受家庭的熏染，从小也练习书法，如今都已成了当地的书法家。樊振 2005 年获得了连云港市颁发的三级美术师的职称，樊廷现在东海县太平洋保险公司做负责人，他是东海县机关书画家协会的理事长。樊氏图书馆西侧隔壁院子的一座三层小楼，就是樊廷创办的白石岭农民书画院，里面陈列着当地书画家的许多作品。

平时工作日期间，樊振夫妇在县城上班来不了图书馆，樊振父母就成了图书馆的工作人员（见图 7）。母亲李润花（1950—）也识文断字，做过乡里的广播员。2017 年 3 月因被汽车撞伤，现在大脑有些反应迟钝，不过她依然坚持做读者接待、图书馆环境卫生工作。每到图书馆开放日，有的孩子来得早，7 点就来了，就得早开门。平日里，有的孩子要来还书、借书，樊振父母就赶紧开门予以接待。到了周末或节假日，樊振和周加侠披挂上阵，做整理图书等内务工作。有时候实在忙不过来，樊振的弟弟、妹妹，周加侠的家里人也都会过来帮忙，本来一个人忙活的图书馆，变成了一家人忙活的图书馆。樊氏图书馆是一个家庭团队在维持运营。

图7　2018年10月樊振父母（前排）与樊振夫妇、女儿合影①

6　樊氏图书馆的未来发展

早在 2008 年，东海县在全市率先实现了农家书屋全覆盖，346 个行政村每村建一个农家书屋，每个农家书屋最少藏书 2000 册，并配送 4 个书橱[1]，但这些农家书屋整体运行效果不佳。2016 年，樊氏图书馆被中央电视台、《光明日报》等国内媒体集中报道之后，在省内外引起较大的反响。在樊氏图书馆自生的、契合实际的运营机制的启发下，东海县试图借鉴其经验，将全县以往农家书屋工程建设的"僵尸化"的农家书屋进行盘活，即请每村的村民投票选出一家爱读书、爱护书、善管理、常开门的农民志愿户，将原有安置在村委会等处的农家书屋的公共图书与农民的私人藏书分类合并，集中摆放在农户闲置的空屋内，供村民阅读。每半年由县主管部门根据书屋整洁程度、村民阅读量、书屋开放时间、村民满意度等进行公开评比，最后根据评比得分，由主管部门发给书屋主人适当补贴[10]。这一举措可使村民随时去书屋看书，再也不用吃"闭门羹"了。2015 年 3 月，在樊氏图书馆的感召下，附近石湖乡廖塘村农民马如飞夫妻利用自家房屋，通过

①　图片来源：2018 年 10 月 16 日樊氏图书馆提供。

自己购买与寻求社会捐赠等办法筹集到数千本书籍，办起了"如飞书屋"；石湖乡乔团村的村民乔江玲把自家 160 多平方米的两层小楼全都改建成了书画室、阅览室，创办了"江玲书屋"[11]。

作为东海县乡村文化建设领头羊的樊氏图书馆，其今后的发展是我们十分关注的话题。10 月 6 日上午与樊振一家座谈时，他说，太远的还没怎么想，至少最近一两年里他们夫妇要做好以下几方面的事。比如一楼图书阅览室的密集书架要搬到楼上库房，这样既可避免受潮生锈，又可扩大一楼读者阅览空间。另外看是否能在院门外建一个透明玻璃墙面的无人值守的 24 小时开放借阅室，以便村里的读者随时前来借阅图书。没想这个设想遭到父亲的质疑，他说村里读者情况复杂，个别行为不良者或精神病患者怎么防范，这是要好好考虑的。由于涉及樊氏图书馆的未来，我们也参与到今后发展的讨论里。经过你一言我一语多个回合，最后樊振认为以下几点是值得近几年要做好的事情。

第一，建立特藏体系，展现图书馆专业能力。樊氏图书馆藏书是樊振夫妇几十年积累形成的，其中以邓演达为核心的民主党派党史文献已经形成了高质量的特色馆藏，现有纸质文献 3000 多件（册），其中不乏邓演达烈士和季方、丘哲、朱代杰、周一鹗、杨纯、张西曼等老一辈革命家亲属相继赠送的与父辈相关的历史文献。据农工党中央《中国农工民主党纪念邓演达殉难 80 周年图片展》介绍，樊氏图书馆是收藏邓演达（以及农工党）资料最全的民间图书馆。此外，有关牛山街道、东海县、连云港市的地方文献也形成了规模，除了较全的地方志外，一批地方手稿、日记，以及从政府部门散失出来的档案原件，都具有珍贵的档案价值、文献价值乃至文物价值。如多年主管县农业的副县长、农学博士王夫玉的多达 40 余册的工作日记，成册的东海县"抗战时期中国人口伤亡和财产损失统计表"，成册的东海县"右派登记表"（1978 年 5 月）等，这些珍稀资料是市县级图书馆都没有的。樊氏图书馆应该以邓演达党史文献为核心、地方文献为基础、宗教藏书为辅助建立起自身的文献专藏体系，并对这些文献进行整理、开发，以供研究之用。樊氏图书馆未来定位是公益性与研究性相结合的民间图书馆，既能为乡村大众提供普及阅读服务，也能为专家学者提供专业咨询服务。

第二，合理布局空间，让服务效果更加凸显。今后一楼的密集书架搬入三楼后，一楼的图书阅览室就全部改造为以少儿为主要对象的阅览空间，加大少儿文献量，增加低矮儿童书架及座席，墙壁通过绘画或简单装饰来烘托温馨气氛。同时还要对少儿阅览空间进行功能分区，既要有阅读空间，也要有手工、玩具等活动空间。除了少儿阅览空间外，一楼还可以划分出一块空间供成人进行阅读，在这里看书看报。这样一来，一楼就成了图书馆普及阅读的主要场所，二楼的"邓演达文献馆"（见图8）、小型研讨座谈空间不变，但可以在其他房间展陈特藏专题文献（或者放到三楼）。三楼可以安置一两间客房，供家人或住馆读者使用。

图8　二楼邓演达文献馆展室一角

　　第三，开发社会资源，做好政府购买服务项目。作为一名中国农工民主党的成员，樊振和江苏省许多农工党内人士有密切的联系。农工党成员中多医务工作者，且其党员发展范围也以医药卫生界高中级知识分子为主，所以樊氏图书馆在2017年7月组织了一场规模较大的医学专家义诊活动，吸引附近村民近500人前来参与健康咨询。湖西村村民樊大爷长期咳嗽，经市第一人民医院内科专家诊治开药，一个月就基本治愈。这是一次成功的读者活动，村民参与度很高。图书馆今后还可以继续发挥这方面的资源优势，开发健康与保健知识的主题阅读推广活动，并将其纳入政府购买公共文化服务的项目里。现在樊氏图书馆已经注册为民办非企业机构（2018年8月3日领到证书），有条件参与政府购买公共文化服务的项目。如樊振夫妇都是江苏省书法家协会会员，可以与各种书法社会组织进行合作，利用弟弟樊廷的书画院举办少儿或者老年人书法培训班；还可以与平时熟悉的县城专业阅读机构（如"悠贝亲子图书馆"）进行合作，共同开发樊氏图书馆的亲子阅读活动，为村民提供优质的少儿阅读服务。当然这些活动需要一定的人手（包括志愿者），因此只能水到渠成地来推进。

现在樊振有着多个专业会员身份，如中国近现代史史料学学会理事、中国现代史学会会员、中国图书馆学会会员、中国图书馆学会阅读推广委员会藏书与阅读推广专业委员会委员、中国文字著作权协会会员、江苏省图书馆学会会员、连云港市图书馆学会理事等，2017年他还获得了图书馆馆员的中级职称。这么多的身份铺绘出了一个民间文献专家的多彩背景。这位民间文献专家集收藏、著述、服务为一身，和"买书""读书""藏书""编书""借书""赠书""送书"等这些与书有关的词汇，已经结下了一生的不解之缘。

参考文献

［1］马亚松，王静.东海县把346家农家书屋搬到农家［EB/OL］.中国江苏网，（2017-05-24）［2018-10-07］.http：//jsnews.jschina.com.cn/lyg/a/201705/t20170524_550158.shtml.

［2］焦明华，李军，武娜.党员夫妻自办图书馆迎"七一"［N］.连云港日报，2011-06-22（B1）.

［3］2015年2月15日樊振来信.

［4］东海县地方志办公室.东海年鉴（2017）［M］.北京：团结出版社，2017：211.

［5］诗书传家，滋养精神家园［EB/OL］.中国中央电视台，（2016-06-22）［2018-10-07］.http：//tv.cntv.cn/video/C10437/2811369d7ca04570a9fa060d50c3e1f5.

［6］樊氏图书馆：诗书传家，润物无声［EB/OL］.中国中央电视台，（2016-06-22）［2018-10-07］.http：//tv.cntv.cn/video/C10616/2125228a6af548c0821ad276ef9d2b85.

［7］连云港邓演达文献馆被确认为市级革命遗迹和纪念设施［J］.前进论坛，2016（11）：63.

［8］人民大学博士生来连云港邓演达文献馆查阅资料［EB/OL］.江苏文明网，（2016-08-18）［2018-10-08］.http：//wm.jschina.com.cn/9659/201608/t2965879.shtml.

［9］赵翠.樊氏图书馆创办人获评"江苏最美志愿者"［N］.南京晨报，2018-03-07（A08）.

［10］郑晋鸣.让农家书屋真正进农家［N］.光明日报，2017-06-26（9）.

［11］戎飞，武骞.春风化雨，以书为媒：甘当启迪百姓心智的"思想引路人"［EB/OL］.东海县人民政府，（2018-03-09）［2018-10-09］. http://www.jsdh.gov.cn/dhxzf/dhxw/content/bbbb3f07-0ceb-457d-bbae-884d6327ebf6. html.

作者：王子舟、邱璐、张晓芳、张歌，原载《山东图书馆学刊》2018年6期

附　录

乡村民间图书馆通讯录

省份	民间图书馆	馆长	地址	邮编
安徽省	农民科技图书室	汪从学	安徽省安庆市岳西县河图镇皖源村	246661
安徽省	刘金玲文化站	刘金玲	安徽省亳州市涡阳县城西镇焦尧村	233613
安徽省	姜坝文化室	周凤炳	安徽省池州市东至县胜利镇姜东村	247220
安徽省	乡村小学生自办图书室	王锋	安徽省池州市贵池区唐田镇中心小学	247131
安徽省	蒋集乡作家书屋	金兴安	安徽省滁州市定远县蒋集乡	233273
安徽省	陈雷农家书屋	陈雷	安徽省阜阳市临泉县庙岔镇后韩庄村	236421
安徽省	常坤的家	常坤	安徽省阜阳市临泉县城关镇光明社区	236400
安徽省	姜轩发自办农民图书室	姜轩发	安徽省黄山市黄山区三口镇	245705
安徽省	黄好德农民图书馆	黄好德	安徽省阜阳市界首市光武镇黄寨村	236508
安徽省	俞宁书社	俞宁	安徽省马鞍山市当涂县丹阳镇	243111
安徽省	前平庄图书站	李吉宁	安徽省宿州市萧县石林乡前平庄村	235252
安徽省	姜楼村农民书屋	张德群、张德久	安徽省宿州市埇桥区栏杆镇小集村姜楼	234105
安徽省	官庄村农民图书馆	吴邦槐	安徽省宣城市泾县丁家桥镇官庄村中门组	242540
安徽省	服务新农村文化书斋	张森林、徐建忠	安徽省宣城市广德县四合乡前程村村委会	242214

（续表）

省份	民间图书馆	馆长	地址	邮编
安徽省	农民法律书屋	彭春喜、郭家凤	安徽省宣城市广德县四合乡	242216
北京市	圣学图书馆	徐继新	北京市昌平区崔村镇大辛峰村	102212
北京市	明亮书屋	史明亮	北京市门头沟区斋堂镇西斋堂村	102309
重庆市	胡氏兄弟乡村书屋	胡天祥、胡天贵	重庆市江北区五宝镇马井村	401133
重庆市	免费图书室	严昌模、严昌勇	重庆市巴南区龙州湾街道红炉村一社	401320
重庆市	守一图书室	王治伦	重庆市合川区龙凤镇高屋村	401585
重庆市	荆竹村免费图书室	赵志成	重庆市江津区长城路荆竹村小区四单元	402260
重庆市	书香大院	王世伦	重庆市江津区蔡家镇鸳鸯村 1 组	402207
重庆市	金龙文化大院	谭明海	重庆市万州区熊家镇中心街 30 号	404048
重庆市	忘我古旧书屋	王泽萼	重庆永川区望北路二号站一民房内	402160
重庆市	春蕾图书室	伍义	重庆市彭水苗族土家族自治县	409600
重庆市	王世能免费书屋	王世能	重庆市江津区蔡家镇鸳鸯村古家堡社	402260
重庆市	天问图书馆	杨银波、梁如成	重庆市永川区朱沱镇新岸山村山角井村民小组自由楼	402160
福建省	通州图书馆	郑瑞贞	福建省福州市闽侯县南通镇	350111
福建省	白沙湾图书馆	林礼兴	福建省福州市闽侯县白沙镇马坑村	350102
福建省	杏山书馆	林玉山	福建省福州市闽侯县上街镇新峰村	350108
福建省	月溪花渡图书馆	袁晓龙	福建省福州市永泰县嵩口镇月洲村	350703
福建省	科技致富指导站	张大振	福建省龙岩市新罗区大池镇北溪村	364019
福建省	姐妹为民阅览室	蔡秋美、蔡秋荣	福建省龙岩市新罗区南城街道后盂社区	364000
福建省	陈启钦陈加鸿普法读书社	陈启钦、陈加鸿	福建省龙岩市漳平市溪南镇上坂村	364408
福建省	益民科技文化室	陈开煌	福建省龙岩市新罗区雁石镇礼邦村	364002
福建省	兴农科技书屋	林雁深	福建省龙岩市新罗区雁石镇岩星村	364002

省份	民间图书馆	馆长	地址	邮编
福建省	刘石江农民图书馆	刘石江	福建省宁德市寿宁县竹管垅乡竹管垅村街道 45 号	355512
福建省	高秋林家庭文化站	高秋林	福建省莆田市仙游县枫亭镇铺头村	351254
福建省	盖尾镇杉尾昌山村教育基金会图书馆	严明训	福建省莆田市仙游县盖尾镇杉尾昌山村	351252
福建省	育黎堂图书室	陈明善	福建省莆田市仙游县盖尾镇芹林村	351200
福建省	安海公益图书馆	许著华	福建省泉州市晋江市安海镇平安书坊	362261
福建省	蔡华明图书室	蔡华明	福建省三明市尤溪县洋中镇梅峰村	365106
福建省	后楼村图书室	林文畴	福建省三明市尤溪县洋中镇后楼村文明街	365122
福建省	港头公益图书馆	颜钰棚	福建省厦门市集美区后溪镇港头一里 181 号	361024
甘肃省	故乡书屋	马德明、马耀翠	甘肃省白银市靖远县东升乡柴新村展寨柯	730614
甘肃省	李家堡村农家书屋	史正常	甘肃省定西市安定区李家堡镇李家堡村上堡子社 41 号	743017
甘肃省	青树陈家庄图书站	石亚坤	甘肃省定西市通渭县平襄镇中林村陈家庄	743300
甘肃省	兰州穆斯林图书馆	唐增禄	甘肃省兰州市城关区庆阳路 232 号	730030
甘肃省	绿云书庵	刘易	甘肃省兰州市城关区滩尖子花园小区 2-4-502 室	730030
甘肃省	龚淌村农家书屋	谢虎诚	甘肃省庆阳市环县环城镇龚淌村	745700
甘肃省	阎桔林农家书屋	阎桔林	甘肃省天水市秦州区天水镇天水村四组	741007
广东省	肖双水图书室	肖双水	广东省潮州市湘桥区太平街道	521021
广东省	文林图书室	麦叔	广东省东莞市望牛墩镇望东村	523199
广东省	励志书屋	朱炳然	广东省东莞市谢岗镇曹乐吓角村	523592
广东省	霞村图书馆	高永兆	广东省江门市蓬江区荷塘镇霞村	529095
广东省	云煜书室	梁周芳	广东省云浮市罗定市素龙镇思围村	527227
广东省	胜裕庐书屋	钟胜会	广东省梅州市五华县岐岭镇王化村	514469

（续表）

省份	民间图书馆	馆长	地址	邮编
广东省	陶然图书馆	李德然	广东省汕头市金平区石炮台路41号101	515041
广东省	邱剑祥农民工书屋	邱剑祥	广东省韶关市南雄市黄坑镇鸿基砖厂	440200
广东省	耕读居	陈德道	广东省韶关市翁源县龙仙镇联群老屋村	512699
广东省	李苏仔农家书屋	李苏仔	广东省肇庆市德庆县九市镇甘力村	526639
广东省	星空公益图书室	苏丹芝	广东省潮州市潮安县凤塘镇后陇村	515646
广西壮族自治区	罗小元农民科技书屋	罗小元	广西壮族自治区桂林市全州县石塘镇下乐村	541504
广西壮族自治区	鹿溪公益图书室	陈秀洪	广西壮族自治区崇左市天等县天丽路63号	532800
广西壮族自治区	健将图书馆	韩建相	广西壮族自治区河池市东兰县东兰镇委荣村那尧屯	547400
贵州省	王家院寨农家书屋	王华	贵州省贵阳市白云区沙文镇王家院村王家寨	550016
贵州省	耕读书屋	周光俊	贵州省贵阳清镇市卫城镇坪寨村大坡脚村民组	551404
贵州省	邓应明农家书屋	邓应明	贵州省遵义市播州区新民镇惠民村	563135
贵州省	令狐振农民图书馆	令狐振	贵州省遵义市桐梓县芭蕉乡李家沟村	563209
海南省	知海书屋	孙衍吾	海南省定安县定城镇山椒社区多校村	571200
河北省	爱乡图书室	刘德元	河北省保定市易县高陌乡固村庄村	074200
河北省	孙玉良图书室	孙玉良	河北省沧州市任丘市辛中驿镇边渡口村	062550
河北省	王林清文化室	王林清	河北省沧州市沧县风化店乡达子店村	061023
河北省	邓成民科技书屋	邓成民	河北省沧州市肃宁县河北留善寺乡东堙里村	062350
河北省	刘玉柱家庭图书馆	刘玉柱	河北省沧州泊头市文庙镇齐南村	062150
河北省	广丰书舍	田广丰	河北省承德市宽城满族自治县碾子峪乡大屯村	067601
河北省	杨荣云农民书屋	杨荣云	河北省邯郸市成安县商城镇西二祖村	056700

省份	民间图书馆	馆长	地址	邮编
河北省	奉献书屋	闫广韬	河北省沧州市河间市留古寺镇后留古寺村	062459
河北省	夕阳红爱心书屋	魏长举	河北省衡水市武邑县武邑镇何家庄	053400
河北省	科技兴农阅览室	史顺义	河北省衡水市武邑县大紫塔乡西小里村	053400
河北省	张保村文化中心	许兰柱、刘元库	河北省衡水市饶阳县五公镇许张保村	053900
河北省	剪报图书馆	林锡志	河北省廊坊市大城县臧屯乡李贾村	065900
河北省	新农村图书馆	赵润明	河北省秦皇岛市昌黎县城关镇西王庄村 1111 号	066600
河北省	赵良弼图书馆	赵东其	河北省石家庄市赞皇县赞皇镇曲江村	051230
河北省	北辛庄农家女书社	石洪波	河北省石家庄市正定县新城铺镇北辛庄村	050802
河北省	北正村图书室	赵二英	河北省石家庄市赵县新寨店镇北正村	051530
河北省	小邯村农家书屋	乔淑欣	河北省石家庄市正定县新城铺镇小邯村	050802
河北省	家庭文化馆	丁国顺	河北省唐山市玉田县林南仓镇八村	064106
河北省	星星火阅览室	张翠兰	河北省唐山市滦州市（滦县）滦州镇小横山营村	063703
河北省	凌淑东星星火图书阅览室	凌淑东	河北省唐山市迁安市赵店子镇沟南庄村	064400
河北省	赵爷爷图书室	赵拓	河北省张家口市怀来县孙庄子乡中心校	075400
河北省	秋山书屋	胡和祥	河北省石家庄市灵寿县南寨乡秋山村	050501
河南省	李营书馆	王永闯	河南省南阳市邓州市构林镇李营村六北组	411300
河南省	靳古恩家庭图书室	靳古恩	河南省焦作市中站区许衡街道东王封村	454191
河南省	兄弟书屋	王梦醒	河南省焦作市温县招贤乡安乐寨村	454882

（续表）

省份	民间图书馆	馆长	地址	邮编
河南省	两岗村图书室	王中锋	河南省洛阳市郊区安乐乡两岗村	471021
河南省	伊川县图书馆王忠洼图书分馆	刘轩锋	河南省洛阳市伊川县高山乡王忠洼村	471333
河南省	孙广中乡村阅览室	孙广中	河南省漯河市舞阳县章化乡简城村	462404
河南省	苗遂柱农家书屋	苗遂柱	河南省南阳市社旗县苗店镇司庄村	473309
河南省	新农村阅览室	樊五全	河南省南阳市新野县沙堰镇赵湖村	473545
河南省	曾权伟农民书屋	曾权伟	河南省南阳市邓州市刘集镇	474171
河南省	肖金华家庭图书室	肖金华	河南省南阳市淅川县上集镇简营村	474450
河南省	范宗永科技图书室	范宗永	河南省南阳市内乡县湍东镇北符营村	474350
河南省	核桃树图书馆	王华军	河南省南阳市社旗县饶良镇核桃树村	473310
河南省	免费图书室	李连成	河南省平顶山市宝丰县杨庄镇杨庄村	467411
河南省	张翠娟农家书屋	张翠娟	河南省平顶山市宝丰县大营镇赵庄村	467492
河南省	24 小时公益图书馆	娄延召	河南省平顶山市宝丰县隆兴路北段路西玉带河畔	467499
河南省	水兵爱心书屋	崔三华	河南省商丘市永城市太丘镇吴圩村崔庄	476645
河南省	若木图书馆	胡圣年	河南省郑州市金水区庙李村东一街	410100
河南省	农村书屋	赵彦良	河南省驻马店市平舆县东和店镇宁庄村	463414
河南省	计生书屋	李大胜	河南省驻马店市确山县任店镇陈庄村	463200
河南省	民兵书屋	郭胜利	河南省驻马店市确山县三里河乡后楼村巩庄	463200
黑龙江省	韩家书屋	韩学琴	黑龙江省大庆市肇州县永胜乡胜利村张恩屯	166421
黑龙江省	立功村农家书屋	李秀英	黑龙江省哈尔滨市道里区太平镇立功村 52 号	150079
黑龙江省	黄陈世德健华图书馆	夏淑芬	黑龙江省鸡西市虎林市伟光乡中心小学	158411
黑龙江省	弘扬正气德仁农民书屋	张德仁	黑龙江省齐齐哈尔市克东县玉岗镇新合村四组	164811

省份	民间图书馆	馆长	地址	邮编
黑龙江省	永富农民书屋	田永富	黑龙江省齐齐哈尔市克山县发展乡民胜村	161616
黑龙江省	李艳农民书屋	李艳	黑龙江省齐齐哈尔市克山县西城镇兴胜村	161614
黑龙江省	刘贵福便民书屋	刘贵福	黑龙江省绥化市望奎县灯塔乡敏四村肖家店屯	152179
黑龙江省	李常树图书室	李常树	黑龙江省绥化市明水县双兴乡中心校	152000
湖北省	岭西村文化互助合作社	王朝印	湖北省十堰市丹江口市土台乡岭西村	442711
湖北省	易定碧图书室	易定碧	湖北省恩施土家族苗族自治州建始县茅田乡太和街村	445303
湖北省	王宏卫农家书屋	王宏卫	湖北省恩施土家族苗族自治州建始县邺州镇黑鱼泉村	445399
湖北省	农家书屋	樊文安	湖北省恩施土家族苗族自治州建始县高坪镇八角村一组	445305
湖北省	羊角桥村农家书屋	汪新民	湖北省黄冈市浠水县洗马镇羊角桥村汪家湾一组	438221
湖北省	汪玉枝青年文化户	汪玉枝	湖北省黄冈市团风县总路咀镇郑家岗村	438816
湖北省	大别山阅读空间	宋金香	湖北省黄冈市英山县温泉镇鸡鸣路151号	438799
湖北省	汪开宏农家书屋	汪开宏	湖北省荆门市京山市孙桥镇陈集村一组	431816
湖北省	谢从开家庭图书馆	谢从开	湖北潜江市泽口汉南小学	433132
湖北省	科教兴农书屋	张自明	湖北省十堰市郧阳区（郧县）鲍峡镇	442517
湖北省	郭汉云农家书屋	郭汉云	湖北省天门市多祥镇郭台村	431728
湖北省	昌盛图书馆	王可林	湖北省天门市张港镇龚王村	431726
湖北省	光照人口文化活动中心	张光照	湖北省仙桃市通海口镇星红村	433015
湖北省	王正明农家书屋	王正明	湖北省襄阳市襄城区尹集乡尹集村	441052

（续表）

省份	民间图书馆	馆长	地址	邮编
湖北省	永红农家图书馆	王永红	湖北省宜昌市五峰土家族自治县渔洋关镇三房坪村七组	443413
湖北省	施超家庭图书室	施超	湖北省襄阳市枣阳市兴隆镇新村三组	441218
湖北省	桂溪湖村农家书屋	刘大武	湖北省宜昌市枝江市白洋镇桂溪湖村四组 22 号	443208
湖南省	胡宗元农民书屋	胡宗元	湖南省常德市临澧县新安镇古城村	415216
湖南省	徐冬喜图书馆	徐冬喜	湖南省衡阳市耒阳市灶市街沙头村	421800
湖南省	利民村农民图书馆	刘小玲	湖南省娄底市冷水江市渣渡镇利民村	417511
湖南省	嗣穆科技图书馆	谭恒昶	湖南省长沙市浏阳市淳口镇羊古滩村	410326
湖南省	开明图书馆	申德胜	湖南省邵阳市隆回县岩口镇石屋村	422214
湖南省	陈立良家庭图书室	陈立良	湖南省邵阳市城步苗族自治县兰蓉乡新寨村	422508
湖南省	自强图书成	杨光勋	湖南省邵阳市城步苗族自治县丹口镇下团村	422505
湖南省	新塘仑图书馆	邓长福	湖南省湘潭市湘乡市山枣镇新塘仑村	411421
湖南省	陈庆生家庭图书室	陈庆生	湖南省益阳市赫山区岳家桥镇四方山村油子树组	413002
湖南省	陈杰贞图书室	陈杰贞	湖南省永州市双牌县五里牌镇黄泥坡村	425201
湖南省	劲流图书馆	刘正德	湖南省长沙市雨花区圭塘街道体院路社区	410014
湖南省	沈家巷图书文化室	廖长南、廖仁章	湖南省长沙市宁乡市道林镇华鑫市村	410642
湖南省	师友图书馆	李芳	湖南省长沙市望城区白沙洲街道马桥河村同心花园 7 栋 1 号	410219
湖南省	戴见尧流动图书馆	戴见尧	湖南省长沙市宁乡市青山桥镇竹峰村	410636
湖南省	文见翔科普图书站	文见翔	湖南省长沙市望城区白箬铺镇龙莲村	410206
湖南省	应农图书馆	胡应农	湖南省长沙市望城区靖港镇复胜村	410204
湖南省	八角农家书屋	刘道德	湖南省株洲市攸县渌田镇江口村前进组	412317

（续表）

省份	民间图书馆	馆长	地址	邮编
湖南省	霞光书屋	包光良	湖南省株洲市天元区群丰镇长岭村	412007
湖南省	李铎图书馆	李铎	湖南省株洲市醴陵市新阳乡青泥村	412223
吉林省	张家文化大院	张崇安	吉林省辽源市东丰县南屯基镇北屯基村1组	136306
吉林省	树辉萤荧书屋	翟荣才	吉林省松原市乾安县乾安镇王字村	131404
吉林省	靳秀英共享书屋	靳秀英	吉林省松原市乾安县水字镇龙字村	131402
吉林省	八道村图书馆	李雨春	吉林省延边朝鲜族自治州龙井市朝阳川镇八道村双凤四组	133408
吉林省	孙淑英王砚海家庭图书馆	孙淑英、王砚海	吉林省长春市双阳区奢岭街道新安村	130604
江苏省	冯悦群家庭图书阅览室	冯悦群	江苏省常州市武进区湖塘镇花园社区	213161
江苏省	樊氏图书馆	周加侠	江苏省连云港市东海县幸福北路166号7-7-3	222300
江苏省	如飞书屋	马如飞	江苏省连云港市东海县石湖乡廖塘村	222302
江苏省	付深勇农家图书馆	付深勇	江苏省南京市六合区横梁街道雨花石村	211515
江苏省	顾昌明家庭文化室	顾昌明	江苏省南通市海安市雅周镇雅周村4组	226641
江苏省	张英群农家书屋	张英群	江苏省南通市海安市孙庄镇仁桥村九组	226652
江苏省	苏中老区科普文化室	黄鹤官	江苏省南通市海安市雅周镇庞庄村15组	226641
江苏省	雅周镇边区文化室	吴开满	江苏省南通市海安市雅周镇鸭湾村2组	226641
江苏省	儿童图书馆	陈玉文	江苏省徐州市邳州市陈楼镇大顾村	221325
江苏省	安信图书馆	沈洪中	江苏省泰州市兴化市合陈镇	225743
江苏省	北七房图书馆	张晓	江苏省无锡市惠山区前洲镇北七房小学附近	214181

（续表）

省份	民间图书馆	馆长	地址	邮编
江苏省	沈永兴私人图书馆	沈永兴	江苏省无锡市江阴市澄江街道福澄颐养院	214431
江苏省	关情书苑	樊才林	江苏省泰州市兴化市沈伦镇樊荣村	225715
江苏省	大成图书馆	徐生义	江苏省宿迁市泗阳县南刘集乡庄黄村	223705
江苏省	卜广爱图书室	卜广爱	江苏省徐州市丰县孙楼镇沙园村	221716
江苏省	新河村农家书屋	曹大玉	江苏省徐州市铜山区单集镇新河村十组	221127
江苏省	薛连平爱心书屋	薛连平	江苏省徐州市泉山区桃园街道南村社区	221141
江苏省	岚山农家书屋	胡居才	江苏省徐州市睢宁县岚山镇胡庄村东一组	221217
江苏省	国策图书室	杨大璋	江苏省徐州市邳州市运河镇八杨村	221399
江苏省	岳得庆农民书屋	岳得庆	江苏省徐州市铜山区茅村镇大庄村	221135
江苏省	轩辕图书馆	魏道金	江苏省徐州市铜山区张集镇魏集村	221120
江苏省	龚爱瑞家庭文化室	龚爱瑞	江苏省盐城市盐都区大冈镇富港村4组富港二巷73号	224043
江苏省	达仁图书馆	朱恒夫	江苏省盐城市滨海县五汛镇汛南村	224532
江西省	农家书屋（青松阁）	廖祖彬	江西省赣州市会昌县小密乡小密村大湾村小组	342603
江西省	陈桂长农家书屋	陈桂长	江西省赣州市会昌县文武坝镇	342699
江西省	三优园公益图书馆	黄水发	江西省赣州市宁都县梅江镇登峰大道30幢5单元	342899
江西省	净坑书舍	曹煌春	江西省吉安市吉安县万福镇净坑村	343133
江西省	张积发书社	张积发	江西省吉安市井冈山市拿山乡	343604
江西省	胡金友农民文化室	胡金有	江西省景德镇市乐平市洪岩镇小坑村	333300
江西省	徐高生农民图书室	徐高生	江西省九江市庐山市赛阳镇赛阳园艺场九江高生园林绿化有限公司	332009
江西省	新风楼	王令策	江西省南昌市西湖区系马桩街小桃花巷	330003

省份	民间图书馆	馆长	地址	邮编
江西省	农村图书室	陈人愿	江西省南昌市青山湖区扬子洲乡三联村	330077
江西省	鹤卿书馆	阎志强	江西省南昌市东湖区洪都北大道258号力扬京都汇小区帝华楼1号	330046
江西省	清泉农家书屋	刘炳继	江西省萍乡市上栗县彭高镇泉溪村五组	337005
江西省	陈秋生农家书屋	陈秋生	江西省萍乡市芦溪县芦溪镇蔗棚村10组	337299
江西省	孙灶森少年之家	孙灶森	江西省上饶市婺源县浙源乡凤山村	333203
江西省	敖顺根科技图书馆	敖顺根	江西省宜春市樟树市昌傅镇城头街	331213
江西省	陈树生科技书吧	陈树生	江西省宜春市樟树市阁山镇	331205
江西省	农民图书馆	吴光明	江西省鹰潭市余江区春涛镇坞桥村32号	335200
辽宁省	王奎全农家书屋	王奎全	辽宁省鞍山市台安县桑林镇桑林村二组	114114
辽宁省	尤泽东图书馆	尤泽东	辽宁省鞍山市岫岩满族自治县黄花甸镇	114304
辽宁省	王成仁图书馆	王成仁	辽宁省鞍山市台安县达牛镇	114104
辽宁省	李文明图书馆	李文明	辽宁省鞍山市台安县达牛镇	114104
辽宁省	张之愚图书馆	张之愚	辽宁省鞍山市台安县黄沙陀镇许家村	114107
辽宁省	农村家庭图书室	王奎权	辽宁省鞍山市台安县桑林镇桑林村	114100
辽宁省	春军书屋	李春军	辽宁省朝阳市朝阳县北四家子乡唐杖子村雹神庙组	123207
辽宁省	盖凤岐自办图书室	盖凤岐	辽宁省朝阳市喀喇沁左翼蒙古族自治县白塔子镇	122315
辽宁省	罗连军家庭图书馆	罗连军	辽宁省大连瓦房店市太阳街道罗沟村	116323
辽宁省	木子图书馆	李殿臣	辽宁省丹东市东港市长山镇卧龙村	118304
辽宁省	三乐书屋	金鹏	辽宁省阜新市彰武县后新秋镇乐园村	123207
辽宁省	黄有田家庭图书室	黄有田	辽宁省锦州北镇市廖屯镇徐屯村	121011

（续表）

省份	民间图书馆	馆长	地址	邮编
辽宁省	刘洪梅家庭图书馆	刘洪梅	辽宁省盘锦市大洼区新兴镇腰岗子村第二村民组	124219
辽宁省	东方书院	董军	辽宁省大连市庄河市鞍子山乡黄柏树村前石咀屯	116413
辽宁省	农民科技书屋	任福胜	辽宁省大连市庄河市大营镇四家村	116406
辽宁省	桃园书社	孙宁	辽宁省大连市庄河市青堆镇前炉村	116413
辽宁省	卞庭洲农家书屋	卞庭洲	辽宁省大连市庄河市大营镇大营村东房身屯	116406
内蒙古自治区	吕志强农民图书室	吕志强	内蒙古自治区包头市土默特右旗沟门镇威俊村	014105
内蒙古自治区	校外青少年家庭辅导站	时芳、杜玉荣	内蒙古自治区赤峰市宁城县汐子镇和硕金营子村八组	024207
内蒙古自治区	王玉杰家庭图书馆	王玉杰	内蒙古自治区赤峰市元宝山区平庄镇	024076
宁夏回族自治区	陈凤霞农民书屋	陈凤霞	宁夏回族自治区银川市灵武市狼皮子梁乡新民村	751406
宁夏回族自治区	红枸杞图书馆	王兴华	宁夏回族自治区中卫市中宁县新堡镇盖湾村	755100
宁夏回族自治区	田野书舍	陆梦蝶	宁夏回族自治区银川市永宁县胜利乡陆坊村八队	750101
宁夏回族自治区	李成林文体大院	李成林	宁夏回族自治区中卫市海原县史店乡苍湾村	755299
宁夏回族自治区	女童书屋	马志英	宁夏回族自治区中卫市海原县海城镇南居委会	755200
山东省	崔八村农家书屋	傅延常	山东省滨州市邹平市魏桥镇崔八村	256212
山东省	田家图书室	毕务祥	山东省滨州市邹平市码头镇田家村	256214
山东省	刘俊侠科技书屋	刘俊侠	山东省滨州市无棣县车镇乡五道庙村	251913
山东省	张丁成读书社	张丁成	山东省德州市临邑县临盘街道双川村	251508
山东省	董贤书农家书屋	董贤书	山东省东营市垦利区胜坨镇张西村	257502
山东省	张海图书室	张传党	山东省菏泽市定陶区张湾镇张海村	274104

省份	民间图书馆	馆长	地址	邮编
山东省	新农村图书馆（鹿楼馆）	鹿海斌	山东省菏泽市巨野县龙固镇鹿楼村十字街 120 号	274999
山东省	张员家庭图书馆	张员	山东省济宁市微山县夏镇部城东村	277699
山东省	霈儒院图书馆	于志凤	山东省烟台市莱阳市姜疃镇北黄村	265221
山东省	大众图书室	侯喜云	山东省聊城市冠县桑阿镇油坊村	252511
山东省	李吉星农民书屋	李吉星	山东省聊城市茌平县菜屯镇菜屯村	252116
山东省	文彬书屋	杨文彬	山东省聊城市茌平县冯官屯镇望鲁店后村	252122
山东省	痴心斋（又名农村义务文化室）	李凤翔	山东省聊城市临清市青年街道办事处北里官庄村	252600
山东省	张连升家庭图书室	张京全	山东省临沂市沂水县道托乡石岭村	276410
山东省	沂南县湖头镇小河图书馆	曹向荣	山东省临沂市沂南县湖头镇曹家小河村	276302
山东省	信德公益图书馆	张广军	山东省临沂市沂水县沙沟镇上流庄清真寺院内	276414
山东省	春秋书屋	刘海荣	山东省青岛市黄岛区大场镇驼沟村	266414
山东省	周飞农家书屋	周飞	山东省日照市岚山区后村镇西草坡村	276816
山东省	严崮西村图书馆	严纪照	山东省日照市莒县小店镇严崮西村村委大院	276515
山东省	公益图书馆	王树贵	山东省泰安市泰山区省庄镇羊西村	271000
山东省	柏山农家书屋	曹栋宜	山东省枣庄市市中区齐村镇柏山村	277100
山东省	安全图书室	朱安全	山东省枣庄市滕州市北辛街道西七里沟村	277501
山东省	魏成刚农家书屋	魏成刚	山东省枣庄市山亭区北庄镇杏峪村	277218
山东省	胡修德农家书屋	胡修德	山东省枣庄市滕州市级索镇前王晁村	277518
山西省	文书苑家庭图书馆	赵文书、冯巧云	山西省晋中市寿阳县北大街	030600
山西省	春芽书屋	李洪一	山西省晋中市昔阳县大寨镇胡窝村	045303
山西省	权勇文化大院	权勇	山西晋中市祁县昭馀镇丰泽村	030999
山西省	心连心家庭图书馆	张小宝	山西省晋中市左权县麻田镇下麻田村	032611

（续表）

省份	民间图书馆	馆长	地址	邮编
山西省	春风图书室	程增录	山西省晋中市昔阳县赵壁乡凤居村	045312
山西省	马振东藏书馆	马振东	山西省晋中市昔阳县东冶头镇静阳村	045307
山西省	侯乃田农民文化大院	侯乃田	山西晋中市左权县芹泉镇中寨村	032605
山西省	宋家庄农民书屋	宋胤枝	山西省临汾市安泽县马必乡郎寨村宋家庄	042502
山西省	金玉书庄	张玉贵	山西省临汾市古县岳阳镇张才村红南庄	042499
山西省	唐雄飞广诚书屋	唐雄飞	山西省临汾市浮山县天坛镇柏村	042601
山西省	农家女书社	李玲聪	山西省吕梁市汾阳市三泉镇仁道村	032299
山西省	赵成玉图书室	赵成玉	山西省太原市小店区文华苑小区	030006
山西省	阳光爱心书屋	崔文俊	山西省忻州市建设北路市国土局社区	034099
山西省	夕阳红书屋	张林郁	山西省忻州市忻府区东楼乡东楼村	034099
山西省	秀容文化大院	范富田	山西省忻州市忻府区秀容社区	034000
山西省	杜德建家庭图书馆	杜德建	山西省运城市永济市卿头镇张坊村	044507
山西省	新民图书室	解新民	山西省运城市盐湖区姚孟办事处岳坦村	044000
山西省	刘福海家庭文化大院图书室	刘福海	山西省运城市闻喜县郭家庄镇卫家庄村	043899
山西省	田园书屋	介梅青	山西省运城市永济市张营镇下吴村	044504
山西省	郝发智农民书屋	郝发智	山西省运城市河津市城关北街	043300
山西省	李克中农民书屋	李克中	山西省运城市永济市卿头镇永喜庄	044515
山西省	任村图书室	宁云峰	山西省运城市绛县卫庄镇任村	043600
山西省	闲田渔樵图书室	吕光有	山西省运城市平陆县洪池乡西张村	044305
山西省	乔阳村图书室	王德荣	山西省运城市盐湖区泓芝驿镇乔阳村	044009
陕西省	传文书屋	李传文	陕西省安康市汉阴县城关镇五一村第六组	725100
陕西省	圆周图书馆	张俊杰	陕西省汉中市南郑区协税镇	723199
陕西省	孙太启农家书屋	孙太启	陕西省商洛市丹凤县棣花镇茶房村四组	726207

省份	民间图书馆	馆长	地址	邮编
陕西省	周扬家农家书屋	周扬家	陕西省商洛市山阳县十里铺村原种厂	726400
陕西省	邢天武农民科技书屋	邢天武	陕西省铜川市耀州区小丘镇红岩村	727103
陕西省	张定民农业图书室	张定民	陕西省渭南市临渭区丰原镇闵家农技站	714011
陕西省	西安市灞桥区图书馆骏马分馆	陈武艺	陕西省西安市灞桥区新筑街道办事处骏马村	710026
上海市	益民图书室	丁耀忠	上海市浦东新区书院镇新北村	201304
上海市	温丙午爱心图书室	温丙午	上海市普陀区真如镇真如西村	200333
上海市	三墩老兵图书室	储根全	上海市浦东新区大团镇三墩社区上塘村 87 号	201312
四川省	余清富图书室	余清富	四川省阿坝藏族羌族自治州汶川县龙溪乡龙溪村	623099
四川省	巴中市巴州区恩阳光伟图书馆	陈光伟	四川省巴中市巴州区文治路	636600
四川省	乡村爱心图书室	吴治国	四川省巴中市巴州区金碑乡燕山村小学	636000
四川省	小马哥农民书屋	马路	四川省成都市青白江区祥福镇日新乡东街康家渡社区	610306
四川省	吴德华家庭图书室	吴德华	四川省成都市双流区永安镇中坝村	610200
四川省	3+2 读书荟	陈瑞生	四川省成都市大邑县新场镇川西坝子记忆馆旁	611300
四川省	都江堰市中兴农民图书馆	周观棣	四川省成都市都江堰市中兴镇	611843
四川省	我的农家书屋	王兴宇	四川省乐山市夹江县龙沱乡张山村二社	614100
四川省	夏显容农家书屋	夏显容	四川省泸州市合江县合江镇明家坝村七组 55 号	646245
四川省	泸县太伏镇农村书社	杜彬、陈莉	四川省泸州市泸县太伏镇	646121
四川省	苏佐历史文献图书馆	苏佐	四川省泸州市龙马潭区合道街社区	646699

（续表）

省份	民间图书馆	馆长	地址	邮编
四川省	汉阳图书馆	唐立新	四川省眉山市青神县汉阳镇	620464
四川省	正轩文化交流中心	彭思乾	四川省绵阳市涪城区临园干道西段碧云居 B1805	621000
四川省	刘图耻爱心图书室	刘图耻	四川省遂宁市安居区东禅镇田家堰村	629007
四川省	回澜镇新农村书社	夏兴好	四川省资阳市乐至县回澜镇	641502
天津市	韩绍忠图书馆	韩绍忠	天津市宁河区丰台镇南埋珠村	301503
天津市	张志丛图书室	张志丛	天津市宝坻区大唐庄镇大张庄村	301813
天津市	赵文洪私人图书馆	赵文洪	天津市津南区葛沽镇葛沽一村	300352
天津市	赵仲芸家庭图书室	刘东升	天津市宝坻区海滨街道	301800
新疆维吾尔自治区	晓理公益图书馆	张晓理	新疆维吾尔自治区阿克苏地区阿克苏市栏杆街道办事处红光社区	843000
新疆维吾尔自治区	托玛村农民图书馆	海力且木·艾则孜	新疆维吾尔自治区阿克苏地区新和县依其艾日克乡托玛村	842101
新疆维吾尔自治区	阿不拉西艾日克村	吐逊·居麦克	新疆维吾尔自治区阿克苏地区阿克苏市拜什吐格曼乡托万克阿布来希艾日克村	843000
新疆维吾尔自治区	吐尼沙汗家庭图书室	吐尼沙汗·买买提明	新疆维吾尔自治区巴音郭楞蒙古自治州轮台县哈尔巴克乡	841000
新疆维吾尔自治区	欧吐拉昆孜亚村农牧民业余图书馆	肉孜买买提·卡地尔	新疆维吾尔自治区和田地区洛浦县布亚乡欧吐拉昆孜村	848200
新疆维吾尔自治区	努尔巴合农家书屋	努尔巴合	新疆维吾尔自治区阿勒泰地区吉木乃县别斯铁热克乡奥夏尔拜村	836800
新疆维吾尔自治区	努尔丁·沙塔尔农家书屋	努尔丁·沙塔尔	新疆维吾尔自治区吐鲁番市高昌区葡萄镇巴格日村阔朗巷	838006
新疆维吾尔自治区	公益图书室	张仙	新疆维吾尔自治区伊犁哈萨克自治州尼勒克县文化中心一楼	835700

（续表）

省份	民间图书馆	馆长	地址	邮编
新疆维吾尔自治区	阿不利别克农家书屋	阿不利别克	新疆维吾尔自治区伊犁哈萨克自治州特克斯县齐勒乌泽克镇	835500
云南省	茨营中学希望书屋	孙宁	云南省曲靖市麒麟区茨营乡茨营中学	655006
浙江省	纯玉农民书屋	朱臣耀	浙江省杭州市临安区湍口镇湍口村	311325
浙江省	仁和镇云会村西南山少儿图书室	庞汝勋	浙江省杭州市余杭区仁和镇云会村	311107
浙江省	荻浦乡村图书馆	倩元	浙江省杭州市桐庐县江南镇荻浦村	311509
浙江省	虹发三室	陈荣法	浙江省杭州市余杭区仓前镇永福村3组	311121
浙江省	倪信琴农民图书馆	倪信琴	浙江省湖州市德清县钟管镇东舍墩村	313220
浙江省	杨霄松家庭文化活动室	杨霄松	浙江省嘉兴市海宁市斜桥镇庆云村永新组52号	314406
浙江省	红杏书屋	张惠烈	浙江省嘉兴市海宁市许村镇沿塘路	314409
浙江省	桩塘村文化科技图书室	王德昌	浙江省金华市武义县白洋街道桩塘村	321200
浙江省	农家书屋	徐喜元	浙江省金华市婺城区白龙桥镇新昌桥村	321025
浙江省	俞文元文化科技图书室	俞文元	浙江省金华市武义县桐琴镇桐琴一村	321201
浙江省	吴佩宗家庭图书室	吴佩宗	浙江省丽水市青田县东源镇红光村	323908
浙江省	叶晓美农家书屋	叶晓美	浙江省丽水市景宁畲族自治县梧桐乡梧桐村金山路3号	323507
浙江省	宁波市青少年希望书室	王亚萍	浙江省宁波市海曙区常青路98弄89号103室	315000
浙江省	秀峰个人文化图书室	周延泉	浙江省衢州江山市张村乡秀峰村	324106
浙江省	云溪百姓书院	李丁富	浙江省衢州市衢江区云溪乡云溪村	324000
浙江省	中峰先明书屋	付先明	浙江省衢州常山县天马镇中峰村	324299
浙江省	占水杰科技文化图书乐园	占水杰	浙江省衢州市常山县天马镇钳口村	324299
浙江省	陈加泉图书馆	陈加泉	浙江省绍兴市上虞区丰惠镇南村	312361

（续表）

省份	民间图书馆	馆长	地址	邮编
浙江省	海申书屋	高水龙	浙江省绍兴市上虞区沥海镇城沿村	312366
浙江省	立光图书馆	丁书奇	浙江省台州市三门县文化路育才小区旁	317199
浙江省	孙才元夕阳红图书馆	孙才元	浙江省台州市温岭市新河镇西新街89 号	317502
浙江省	刘伯温图书馆	刘宝怀	浙江省温州市文成县南田镇诚意路38 号	325308
浙江省	南林老人文化活动中心	林铮	浙江省温州市文成县大峃镇林大峃街党校下首	325300
浙江省	吉夫图书馆	马振忠	浙江省温州市龙湾区永兴街道康一村文体休闲中心	325014
浙江省	沙城图书馆	项有仁	浙江省温州市龙湾区沙城街道	325025
浙江省	绿漪堂	黄勤荣	浙江省温州市瓯海区仙岩镇竹溪村安新路 72 号	325062

说明：此通讯录由吴汉华、张歌、谢运萍帮助整理，特此鸣谢。

后　记

（一）

　　20世纪80年代以来，在国家推行扶贫政策、社会呼吁文化发展、公益组织下乡捐书、乡村精英着手文化自救等几股力量的交互作用下，民间创办的公益图书馆率先在我国农村出现，之后城市里也逐渐产生了此类公益性质的民间图书馆。乡村民间图书馆的兴起，为农村社区提供了免费的教育、文化、科技乃至娱乐方面的服务，尤其为贫困县乡村留守儿童提供了启蒙、求知与成才的帮助。

　　我们是从2007年开始关注中国乡村图书馆及乡村公共文化事业发展的。为了解民间图书馆的生存状态，在东莞图书馆的支持下，2008年初我们依托北京大学信息管理系创办了"文化火种寻找之旅"网站（http://www.mjtsg.org），该网站收录了经媒体报道的300多家民间图书馆。2009年，我们抽选其中200多家民间图书馆，给他们邮寄调查问卷，陆续反馈信函的有90多家。此外，我们还实地考察了山西左权县麻田镇"心连心图书馆"、北京昌平区崔村镇大辛峰村"爱心图书馆"等近30家乡村民间图书馆，在此基础上，完成了民间图书馆的相关论文与报告。2011年6月，在心平公益基金会、美国青树教育基金会以及邵忠诚先生的支持下，我们在北戴河举办了全国首届"民间图书馆论坛（2011）"。国内各地70多家民间图书馆、20家公益机构与组织、5家专业期刊与媒体的代表参加了本次论坛，参会人数达140人。这是全国民间图书馆馆长们首次汇聚一堂的盛会，也是中国民间图书馆事业发展史上前所未有的事件。

会上代表们呼吁成立民间图书馆协会，经无记名投票选举出王子舟、戴靖、吴汉华、邵忠诚、夏勇、邱璐 6 人为民间图书馆协会筹备组的成员 ①。

会议结束后，我们开始定期编印《文化火种简报》，免费赠送给各地民间图书馆；不定期组织民间图书馆员参加国内的阅读推广培训或者专题国际会议；帮助民间图书馆申请美国青树教育基金会的图书馆小型项目；启动了心平公益基金会资助的"乡村图书馆、校园图书角、家庭书架网建设项目"，以此激发乡村民间图书馆活力，构建覆盖社区、学校、家庭的阅读环境，方便小学生特别是乡村留守儿童的书籍阅读。2013 年 6 月，在中国小微企业家创新发展协会（筹）的捐助下，"乡村图书馆、校园图书角、家庭书架网建设项目"得到了持续的健康发展，前后有 8 个乡村民间图书馆获得了项目的支持。之后，我们又开发出"民间图书馆乡村家庭阅读点项目""民间图书馆公益阅读项目（合万邦小微公益基金资助）"等创新性公益活动。也是从 2013 年起，我们利用项目执行机会到项目点进行田野调查，持续五年，行程数万里。由于田野调查是随项目进行的，而项目点多位于留守儿童较多的贫困乡村，故通过这些被调查的乡村民间图书馆，可了解到我国农村贫困地区的文化发展状况。本书呈现的事实以及作者得出的一些观点、结论，即是这五年田野调查的一个总结。

2005 年我曾提出过，图书馆学作为一门社会科学，其社会实用性要求它更应关注社会基本现实的"低位"领域，因为这些"低位"研究领域恰恰与社会大众的切身利益息息相关，与图书馆事业的价值实现乃至生死存亡息息相关 ②。2006 年又指出，那些与普通大众联系紧密的"低位"的基层图书馆，是我国图书馆事业的基础和主体，它们的生存状况表征了我国公共知识空间的发育程度，代表了我国图书馆事业的发展水平 ③。而研究乡村民间图书馆，既是进入"低位"领域的一个很好的切入点，也是我们这些作者自身人文理念驱使的结果。我们所做的田野

---

① 王子舟. 民间图书馆事业发展的里程碑：两届"民间图书馆论坛巡礼"[J]. 山东图书馆学刊，2015（4）：115-122.

② 鄯向荣，等. 基层图书馆生存状态忧思录：5 省 10 县图书馆调查纪实谈 [J]. 图书馆，2005（1）：18-24.

③ 王子舟. 公共知识空间与图书馆 [J]. 中国图书馆学报，2006（4）：10-16.

调查，大多属于参与式的研究，从另一个角度来说，本书内容也是我们主动进行"行动研究"（action research）的一个成果。我们力图进入社会底层来研究图书馆事业的发展，在现实中发现问题，寻找恰当介入方案，经过反思与调节，以实践来改变现状。在此基础上，再抽象出来适用于基层图书馆事业发展的相关"中层理论"（Middle-Range Theory），反过来指导基层图书馆的实际工作。

（二）

本书是首次对中国乡村民间图书馆这个特殊群体进行的研究之作。通过与乡村民间图书馆的接触，尤其是经过这些田野调查活动，我们看到乡村民间图书馆具有生成自发性、运行本土性、功能多样性等特征。

我们所调查的乡村民间图书馆都是乡村社会个体自发创办的，与政府统一规划、推行的农家书屋相比较，他们具有鲜明的自发特征。从 2007 年开始，政府先后动用百亿以上的巨额投资，在全国 60 多万个行政村兴建农家书屋，却存在着大门紧锁与无人问津的状况，显示出这项惠民工程并未达到政策预期。建设一个社区欢迎、能够存活下来的乡村图书馆，也需要当地村民或者专业人士、社会组织的参与。政府按照一个标准、模式去打造数十万个农家书屋，必然与实际情况发生隔阂。而自发生成的民间图书馆，根植在特定的乡村社区，受到了当地群众的欢迎，这说明，乡村基层公共文化的发展，主力军还应该是当地的村民。农民不仅懂得种庄稼，也懂得种文化。政府力量不是发展文化的唯一引擎，还需要依靠民间力量，共同建设乡村公共文化空间，保障平等、互信、社区感、参与意识等文化建设中的这些必要因素发挥作用。在此情况下，那些自发的民间图书馆的存在价值与意义就更加凸显出来[①]。

乡村民间图书馆创办者来源于乡村社区，其馆舍或用自己的住房或用廉价的租房，其活动内容、范围都围绕着当地社区的需求，贴近乡土，服务对象也较明确或具体（如附近小学生或村民），图书馆在运行上具有十分明显的本地化或本土性的特征。尽管有些乡村民间图书馆馆长因创办惠及村里的公益事业而被媒

---

① 王子舟 . 看民间图书馆之兴起 [J] . 公共图书馆，2012（2）: 卷首语 .

体宣传过，但他们为乡村社区的服务确是实打实的，不会流于所谓的"形象工程"。因为创办人所在的社区属于熟人社会，如果他仅是形式上做公益，或者只为名利而来，那么其本人连带家庭必将受到村中邻里的非议。另外，乡村民间图书馆的本土性，决定了它们在国家推进公共文化服务体系建设的过程中处于公共文化服务体系的最底层：既是基层公共文化服务"最后一公里"的节点，也是基层公共文化服务的毛细血管。如果公共文化服务的末端节点、毛细血管不发挥作用或大面积坏死，那么整个国家的公共文化服务体系就会名存实亡。所以，政府甚至全社会都应给予这些本土的草根图书馆以真正的扶持。

乡村民间图书馆在办馆方式、服务方式上，相互之间具有很大的差异，如宁夏中宁县新堡镇盖湾村红枸杞图书室办在诊所里，来看病的村民可以在候诊期间阅读书刊；辽宁庄河市青堆镇前炉村桃园书社除了书刊借阅，还做慈善扶贫工作；山西左权县麻田镇上麻田村心连心图书馆，将图书室和民俗展室相结合，可供人们参观展览。那些散落在广大乡村的民间图书馆，不仅是一个阅读书刊的场所，有时还是一个信息集散、人际交流、文体活动、技能培训、科普展览、知识体验、公共事务参与的社区公共空间。有些乡村民间图书馆已经发展为一个文化大院，如重庆万州区熊家镇古城村农民谭明海的金龙文化大院（2006 年）、吉林东丰县南屯基镇北屯基村农民张崇安的张家文化大院（2008 年）等，在十年前就成了当地知名的文化大院，它们不仅提供图书借阅，还提供棋牌游戏、科普讲座、普法教育、电影放映、文艺演出等[①]。

乡村民间图书馆功能上的多样性是建立在其鲜明的个性基础之上的，即每个乡村民间图书馆都有着自身独特的面孔与个性。从发展的角度看，乡村民间图书馆相互之间是不可复制的，因为图书馆的构成元素有馆长、馆舍、文献、经费、管理、时间（开放）、位置等，其中最核心的要素是创办人——馆长，每个创办人在性别、年龄、素养、家庭收入、文化特长、社会资源等方面都不一样，故乡村民间图书馆的建设是不能复制的，即办馆经验可以借鉴，但不能创办出相同的图书馆。加上每一个社区都是一个特殊的构造，它们有自己独特的血脉与肌肤，图

---

① 王子舟. 民间图书馆的新形态、新功能 [J]，图书馆论坛，2016（12）：32–37，23.

书馆只有与其相适应方能和社区的居民融为一体。所以在民间图书馆研究中，试图总结出"某某模式"用来复制图书馆的方法是注定要失败的，那种搞一种标准、一个模式来建设基层图书馆的方式不是实事求是。我们必须考虑不同地方及村庄、社区的异质性、多样性、复杂性，只有避免同质化、单一化，才能使基层图书馆因地制宜地生长起来并发挥长效作用①。

在我国贫穷落后的乡村及弱势群体集中的领域，公共文化资源长期供给不足与分配不公，导致基层图书馆在广大的乡村尚付阙如。民间图书馆的兴起不仅起到了"补缺"作用，还展示出了公民社会的活力。如果将政府主办的城市公共图书馆比作乔木，乡村民间图书馆自然就是野草。鲁迅先生在其散文诗《野草》（1927年）的"题辞"中曾经对野草有过称颂，言野草根本不深，花叶不美，然而能吸取露水、大地的营养②。大量事实证明，文化发展的创新活力来自民间，来自草根。这样的创新活力是原发的、自下而上蔓延发展的，而非规划的、由上至下以行政力来推行的；是低成本、讲求实效的，而非高成本、"形象工程"的。法国政治思想家托克维尔（Alexis de Tocqueville，1805—1859）说过，当民众不是奴性的百姓而是理性的公民的时候，"我确信公民的集体力量永远会比政府的权力创造出更大的社会福利"③。

（三）

当然，在田野调查中，我们也发现乡村民间图书馆的发展存在着许多值得探讨的问题。

其一，每位图书馆馆长都是有情怀的人，他们创办公益性民间图书馆是出于一个崇高的追求。但在这种公益情怀的驱动下，所开办的民间图书馆却并非一时一事，如果它不能转化成一种生机勃勃的事业，时间久了会因为持续投入的乏力而陷入艰难维持的境地。乡村民间图书馆普遍存在着缺资金、缺资源、缺人才等困难，创办者们靠着他们的公益情怀、奉献精神，爱书知书，立足地方，像疾风

① 王子舟.看民间图书馆之兴起［J］.公共图书馆，2012（2）：卷首语.
② 鲁迅.野草·题辞［M］//鲁迅全集·第二卷.北京：人民文学出版社，2005：163-165.
③ ［法］托克维尔.论美国的民主［M］.董果良，译.北京：商务印书馆，1988：100.

下的劲草一样顽强地生存着，甚至每位创办者背后都有一段感人的事迹，如有的靠收废品换钱买书，有的到城里四处募集图书，有的靠打工维持图书馆运行，这些是西方发达国家民间图书馆发展历史中所没有的特例①。在乡村民间图书馆中，那些能够获得政府、NGO 组织、社会个体长期资助的图书馆，则发展得相对要好一些。这说明，现有乡村仅靠社会个体来振兴文化，还不可能取得显著的效果，需要多方力量的汇聚才行。政府在公共文化服务体系建设中，如果通过购买服务的方式来支持民间图书馆，那么民间图书馆就会展示出更强的活力，这对政府与乡村民间图书馆来说是一个双赢的方式。

其二，乡村民间图书馆馆长虽然多是有文化、有抱负的乡村精英，但是如果他的身份既不是村干部，也不是有实力的新乡贤，那么其可运用与调配的社会资源也是有限的，这方面的案例有河北赵良弼图书馆的赵东其、宁夏成林文体大院的李成林、广西健将图书馆的韩建相等。李成林每年办农民运动会要到县里四处登门求赞助，所获也寥寥无几；韩建相想拥有一台打印、复印机的愿望持续了多年，都要转变成不切实际的奢望了。特别是广西鹿溪公益图书室的陈秀洪，作为一名外地人到了天等县，她办图书馆面临的困难就更多，甚至还遭遇过邻里街坊的怀疑与不解。这些乡村民间图书馆馆长在乡村社区的立足，既不能依靠行政影响力也不能仰仗经济实力，只能更多地凭借自身的道德感召力与实际服务能力。相比之下，在村里有一定行政职务的精英或退休回乡有一定实力的新乡贤，在具有同样道德感召力的条件下，他们办民间图书馆时就容易调动较多的社会资源，如河北农家女书社的房红霞曾当过村妇女主任（丈夫现任村支书），她在村里有较强的号召力，乡镇及县里的人脉也十分丰富；湖南自强图书宬的杨光勋是从邵阳市招商合作局局长任上退休回乡办图书馆的，他收入稳定，在村镇乃至县里都有影响力。这两个图书馆因拥有广泛的社会资本而办得有声有色。

其三，乡村民间图书馆如果是众多村民合作成立的，其文化"平台"效应往往比个人创办的要大。河北内丘县内丘镇北永安村农家女书社、山西汾阳市三泉

---

① 王子舟.民间图书馆事业发展的里程碑：两届"民间图书馆论坛巡礼"[J].山东图书馆学刊，2015（4）：115−122.

镇仁道村农家女书社，虽然都有具体个人牵头组织，但毕竟是村里妇女们合作的产物。由于其具有"集体性"而非"个人性"，成员参与度因有组织特征而显得相对要高。山西汾阳市三泉镇仁道村农家女书社组织成立的威风锣鼓队、舞蹈队、地秧歌队、京剧会友队、老年健身队等等，既能健身还能提高审美能力，同时还产生互助团结的向心力，而且投入成本低，有利于持续发展，时间长了，还形成了该农家女书社的一个品牌活动，以及仁道村文化发展的一道风景线。特别是仁道村农家女书社注册为"汾阳市三泉农家女书社协会"之后，可以向公益机构申请资助，开展各种有益于乡村建设的活动，如利用社会团体法人的身份申请到了招商局慈善基金会（CMCF）的资助，成立了"仁道村老年人日间照料中心"，为妇女赋权、推进新农村建设起到了积极作用。由此引出来了一个问题是，个人创办的民间图书馆在增扩自身公益效应过程中，是否可以借鉴这种合作成立的民间图书馆的经验？

我曾经提出，农村图书馆的发展要走"民办官助"的道路[①]，尤其是在当代中国乡村尚未普遍产生出来新乡贤的条件下，乡村民间图书馆的发展离不开当地政府的支持与帮助。村两委、乡镇政府的支持是乡村民间图书馆发展不可或缺的因素，这也是我们在项目点做调查时跟民间图书馆馆长反复强调的一个观点，并建议民间图书馆馆长要搞好与当地行政领导的关系。

（四）

本书收录的 18 篇田野调查笔记，可看作是我们执行公益项目过程中的副产品，这些文字都曾发表在学术期刊上，前 7 篇刊发在《图书馆建设》2013 年 11 期至 2014 年 9 期，后 11 篇刊发在《山东图书馆学刊》2015 年 1 期至 2018 年 6 期，收入本书时，篇名有所改动，内容有所删减。《山东图书馆学刊》编辑部从 2016 年开始，还将每期杂志免费寄给 50 家乡村民间图书馆，这对传播乡村民间图书馆的经验，开阔馆长们的眼界，起到了很好的作用。

---

① 王子舟.伟大的力量来自于哪里：解读社会力量办馆助馆［J］.中国图书馆学报，2010（3）：26-33.

这些文章内容所涉及的公益项目大部分已经结项，有些后续项目内容在发表时尚未出现在文章中，其中有很多鲜活的事实。读者如果想要了解，可以到"文化火种寻找之旅"网站"公益项目"栏目中阅读。就这些文章的写作而言，还有以下两点需向读者进行交代和解释，俾使今后图书馆学研究者做田野调查工作时参考。

首先，这些乡村民间图书馆田野调查是团队集体完成的，我只是亲历者之一。每次参加田野调查的成员有三人左右，其中主要是邱璐和戴靖。大家分工合作，各司其职，才使任务得以很好地完成。最后调查笔记的初稿虽然是我执笔，但是每次通过邮件发给大家后，团队成员都会提出很好的修改建议。因此，我们这部田野调查笔记的书稿是集体之作，里面浸润着每位作者的汗水。另外，每位乡村民间图书馆馆长，他们也是参与人。我们在写作田野调查笔记之前，就已经征得了被访馆长的同意，否则不能下笔撰写。在这些田野调查笔记刊发前，还得再次征求每位馆长的意见，并按照他们所提的意见修改文本，如有的馆长不愿意过多披露家庭信息，我们就要删除相关内容。这是一个基本的学术伦理要求，即"知情同意"（Informed Consent）的程序是必须履行的。

其次，由于每次去乡村图书馆的时间短，通常只能待两三天时间，所以在行前做好足够的功课很重要。如对这个县乡的历史、环境、经济的了解，对乡村民间图书馆成立的过程、现状的了解，尤其是对图书馆创办者人生履历的了解，要尽可能详细，这样到了现场就会节省访谈时间。2017年3月17日至19日，我们去河北省内丘县北永安村农家女书社做项目回访顺带从事田野调查，行前的十余天里我即开始查阅北永安村农家女书社的相关资料，其中浏览书社负责人房红霞的"农家小女子的博客"就用了一周的时间。当看完她从2007年到2016年写的1100篇博文后，房红霞就像神交已久的朋友，生动地出现在我的眼前。所以我们一见面，谈话就可以较为深入，而且中间没有因陌生而产生交流上的阻隔。

在外出执行公益项目时，我们小团队逐渐形成了一个不成文的规矩：一是保持差旅费低支出，二是吃饭从简，三是不安排旅游，目的就是尽量节省项目执行经费以补贴图书、书架的费用，以及节约时间来多做田野调查工作。我们曾从北京到南宁坐过29个小时的火车；在陕西某县推掉当地人安排的300多元一间客房的大酒店，改住 100 多元一间的小旅馆；常在街摊吃早点和晚饭。当然，在执行项目的外出中，我们也得到过众多当地民间图书馆馆长、企业家，乃至政府相关部门的支持与招待，为我们的公益项目节省出了一些经费，我们也应该铭记，这些情况在"文化火种寻找之旅"网站项目公示的网页上（最后经费支出一览表的下面）皆有说明，即对所有提供支持与帮助过的人与事，都进行了具体的描述并致以谢意。

每个人内心都有一粒向善的种子，一旦被公益、慈善的伟大理念与情怀所激活，就会抽放出生命的嫩绿叶芽，长成各自不同的风姿美态。我们就是在那些有着公益情怀和远大抱负的公益组织引领下走上公益之路的，在辛劳之际体会到了其中的价值与意义，获得了极大的充实感与满足感。在此，我们要向长期以来支持乡村民间图书馆公益项目的基金会、社会机构或组织，如心平公益基金会（现已改称"心和公益基金会"）、美国青树教育基金会、小微企业家创新发展协会（筹）、香港陈一心家族基金会、北京天下溪教育咨询中心、美国科技教育协会（Education and Science Society，Inc.，简称 ESS）、美国加州健华社、美国谭张婷教育慈善基金会、长沙市春雷公益助学促进会、《山东图书馆学刊》编辑部、北京大学教育基金会、北京大学信息管理系、东莞图书馆等表示真诚的感谢，向那些一直关注着我们，特别是关注着民间图书馆的公益界的同道、好友们致以深深的敬意。

最后，我们还要再次致谢本书的主角——那些坚守在乡村社区的民间图书馆馆长们。如果没有他们，本书不仅失去了精髓，也失去了意义。

王子舟

2018 年 10 月 15 日于五道口